# OS LATINO-AMERICANOS E O TIBETE

## HARMONIA NA DIVERSIDADE

Aloma Sellanes Zibechi

# OS LATINO-AMERICANOS E O TIBETE

## HARMONIA NA DIVERSIDADE

Tradução de Elisabete Moraes-Santana

Palas Athena

Título original: Los latinoamericanos y el Tíbet - armonía en la diversidad
Autora: Aloma Sellanes Zibechi


Coordenação editorial: Lia Diskin
Projeto gráfico e diagramação: Soma.CP Comunicação
Revisão: Christina Pinheiro e Tônia Van Acker
Capa: Pande design solutions
Impressão e acabamento: HR Gráfica

Dados Internacionais de Catalogação da Publicação (CIP)
(Câmara Brasileira do Livro, SP, Brasil)

---

Sellanes Zibechi, Aloma
Os latino-americanos e o Tibete : harmonia na diversidade / Aloma Sellanes Zibechi ; tradução de Elisabete Moraes-Santana. -- São Paulo : Palas Athena, 2011.

Título original: Latinoamericanos y el Tíbet : armonía en la diversidad.
Bibliografia.
ISBN 978-85-60804-13-9

1. América Latina - Relações culturais - Tibete
2. Budismo - Tibete 3. Cultura - Tibete
4. Latino-americanos - Entrevistas 5. Tibete - Aspectos políticos 6. Tibete - Descrição
7. Tibete - História 8. Tibete - Relações culturais - América Latina I. Título.

11-09127 CDD-303.482

---

Índices para catálogo sistemático:
1. Latino-americanos e o Tibete : Relações culturais : Sociologia 303.482

1ª edição, agosto de 2011


Direitos adquiridos para a língua portuguesa por Palas Athena Editora
Rua Leôncio de Carvalho, 99 - Paraíso
04003-010 São Paulo - SP - Brasil
Tel/Fax: (11) 3266-6188
www.palasathena.org.br
editora@palasathena.org.br
2011

*Em dezembro de 2008, quando passei alguns dias em Dharamsala, conheci um lindo bebê tibetano de oito meses chamado Tenzin. Sua mãe trabalhava em uma barraca que ficava no final da mesma rua da pousada onde me hospedava, e ele, todo agasalhado em seu carrinho, era cuidado por ela e outras mulheres tibetanas que o olhavam quando chegavam clientes. A última vez que o vi, desejei que ele pudesse voltar a um Tibete livre quando crescer.*
*As mulheres ao seu redor se uniram ao meu desejo.*

*Ainda que haja muitas pessoas a quem poderia dirigir esta dedicatória, a imagem daquele pequeno bebê monopolizou minha mente no momento de tomar a decisão.*

*Este livro é dedicado a Tenzin e a todas as crianças tibetanas, a seu presente, a seu futuro.*

# Agradecimentos

*Meu mais alto agradecimento à Lia Diskin que, com generosidade e desinteresse, tornou possível que este livro chegasse aos leitores de língua portuguesa.*

*A Tsewang Phuntso, meu profundo agradecimento por seu permanente apoio e colaboração.*

*À Marisa Escassany, Annabella Fernandes, Douglas Ferreira e Elisabete Moraes-Santana, minha cálida expressão de gratidão.*

# SUMÁRIO

**Brasil**



**Chile**



**Colômbia**



**Costa Rica**



**El Salvador**

Pontuação gráfica tibetana usada à esquerda para marcar o início de um texto.

Pontuação gráfica tibetana usada à direita para marcar o final de um texto.

# PRÓLOGO

Durante os últimos 21 anos, tive a oportunidade de visitar muitos países da América Latina e ter contato pessoal com muita gente que vive lá. A primeira vez que visitei a região foi em 1989, quando fui ao México e à Costa Rica. Tenho grande admiração pela Costa Rica, por ser um dos poucos países do mundo que dissolveu seu exército e criou um oásis de paz e não-violência, o que é uma forte inspiração para outros. No geral, percebi que os latino-americanos são como meus próprios compatriotas tibetanos, profundamente religiosos, humildes e compassivos. Eles parecem também compartilhar o gosto por uma vida simples, em harmonia com a natureza.

Sessenta anos atrás, em 1950, quando as atuais dificuldades políticas do Tibete começaram, El Salvador foi o primeiro país que chamou a atenção para o tema na Assembleia Geral das Nações Unidas. Mais tarde, em 1959, 1960 e 1965, quando a questão do Tibete foi de fato debatida na Assembleia Geral das Nações Unidas, além de El Salvador, muitos outros países latino-americanos, entre eles Guatemala, Nicarágua, Brasil, Bolívia, Equador e Venezuela, adotaram uma forte postura em defesa dos direitos do povo tibetano. Não há dúvida de que lhes devemos nossa gratidão por terem adotado tão justa postura.

É pelos laços de amizade que existem entre o Tibete e a América Latina que estou encantado por saber que Aloma Sellanes Zibechi, escritora uruguaia que dedicou especial interesse em reforçar as relações entre os tibetanos e os latino-americanos, publica este livro. Seu objetivo é proporcionar informação de primeira linha sobre o Tibete e sua gente através das observações e experiências de seus vários amigos latino-americanos.

Estou certo de que os leitores de espanhol e português poderão se beneficiar deste livro para aprofundar seu conhecimento, não apenas sobre a atual situação do povo tibetano, mas também sobre a potencial contribuição positiva que a cultura tibetana pode dar para o bem-estar da humanidade.

**Sua Santidade o Dalai Lama**

**Dezembro, 2010**

# PREFÁCIO

Nestas latitudes, quando alguém manifesta estar de algum modo ligado ao Tibete, o espectro de reações que se verifica é, certamente, bastante variado. Há aqueles que não demonstram um notório interesse em conhecer mais sobre o tema; os que tentam avançar sobre os porquês, adotando de antemão uma atitude de certo receio ou desconfiança; e, finalmente, os que se sentem quase instantaneamente atraídos pelo assunto, e demonstram um apetite voraz por juntar o maior número de informações a respeito. Baseando-me em minha experiência pessoal, posso afirmar que o número destes últimos é por demais significativo e que a interação com eles é tão intensa quanto enriquecedora, e dotada de alto grau de emotividade.

Quando, há alguns anos, comecei a estreitar meu vínculo com os tibetanos (vínculo que se origina ainda antes de meu nascimento), me vi invadida pela necessidade de transferir a informação que recebia; primeiro, tentei aproximá-la de meu entorno mais próximo, depois pretendi chegar aos meus compatriotas e, por último, através deste livro, alentei a ousada ideia de aproximar o Tibete dos latino-americanos. Para levar adiante este propósito, entendi que a melhor maneira seria reunir latino-americanos de diferentes nacionalidades, profissões, atividades e interesses, para que contassem a outros latino-americanos o porquê de suas conexões com o país dos Himalaias.

Há dois temas relacionados ao Tibete que se sobressaem significativamente: um é o religioso e o outro, político. O primeiro refere-se à incidência que, lenta mas consistentemente, vem tendo o budismo tibetano em nossos países nos últimos anos. Além da discussão de tratar-se de uma religião ou uma filosofia de vida, o budismo se aproximou de nossas sociedades com seu discurso tolerante e pacifista, e especialmente respeitoso diante de nossas próprias tradições religiosas. Talvez uma de suas contribuições mais significativas seja não pretender substituir nenhuma crença pré-existente. O budismo – e especificamente o budismo tibetano – oferece seus preceitos e ensinamentos através de monges, lamas e leigos que chegam à nossa região, mas com a intenção de somar, não de converter ou suplantar. É assim que tem se ampliado um espectro até há pouco tempo quase completamente fechado, devido ao condicionamento pela distância geográfica e, inclusive – se nos ativermos à realidade do Tibete anterior a 1950 –, ao hermetismo e isolamento que o caracterizou até então. O outro tema é o político. E, me atrevo a dizer, mais que político, humano. E mais: me apresso em enfatizar que o espírito deste livro não é o de fazer uma apologia a nenhuma ideologia em detrimento de outra, porque antes de tudo não foi concebido para ser contra, mas sim a favor – dentro de uma filosofia que pretende seguir uma linha, de fato, muito tibetana e muito budista, sem dúvida (ainda que a autora não seja, com efeito, nem uma, nem outra). Por isso, o maior feito seria que os leitores, com absoluta e total liberdade e independência, tivessem uma ideia da realidade que a sociedade tibetana teve de enfrentar, em especial, nos últimos 60 anos.

Aqueles que temos afinidade com o tema tibetano e sentimos empatia por sua gente, nutrimos profunda angústia pelo drama que os atormenta e compartilhamos com eles a inquietação de ver como sua cultura ancestral vai se extinguindo, e promovemos os esforços que podemos para não agregar a essa temerosa ação o adjetivo inexorável. Após uma breve visita à história do Tibete, que inclui uma também breve resenha sobre o budismo, chegamos à parte substancial deste livro, composta pelo testemunho de 34 latino-americanos de 10 países de nossa região que, de modo generoso e sem pré-condições, tornaram pública sua relação com o Tibete, explicando as circunstâncias que a geraram. Eles são os verdadeiros protagonistas destas páginas e, sem dúvida, serão suas palavras que permitirão ao leitor construir uma ideia mais acabada sobre o Tibete, seu povo, sua religião e sua cultura.

Permita-me manifestar a todos e a cada um deles minha maior expressão de gratidão e afeto pelo tempo que destinaram às entrevistas e à vontade manifesta de colaborar em todos os momentos. Entre todos eles, tomo a liberdade de escolher simbolicamente um, o Dr. Alfredo Martínez Moreno, reputado jurista salvadorenho que, com sua aquilatada trajetória e, sobretudo, com sua invejável lucidez e grandeza de espírito, foi uma referência de luxo e um respaldo formidável em todas as etapas deste processo. A última das entrevistas foi realizada com um tibetano que tem estreito contato com a América Latina há vários anos. O objetivo era que pousasse seu olhar sobre nós e contasse como alguém que representa este Tibete, com o qual muitos de nós nos sentimos aparentados, vê os latino-americanos.

**Aloma Sellanes Zibechi**

**Dezembro, 2010**

# HISTÓRIA DO TIBETE

Não é fácil abranger dois mil anos de trajetória histórica de um povo, e ainda mais árduo é fazê-lo de modo sintético. A combinação de história e lenda, que se entrelaça permanentemente nas origens do país dos Himalaias, contém um toque peculiar, pleno de desafio e complexidade. Com o passar dos anos e o desenrolar dos acontecimentos, bem como o emergir dos elementos mais representativos da sociedade tibetana, nos deparamos com algumas características próprias bastante singulares, nas quais o esotérico e o místico passam a ter um papel determinante.

Há quem tenha destacado, com razão, que as características geográficas e geológicas do Tibete definiram não só a idiossincrasia de seu povo, mas acrescentaram um plus que a tornou tão cativante aos olhos de pessoas de outras partes do planeta.

Neste esboço da história do Tibete, reivindica-se o direito de todo povo de contar sua própria história. Portanto foram consultados textos escritos por tibetanos e por escritores, jornalistas e pesquisadores de outras nacionalidades que, por sua vez, se remeteram a fontes tibetanas. Esta seleção, longe de colidir, coexistiu com o esforço permanente de um manejo objetivo e fundamentado das informações levantadas.

Ainda que o presente do Tibete – como o de todo o seu povo – tenha sido marcado pela soma de acontecimentos de seu passado, nesta síntese são enfatizados os fatos que ocorreram no último século por conta da relevância e incidência notória que tiveram na atualidade tibetana.

Aqueles que sintam seu apetite estimulado para conhecer mais sobre este tema poderão encontrar livros altamente recomendáveis na bibliografia incluída ao final.

Antes de introduzirmos propriamente a história do Tibete, apresentamos uma sucinta informação sobre o budismo.

## O budismo

Ao falarmos sobre o Tibete, a referência ao budismo é inevitável, porque este é parte da essência do ser tibetano e o identifica de modo absoluto. Grande parte da história e dos acontecimentos vitais dos tibetanos foi marcada pela religião que abraçaram a partir do século VII da Era Comum. A coerência entre as crenças budistas e seu proceder explica, por exemplo, a atitude que tomaram durante estes 60 anos de ocupação chinesa, em que a adesão à luta não-violenta tem sido o traço característico de uma resistência pacífica, seguindo as diretrizes traçadas por seu líder espiritual e político, o XIV Dalai Lama. Por isso, vale uma passada rápida sobre a religião que o Buda iniciou 500 anos antes de Jesus Cristo, enriquecida pela opinião e informação brindadas por muitas das entrevistas contidas neste livro.

Há pouco tempo, o renomado monge budista tibetano Matthieu Ricard[1] publicou em sua página no *Facebook*[2]:

> O Budismo é uma religião? Isto é algo que sempre perguntam ao Dalai Lama. Sua resposta usual é em tom de brincadeira: "Pobre budismo! Rechaçado pelas religiões como uma filosofia ateísta, uma ciência da mente, e pelos filósofos, por vê-lo como uma religião; não há lugar onde o budismo tenha direitos civis. Mas pode ser que isto seja uma vantagem que permita ao budismo construir pontes entre religiões e filosofias". Em essência, poderíamos dizer que o budismo é um caminho de transformação para a iluminação, uma ciência contemplativa e uma rica tradição filosófica, da qual deriva uma sabedoria aplicável em cada instante e em todas as circunstâncias.

Segundo sustenta o Prof. José Morales Marín[3], em sua *Teología de las religiones:*

> O budismo é, em sua origem, uma nobre tentativa de oferecer um remédio aos sofrimentos da humanidade e de elevar e satisfazer o impulso moral. Da mesma forma, propõe tornar a vida mais tolerante mediante a repressão do egoísmo e o desenvolvimento da solidariedade e ajuda mútua. [...] A doutrina libertadora de Siddharta Gautama se apresenta como um sistema ético baseado na razão e na natureza humana, com amplas repercussões morais e psicológicas.

Diferentemente das três grandes religiões monoteístas, o budismo não crê na existência de um Deus criador – e, se for considerado como religião, cai no paradoxo de ser uma religião ateia. É evidente que, se tomarmos a acepção da palavra religião, do latim *religare*, e a interpretarmos como a ligação que liga o homem a Deus, o budismo

1 Matthieu Ricard nasceu na França, em 1946, e é filho do renomado filósofo francês Jean-François Revel. Depois de finalizar seus estudos em genética molecular, retirou-se para os Himalaias e se tornou monge budista tibetano. Interveio em inúmeros projetos que vinculam o budismo à ciência, e sua mente em estado meditativo foi estudada por neurocientistas ocidentais. Estudos de seu cérebro, realizados pelo Dr. Richard Davidson, da Universidade de Wisconsin, Estados Unidos, levaram a declará-lo como "o homem mais feliz da Terra". O artigo, em español, *Declarado el hombre más feliz del planeta* está disponível em http://mun.do/1egZ9D.

2 Página de Matthieu Ricard no *Facebook*: http://on.fb.me/o3yUGL.

3 Marín, José Morales. *Teologia de las religiones*. Madri: Ediciones Rialp, 2001. José Morales Marín é professor de Teologia Dogmática da Universidade de Navarra, Espanha.

não reúne as características para ser definida como tal. Em sânscrito, páli e em tibetano, não há um termo equivalente a religião.

Siddharta Gautama nasceu por volta de 560 a.C., em Lumbini, a noroeste da Índia, cidade que atualmente pertence ao Nepal. Filho do rei Sudodhana, do clã dos Sakyas, Siddharta (que significa "o que cumpre seu objetivo") estava destinado a ser o herdeiro do reino, que certamente era um dos mais ricos daquela região da Índia. De acordo com a profecia do vidente Asita, o menino teria duas possibilidades em seu futuro: seria um governante poderoso ou um buda, alguém interessado apenas no bem-estar dos demais. Ao conhecer a profecia, seu pai tentou forçar os acontecimentos de modo que a primeira opção chegasse a se cumprir. Assim, o menino cresceu cercado do conforto e da fartura que representavam sua condição de príncipe herdeiro do reino, alijado das misérias humanas e destacando-se em todas as atividades que desenvolvia, fossem físicas ou intelectuais. Todas as suas necessidades e desejos eram satisfeitos dentro dos muros do palácio, e sua perspectiva da realidade não ultrapassava esses limites. Casou-se ainda adolescente com Yasodhara, com quem teve, anos mais tarde, um filho de nome Rahula.

Aos 29 anos, em um passeio fora do palácio com seu cocheiro, deparou-se com três dos mais duros componentes da existência humana: a doença, a velhice e a morte, o que lhe provocou forte comoção. Esta confrontação com o sofrimento levou-o a modificar sua vida e abandonar tudo. Viveu, primeiro, como asceta, submetido à mais dura renúncia, e esteve perto da morte. Assim foi, até compreender que não era esse o caminho para encontrar a verdade nem a liberação. Optou por uma busca diferente, sentou-se embaixo de uma figueira e prometeu não se levantar dali até encontrar as respostas que procurava. Enquanto estava em meditação profunda, foi atacado pelos *maras*, os demônios. Em uma palestra que deu sobre o budismo, Jorge Luis Borges[4] fez um relato recheado de licenças poéticas sobre esse ataque dos *maras* a Siddharta durante sua meditação:

> O príncipe está sentado ao entardecer, sob a árvore do conhecimento, árvore que havia nascido ao mesmo tempo que ele.
>
> O demônio e suas hostes de tigres, leões, camelos, elefantes e guerreiros monstruosos lhe atiram flechas. Quando chegam até ele, são flores. Atiram-lhe montanhas de fogo, que formam um dossel sobre sua cabeça. O príncipe medita imóvel, com os braços cruzados. Talvez não saiba que o estão atacando. Pensa na vida; está chegando ao nirvana, à salvação. Antes do pôr do sol, o demônio havia sido derrotado. Segue-se uma longa noite de meditação; ao fim desta noite, Siddharta já não é Siddharta. É o Buda: chegou ao nirvana.

---

4 Borges, Jorge Luis. *El budismo, una conferencia*. Disponível apenas em formato digital gratuito, em espanhol: http://bit.ly/nVaaM. O áudio da conferência, na voz de Jorge Luis Borges, está disponível em http://bit.ly/nFL1CP. Jorge Luis Borges, Buenos Aires, 1899 – Genebra, 1986, é um dos escritores de fala hispânica mais importantes do século XX.

*Nirvana* é um termo sânscrito que significa aniquilação, e deve ser interpretado como aniquilação do sensorial, em especial dos três venenos da mente: a ira, o desejo e a ignorância. Siddharta, a partir de então, é o Buda, o Desperto, chegou à iluminação aos 35 anos; até sua morte[5], quando já tinha mais de 80, pregaria seus ensinamentos: o dharma[6]. Seu primeiro sermão foi no parque dos Cervos, em Benares[7]. Ali, girou pela primeira vez a "roda da lei" – a roda é o símbolo budista, assim como a cruz para o cristianismo e a estrela para o judaísmo. Em Benares, falou a cinco ascetas que estiveram com ele durante sua época de ascetismo. Disse-lhes que o caminho não era indicado pelos comportamentos extremos, nem pelos prazeres sensuais ou pela própria mortificação, mas pelo caminho do meio. Ali, falou sobre As Quatro Nobres Verdades, que são a essência da doutrina budista.

Primeira Nobre Verdade: a vida é sofrimento.

Segunda Nobre Verdade: o sofrimento tem uma origem, uma causa: o desejo de viver, acompanhado de todas as paixões e apegos. A ignorância, no sentido de desconhecer que o ser carece de existência intrínseca, afiança todas as emoções perturbadoras.

Terceira Nobre Verdade: o sofrimento pode cessar ao se conseguir superar a ignorância e extinguir as emoções perturbadoras.

Quarta Nobre Verdade: para cessar o sofrimento, deve-se seguir o *Nobre Caminho Óctuplo*: reta compreensão, reto pensamento, retas palavras, reta conduta, reto meio de vida, reto esforço, reta atenção e reta meditação.

> O preceito fundamental do budismo é a interdependência, ou lei de causa e efeito. Isto afirma simplesmente que tudo o que um indivíduo experimenta vem da ação a partir da motivação. A motivação é, portanto, a raiz tanto da ação quanto da experiência. Deste entendimento derivam as teorias budistas de consciência e renascimento.
>
> A primeira sustenta que, dado que a causa gera um efeito que, por sua vez, se converte na causa de outro efeito, a consciência deve ser contínua. Ela flui uma e outra vez, reunindo experiências e impressões, de um momento a outro. No momento da morte física, deduz-se que a consciência de um ser contém o vestígio de todas essas experiências e impressões passadas, e das ações que as precederam. Isto é conhecido como karma[8], que significa ação. Assim, é a consciência com seu karma que renasce em um novo corpo, animal, humano ou divino.[9]

---

5 Ao chegar à morte, o Buda alcançou o paranirvana, a completa extinção, o nirvana sem resíduo porque já não há corpo físico.

6 Dharma, do sânscrito, lei universal, sustentabilidade universal. Substantivo que deriva da raiz sânscrita verbal *dhr*, que significa tecer, entrelaçar, entretecer. No budismo, o termo é sinônimo dos ensinamentos do Buda. Ele se aplica no sentido de sustentar e proteger o ser humano do sofrimento.

7 Benares: atual Varanasi, no noroeste da Índia.

8 O termo aportuguesado com 'c' perdeu conceitualmente a fidelidade em relação ao sânscrito, razão pela qual mantemos a transliteração em sânscrito, karma.

9 Lama, The Dalai. *Freedom in exile. The autobiography of the Dalai Lama*. New York: HarperCollins Publishers, 1990.

Acrescentemos que a consciência está em permanente transformação, inclusive no período de transição, conhecido como *bardo*[10], posterior à morte e anterior à reencarnação.

*Karma* é um termo que se instalou entre nós, o escutamos amiúde, mas nem sempre seu exato significado é respeitado.

> A propósito do karma, é importante ressaltar que, devido à má interpretação da doutrina, há uma tendência a atribuir a culpa de tudo o que acontece ao karma, na tentativa de eximir-se da responsabilidade ou da necessidade de tomar iniciativas. [...] O karma é um processo muito ativo, e o futuro que nos está reservado é determinado, em boa medida, pelo que fazemos no presente.[11]

A crença budista na consciência, impermanente e mutante, explica sua descrença na alma, *atman*, como entidade imutável e permanente. Este é outro aspecto que a diferencia não apenas do cristianismo, judaísmo e islamismo, mas também do hinduísmo.

Diferente do que se poderia pensar a *prima facie*, o renascimento não deve ser tomado como um prêmio, mas justo o contrário. Voltar a renascer é voltar ao sofrimento que a vida representa. Se o fazemos, é para seguir aprendendo, para irmos superando nossos erros, nossas emoções perturbadoras. Este ciclo interminável de renascimentos é conhecido como *samsara*. Só nos livraremos dele quando tivermos superado todas as negatividades e alcançado a liberação, o *nirvana*.

> Todos os ensinamentos do Buda configuram um marco filosófico, psicológico e prático que nos mostra como transcender a influência da mente neurótica ou "samsárica", arraigada nas ambições do ego, e o interesse exclusivamente pessoal. A fixação na concepção ilusória de um "eu", como uma entidade permanente e existente em si, é a origem de todas as paixões que agitam a mente: o prazer, a infelicidade, a indiferença, os estados de consciência exaltados ou depressivos, e todos os condicionamentos próprios de uma existência cíclica, que sempre desembocam em sofrimento.
>
> Os três ciclos de ensinamentos e práticas que o budismo oferece possuem uma harmonia interna e uma progressão entre si que os torna únicos e complementares. Contemplam os meios para abandonar efetivamente o apego a uma existência condicionada pela ignorância e suas projeções. Tudo o que se manifesta em nosso campo de experiência nada mais é que o desdobramento da lei de causa e efeito, e sua interdependência, o que revela uma estreita relação entre todos os seres e todas as coisas. Então, quando o karma negativo deixa de ser produzido, o sofrimento já não tem lugar.[12]

---

10 *Bardo*, do tibetano, estado intermediário.
["Bardo é uma palavra tibetana que quer dizer simplesmente transição, ou um intervalo entre o encerramento de uma situação e o início de outra. *Bar* significa entre duas coisas, e *do* é suspenso, ou lançado. Podemos dividir o conjunto de nossa existência em quatro realidades: vida, o morrer e a morte, o pós-morte e o renascimento. São estes os Quatro Bardos: o bardo natural desta vida; o bardo doloroso da morte; o bardo luminoso do dharma; e o bardo cármico do vir-a-ser." Em Rinpoche, Sogyal. *Livro Tibetano do Viver e do Morrer*. São Paulo: Palas Athena Editora, 2000. pp 141, 143. N. da T.]

11 Lama, el Dalai, e Howard C. Cutler. *El arte de la felicidad*. Barcelona: Random House Mondadori, 2004. Ed. brasileira: *A arte da felicidade*. São Paulo: Martins Editora, 2003.

12 Sangye Dorje, Lama. *La maravillosa vida de Lama Karmapa de Tíbet*. Buenos Aires: Ediciones Dungkar, 2009.

O Buda transmitiu seus ensinamentos pela oralidade. Só depois de quatro séculos de sua morte, eles passaram a ser escritos. O idioma utilizado nestas primeiras escrituras foi o páli, língua indo-europeia do tronco indo-iraniano, muito proximamente relacionada ao sânscrito. O cânone páli, núcleo da doutrina budista, é também chamado de *Tripitaka*[13], por dividir-se em três livros: *Vinaya Pitaka*, os "Livros de Disciplina", consiste de narrativas sobre o estabelecimento da *sangha*, comunidade monástica budista, a primeira comunidade religiosa que se conheceu no mundo; *Sutta Pitaka*, os "Livros da Doutrina", refere-se aos sermões e discursos do Buda; e *Abbhidharma Pitaka*, de origem mais recente, contém reflexões sobre sua palavra, com uma exposição sistemática do que poderia ser chamado de psicologia budista.

De acordo com os métodos e práticas utilizados para chegar à iluminação, o budismo se divide em Hinayana, Mahayana e Vajrayana. O Hinayana (pequeno veículo) persegue a realização do *arhat*, a obtenção da iluminação pessoal. O Mahayana (grande veículo), a do bodhisattva, ou seja, aquele que, havendo alcançado a iluminação, continua renascendo para ajudar os demais seres sencientes a alcançar sua própria liberação. Segundo Ana-María Clasing, em seu livro *Tíbet, país y cultura*[14], o Dalai Lama assinala sobre o Vajrayana (veículo do raio):

> O veículo tântrico, o Vajrayana que a tradição tibetana considera o veículo supremo, está incluído no veículo universal (Mahayana). Além das práticas de meditação destinadas a intensificar a própria compreensão da vacuidade e da bodhichitta (genuína aspiração altruísta de alcançar a plena iluminação pelo bem de todos os seres), este sistema inclui certas técnicas avançadas, que permitem utilizar os diversos elementos do corpo físico na prática meditativa. Esta utilização de práticas de meditação, que incluem a coordenação sutil de elementos mentais e fisiológicos no interior do praticante, é um traço particular do veículo tântrico.

É difícil precisar o número de budistas no mundo, tendo em vista que não existem estatísticas confiáveis em muitos lugares da Ásia, onde é praticado. Além disso, é impossível sequer saber o número aproximado de budistas na China, onde, além de tratar-se de um Estado ateu, a política hostil com relação à religião tem representado um impedimento insuperável para conhecer essas cifras. Por esses motivos, não é estranho encontrar dados que vão desde 300 milhões a mais de 1,5 bilhão de adeptos. Além de não podermos confiar no rigor das cifras, a importância do budismo é por demais significativa e, ainda que sua maior difusão se dê especialmente na Ásia, também se difundiu no Ocidente, sobretudo a partir das visitas que o XIV Dalai Lama passou a fazer a esta parte do planeta desde a década de 1970.

---

13 Pitaka, do sânscrito, cesta. Os cilindros com as escrituras eram guardados em cestas, ou corbelhas. [Tripitaka: Três corbelhas. N. da T.]

14 Clasing, Ana-María. *Tíbet, país y cultura*. Santiago: Ediciones Samadhi Ltda., 2005.

Não só o Dalai Lama se aproximou do Ocidente, como também muitos outros lamas do budismo tibetano e de outras tradições budistas, como a zen, de importante penetração na China e no Japão. É importante assinalar que essas viagens, que permitem o encontro desses representantes da doutrina budista com ocidentais, têm como missão ensinar e dar a conhecer o dharma, sem sugerir, nem muito menos exigir, uma conversão ao budismo e o abandono da tradição religiosa original daqueles se acercam das conversas, palestras ou ensinamentos. São divulgados os preceitos fundamentais do budismo e ensinada sua ferramenta básica, a meditação, mas é prática comum entre os mestres budistas não incentivar a adoção da doutrina por ocidentais, mas aconselhá-los a manterem sua tradição religiosa, incorporando do budismo o que entendam ser benéfico.

O que antecede, como foi dito, é uma mínima informação sobre o budismo, com o único intento de colaborar para o melhor entendimento do povo tibetano, que teve esta prática religiosa como orientação e meta; por isso, este capítulo não conclui, mas sim busca interagir com os fatos históricos que começaremos a narrar agora. Que as palavras de Robert Thurman sirvam como elo de ligação:

> O rico mosaico dos seres iluminados constitui a autêntica raiz da história tibetana. Os tibetanos vivem em um universo multidimensional; são conscientes de que um acontecimento concreto tem um aspecto distinto para cada ser. Assim, na história, postulam uma "percepção ordinária" e uma "percepção extraordinária", e às vezes, níveis da história "externos", "internos" e "secretos". Todos eles não são forçosamente contraditórios. No nível ordinário ou externo, por exemplo, Siddharta foi um príncipe humano que possuía demasiada inteligência para aceitar um estilo letárgico de vida mecânica, de forma que renunciou à sua identidade herdada, fez imensos esforços para compreender sua própria essência mais íntima e alcançou o completo despertar. Do mesmo modo, no nível extraordinário ou interno, Sakyamuni chegou ao estado búdico muitos éons antes e, nessa ocasião, escolheu reencarnar como Siddharta e manifestar a prática de uma vida búdica com o objetivo de educar e liberar os seres deste mundo.[15]

## Origens do Tibete

O Tibete, *Bo* em tibetano, está localizado na Ásia Central e, antes de 1950, o que se conhece como Tibete tradicional abarcava uma extensão de 2.500.000 km$^2$. Ainda que haja outras interpretações, o termo *Bo* faria alusão à ancestral religião tibetana, bon, de caráter xamânico e animista. O nome moderno do Tibete, pelo qual o país é conhecido em todo o mundo, deriva do mongol "Thubet"; do chinês "Tufan"; do thai "Thibet" e do árabe "Tubbat".[16] Também é chamada de terra das neves ou país do teto do mundo, pela grande altitude

---

15 Thurman, Robert A. F. ***El budismo tibetano esencial***. Barcelona: Ediciones Robin Book SL, 1995.

16 Shakabpa, Tsepon. ***Tibet, a political history***. New York: Potala Publications, 4th printing, 1988.

em que se encontra. Depois da invasão chinesa, em meados do século XX, o contorno tibetano sofreu nítida modificação: as províncias de Amdo e Kham, duas das três maiores províncias tibetanas, foram absorvidas pelas províncias chinesas de Yunnan, Gansu, Sichuan e Qinghai. Em 1965, foi criada a Região Autônoma do Tibete, com território de pouco mais de 1.200.000 $km^2$, o que representa menos da metade do que era o Tibete tradicional. De acordo com as recentes descobertas realizadas por arqueólogos chineses (ferramentas de pedra, vasilhas e outros os utensílios), o Tibete já era habitado há cinco mil anos. Pesquisas efetuadas na aldeia de Karub, próxima ao povoado de Chamdo, no Leste do Tibete, permitiram recriar como vivia o povo que habitou esse lugar 4.600 anos atrás. Destas investigações, deduz-se que os primeiros habitantes do Tibete praticavam a caça e a agricultura. Pouco mais recente na História, algumas fontes mencionam o povo de chi'ang (que significa "pastor"), integrado pelos que seriam os antecessores dos tibetanos modernos. Os chi'ang teriam estado em conflito permanente com a dinastia chinesa Shang (1700-1050 a.C.), e se retirado para as terras altas do Tibete.

Isto é o que foi possível elaborar do ponto de vista científico até o momento, mas está claro que, assim como acontece com outras culturas e civilizações, as explicações históricas sobre os primeiros tibetanos são atribuídas a mitos e lendas de poderosa incidência no posterior desenvolvimento de sua cultura.

Reza a lenda que os tibetanos seriam o resultado da união entre um macaco e um demônio feminino. O macaco seria a manifestação de Chenrezig (termo tibetano), ou Avalokiteshvara (termo sânscrito), o Buda da Compaixão, pai dos tibetanos, e o demônio feminino, a manifestação do espírito das montanhas, seria a mãe. Deste modo, a figura de Chenrezig aparece ligada aos tibetanos desde sua origem, é seu pai espiritual e, ao longo de toda a sua história, se manifestou na forma humana para servir-lhes de guia. De fato, o XIV Dalai Lama e os 13 que o precederam são considerados encarnações de Chenrezig. O próprio XIV Dalai Lama afirma que os tibetanos são um tipo de povo escolhido por Chenrezig, e que têm com ele uma conexão cármica positiva. O próprio Buda Sakyamuni (Siddharta Gautama), que nunca esteve no Tibete, teria manifestado seu desejo de que Chenrezig se convertesse no protetor do reino das neves do Norte. Chenrezig trabalha especificamente pela salvação dos tibetanos. O Dalai Lama diz que Chenrezig é também a encarnação do Buda da Compaixão. Os tibetanos creem que este bodhisattva interveio no Tibete por compaixão, e porque o Buda pediu-lhe que o fizesse.

Enquanto o Buda jazia em seu leito de morte no Norte da Índia, em 483 a.C., Avalokiteshvara se agachou ao seu lado e o instou a não morrer, porque não havia visitado o Tibete. O V Dalai Lama registrou a cena em sua história do Tibete. "Os tibetanos estão desprotegidos de tuas palavras. Permanece pelo bem deles", disse o boddhisattva.

> "O reino das neves do Norte é, hoje, um reino de animais somente", respondeu o Buda. "Não há sequer o nome de seres humanos ali... no futuro, Oh Boddhisattva, eles serão convertidos por ti. No início, tendo reencarnado como um Boddhisattva, protege o mundo humano de teus discípulos... depois, reúne-os pela religião." [...] Ao referir-se a este texto, o Dalai Lama disse: "Isto explica como o Buda previu que Avalokiteshvara, a quem chamamos Chenrezig, teria uma conexão especial com o Tibete. Essas são suas palavras. Elas são a base de nosso povo".[17]

## Os primeiros reis

Os primeiros reis tibetanos viveram na província de Yarlung, no Sul do Tibete, próxima da fronteira com o Butão. A lenda torna-se ainda mais poderosa quando se estabelece a origem do primeiro rei tibetano. Os relatos mais antigos o descrevem como um rei-deus, que veio dos céus por uma escada de cordas. Outros, como um rei indiano que, enquanto vagava pelo planalto tibetano, foi visto por pastores que lhe perguntaram de onde vinha; o jovem, ao desconhecer o idioma, fez alguns gestos que pareceram apontar ao céu, o que foi interpretado pelos pastores como que havia vindo do céu, pelo que o levaram à sua aldeia e o entronizaram como seu rei, com o nome de Nyatri Tsempo, em 127 a.C. Conta-se que Nyatri Tsempo e os reis que o sucederam voltaram ao céu por meio de uma corda e, por isso, não há túmulos deles. É recente a sepultura do oitavo rei porque, segundo a lenda, sua corda se rompeu acidentalmente, o que o impediu de ascender ao céu.

Entre todos os reis tibetanos distingue-se Songtsen Gampo, que reinou entre 630 e 649 d.C. É o rei mais amado pelos tibetanos, porque foi quem deu o apoio oficial ao budismo, unificou seu país e seus exércitos converteram o Tibete em um poderoso império, temido e respeitado por seus vizinhos. Durante seu reinado, suas forças venceram repetidamente os chineses na fronteira e conquistaram parte da Birmânia (hoje Mianmar). Também ocuparam o Nepal em 640, permanecendo ali por alguns anos; desta ocupação, surge a peculiaridade de alguns sobrenomes nepaleses, como Tsang, Lama ou Sherpa, terem origem tibetana.

Além de ter esposas tibetanas, Songtsen Gampo casou-se com uma princesa nepalesa e outra chinesa. Ambas eram budistas e tiveram influência decisiva no desenvolvimento do budismo no Tibete. Muito significativo para a cultura tibetana foi o envio de seu ministro Sambhota e dezesseis estudantes à Índia para estudar sânscrito. Atribui-se a Sambhota a criação do primeiro alfabeto tibetano de 30 letras, o que permitiu começar a tradução das escrituras budistas.

---

17 Laird, Thomas. *The story of Tibet. Conversations with the Dalai Lama.* New York: Grove Press, 2006.

Deve-se a Songtsen Gampo a mudança da capital do então império tibetano de Yarlung para Lhasa, e a construção de um forte onde seria erguido, séculos mais tarde, o palácio Potala. Além disso, designou seis governadores para dirigir o vasto reino e entregou terras aos súditos mais pobres.

Os sucessores de Songtsen Gampo continuaram a expansão do império, ao mesmo tempo em que mantiveram o apoio à religião budista. As batalhas contra os chineses na fronteira Leste continuaram com a sorte favorecendo as forças tibetanas. A superioridade armada tornou possível que exigissem da China o pagamento de um tributo anual de 50 mil peças de seda. Quando o imperador chinês Wang Peng Wang negou-se a pagar, em 763, os exércitos do rei Tresong Detsen avançaram até a então capital chinesa Chang'na. Em 783, celebrou-se um tratado de paz entre Tibete e China determinando os limites entre os dois países e dando ao Tibete o controle da maioria das províncias do Leste. Outro tratado semelhante foi acordado em 821 e gravado em três pilares de pedra que ficaram dispostos no exterior do palácio do imperador chinês, na fronteira entre os dois países, e em Lhasa, capital tibetana. O mais notável é que a inscrição consagrava que cada país viveria feliz dentro de suas próprias fronteiras.

Cabe destacar que se deve ao rei Tresong Detsen a construção do primeiro monastério budista do Tibete, Samye, assim como a chegada do grande mestre tântrico indiano Padmasambhava, o Guru Rinpoche, o Precioso Mestre, considerado como uma figura fundamental na inserção do budismo no país dos Himalaias, altamente reverenciado pelos tibetanos.

## A queda do império

As causas principais da queda do império tibetano foram os problemas que sobrevieram entre os adeptos da religião bon – a ancestral religião animista do Tibete – e os que aderiram ao budismo após sua consolidação no século VII, bem como a vasta extensão do império, com fronteiras a milhares de quilômetros da capital Lhasa, quase impossíveis de serem controladas. Na verdade, considera-se que uma das principais razões para o êxito dos tibetanos tenha sido o apoio que os sacerdotes da religião bon deram aos reis. Antes do século VII, o rei, os nobres e o povo tinham a mesma prática religiosa.

Quando Songtsen Gampo e seus sucessores adotaram o budismo, criaram ressentimentos entre os que professavam a religião bon, o que foi causando divisões ao longo dos anos e levaria à debilitação irremediável do império. Quanto à extensão do império, há um relato que serve para ilustrá-la de modo fidedigno. Nove generais que se encontravam a milhares de quilômetros de Lhasa, depois de lutar na frente Norte, perguntaram ao rei Tresong Detsen se poderiam voltar para casa. Este lhes disse que não poderiam fazê-lo até que enviasse suas ordens, que nunca chegaram ao destino – talvez porque os mensageiros tenham se perdido no caminho. Os descendentes nômades dos nove generais são conhecidos como kamalok, que significa "aqueles que não desobedeceram".

No século IX, com o assassinato do rei Lang Darma, que reinara entre 836 e 849 e fora um dos mais viscerais detratores do budismo, o império tibetano se desagregou. Os nobres rivais estabeleceram seus próprios pequenos reinos e não se reportaram mais à autoridade central de Lhasa. Nunca mais os guerreiros tibetanos saíram de suas fronteiras para conquistar outros povos.

Por mais de 400 anos, o Tibete esteve dividido em muitos Estados menores, cada qual governado por um príncipe ou um lama. As relações entre os Estados nem sempre foram amistosas e, muitas vezes, houve guerra entre eles. A expansão do budismo foi a única razão que uniu o país durante esses anos. Os monastérios, construídos como se fossem castelos, com fortes muralhas para proteger os monges dos assaltos, começaram a acumular riquezas e terras, e o lama superior estendeu sua influência e poder ao território circundante. Nesta etapa, cabe descrever a figura de Atisha Dipamkara, erudito indiano que chegou ao Tibete em 1042 e foi determinante para consolidar o ressurgimento do budismo. A ele deve-se, entre outras contribuições, o desenvolvimento da tradição Kadampa. Os tibetanos deram-lhe o nome de Jowo Jey, que significa "mestre espiritual que, ao mesmo tempo, é um buda".

## A relação com os mongóis

Em 1207, chegaram a Lhasa notícias inquietantes sobre as ações de guerra empreendidas pelos exércitos mongóis a mando de Gengis Khan. Cidades devastadas, homens, mulheres e crianças massacradas, e aldeias inteiras incendiadas – era este o rastro deixado pelas hordas mongóis. Em meio a este estado de alerta, os chefes e lamas tibetanos se reuniram para decidir qual seria sua atitude frente ao iminente perigo. Resolveram enviar uma delegação até Gengis Khan para oferecer-lhe o pagamento de um tributo anual. Satisfeito com a humildade do oferecimento, que implicava também o reconhecimento de sua grandeza, Gengis Khan aceitou e desistiu de invadir o Tibete. Em 1227, depois de sua morte o Tibete suspendeu o pagamento do tributo, o que tensionou as relações com os mongóis.

Em 1240, o neto de Gengis Khan, o príncipe Godan, investiu suas tropas contra o Tibete. Sucederam-se assassinatos, incêndios em monastérios e se multiplicaram os saques às aldeias. Mas o príncipe Godan não estava interessado apenas na guerra. Também se sentia sumamente fascinado pelo budismo, e pediu às suas tropas que lhe informassem quem era o mais destacado lama dentro do Tibete. Falaram-lhe sobre três lamas, os principais de seus respectivos monastérios. Godan Khan descartou o mais rico e desprezou o mais sociável, optando pelo mais religioso: o lama do monastério de Sakya. A este enviou uma carta, na qual, entre outras coisas, dizia:

> Eu, o mais poderoso e próspero príncipe Godan, desejo informar ao Sakya Pandita, Kunga Gyaltsen, que necessitamos de um lama para aconselhar meu povo ignorante sobre como se conduzir moral e espiritualmente. Estive refletindo sobre este problema e, depois de muita consideração, decidi que o senhor é a única pessoa adequada para esta tarefa. Como o senhor é o único lama que escolhi, não aceitarei nenhuma desculpa em relação à sua idade ou aos rigores da viagem. O Senhor Buda deu sua vida por todos os seres viventes. Não estaria o senhor negando sua fé se evitasse este dever para com os seus? Seria muito fácil para mim, certamente, enviar um grande contingente de tropas para trazê-lo aqui, mas, ao fazê-lo, prejuízo e infelicidade poderiam recair sobre muita gente inocente. No interesse da fé budista e do bem-estar de todas as criaturas sencientes, sugiro que o senhor venha até nós imediatamente. Como um favor ao senhor, serei muito amável com aqueles monges que estão vivendo agora a Oeste do sol.[18]

Ante tão persuasiva carta, Kunga Gyaltsen, o lama do monastério de Sakya, partiu ao encontro do príncipe Godan, na região do lago Kokonor. O lama instruiu Godan nos ensinamentos do Buda, que eram totalmente opostos a certas práticas que os mongóis realizavam com naturalidade. Prática comum, por exemplo, era lançar chineses ao rio para que se afogassem, como forma de limitar seu excessivo número, o que era visto como uma ameaça ao governo de Godan. Essa prática deixou de ser realizada quando Sakya Pandita o convenceu de que era contrária à doutrina budista.

Sakya Pandita foi chamado de volta ao Tibete, mas declinou e explicou aos tibetanos que Godan havia se comprometido a ajudá-los nas ocorrências temporais caso os tibetanos auxiliassem os mongóis nos assuntos religiosos. Sakya Pandita estava convencido de que teria a possibilidade de expandir a fé budista, ao mesmo tempo em que ajudava seu próprio povo, se permanecesse em Kokonor.

Com Sakya Pandita e o príncipe Godan teve início uma relação entre os lamas tibetanos e os líderes mongóis que se estenderia por muitos anos, assim como uma simpatia e amizade entre ambos os povos que se mantem até hoje. Com a morte de ambos, foram sucedidos por Phagpa, como lama do monastério de Sakya e alto lama da corte mongol, e por Kublai Khan, chefe mongol que chegou a tornar-se imperador da China, dando

18 Shakabpa, Tsepon. ***Tibet, a political history***. New York: Potala Publications, 4th printing, 1988.

início ao que se conhece como dinastia Yuan. A relação entre Phagpa e Kublai foi tão positiva como a de seus antecessores. Quando o chefe mongol incrementou seu poder até transformar-se em imperador da China, em 1279, o poder e o prestígio dos lamas de Sakya também se ampliaram. Assim, os lamas de Sakya governaram até meados do século XIV, o que fez com que o país voltasse a estar sob uma única liderança política e religiosa. A relação peculiar entre os lamas tibetanos e os príncipes mongóis recebeu o nome de *cho yon*, sacerdote-benfeitor, que exemplifica a qualidade de guias espirituais de uns e protetores seculares, de outros.

## Escolas do budismo tibetano

Antes de prosseguir com a ordem cronológica da história do Tibete, é importante acrescentar informações sobre as escolas budistas que se desenvolveram no país ao longo dos séculos. Os seguidores do mestre indiano Atisha, que chegou ao Tibete depois de um período em que o budismo havia sido perseguido, foram conhecidos como os Kadampa. Ainda que não haja monges que atualmente ostentem esta denominação, muitas das ideias dessa escola foram adotadas pela escola Gelug, fundada pelo mestre Tsongkhapa no século XIV, à qual pertencem todos os dalai lamas.

Outros monges, entretanto, preferiram não seguir os ensinamentos de Atisha e permaneceram fiéis aos antigos ensinamentos, e são conhecidos como Nyingmapa, ou "crentes antigos", que reconhecem Padmasambhava como seu fundador. Dois dos discípulos de Atisha se desviaram de seus ensinamentos e fundaram linhagens que passaram a ser conhecidas como Kagyu, fundada pelo grande tradutor Marpa, que teve Milarepa como um de seus discípulos, conhecido como o grande místico tibetano, cujos poemas e canções são recitados e cantados ainda hoje por nômades e agricultores do Tibete. E a linhagem Sakya, fundada pelo erudito Khon Konchog Gyalpo. Já mencionamos que os lamas Sakya governaram o Tibete entre os séculos XIII e XIV.

Resumindo: dentro do Budismo tibetano temos quatro grandes escolas, ou linhagens ou seitas: Nyingma, Kagyu, Sakya e Gelug. Quando a estes substantivos é agregado o sufixo *pa*, passa-se a fazer referência aos seguidores de cada escola: nyingmapa são os seguidores da escola Nyingma; Kagyupa, seguidores da Kagyu, e assim sucessivamente.

## Os dalai lamas

Como mencionamos, os dalai lamas dentro do budismo tibetano são considerados encarnações do Buda da Compaixão, ou Chenrezig. Até o presente, houve 14 dalai lamas, sendo que o primeiro nasceu em 1391. Chamado de Gedun Truppa, não foi considerado como tal até muitos anos após sua morte. Gedun foi um dos mais importantes discípulos de Tsongkhapa, fundou o monastério de Tashi Lunpo, que abrigou em sua época cerca de três mil monges, e se tornou abade, sendo chamado de Panchen Gedun Truppa. Morreu em 1474, e no ano seguinte nasceu um menino chamado Gedun Gyatso, reconhecido como sua reencarnação. Gedun Gyatso estudou e viveu em Tashi Lunpo (monastério que, mais tarde, tornou-se a residência dos panchen lamas, segundos em importância na hierarquia clerical do budismo tibetano).

Gyatso fundou o monastério de Chokhorgyal, a sudeste de Lhasa. Em suas proximidades há um lago sagrado para os tibetanos, o Lhamo Latso, em cujos reflexos se revelam futuros acontecimentos. O reconhecimento dos XIII e XIV Dalai Lamas foi feito, entre outros detalhes, depois da apreensão dos reflexos proféticos do lago. Um ano depois da morte de Gedun Gyatso, em 1542, e sempre atendo-nos às crenças tibetanas, nasceu sua reencarnação, Sonam Gyatso. Erudito e abade do monastério de Drepung, serviu como mediador entre facções rivais graças à popularidade que conquistou. De fato, em 1560 houve um conflito entre os adeptos das escolas Gelug e Kagyu, em Lhasa, que não pôde ser solucionado pelos lamas de ambas as escolas. O conflito foi encerrado quando Sonam Gyatso foi chamado a intervir.

Em 1577, Althan Khan o convidou a visitar a Mongólia. Embora Kublai Khan tenha se convertido ao budismo 300 anos antes – e, com isso, influenciado seu povo –, os mongóis haviam voltado à sua velha religião de deuses e demônios. A visita de Sonam Gyatso transformou novamente a situação a favor do budismo. Foi Althan Khan quem concedeu a Sonam o título de dalai lama – dalai significa "oceano", em mongol – e, com isso, quis expressar que a sabedoria de seu mestre era tão profunda e vasta como o oceano. Depois de dar ensinamentos ao povo mongol, durante os quais procurou reverter algumas das práticas sangrentas a que estavam acostumados, Althan Khan se dirigiu a Sonam e a seu povo: "A ti, Sonam Gyatso, lama gelugpa, dou o nome de dalai lama, por teres mostrado a verdade a meu povo".

A notoriedade daquele que se tornou o III Dalai Lama (em homenagem póstuma, Gedun Truppa e Gedun Gyatso passaram a ser considerados como primeiro e segundo, respectivamente) se espalhou para além das fronteiras do Tibete. Foi convidado por líderes de tribos mongóis e por governadores chineses, e chegou a estabelecer a fronteira de um território em disputa entre mongóis e chineses, fato considerado como o primeiro ato político levado a cabo por um dalai lama. Fundou vários monastérios no Tibete, entre eles o de Kumbum, no noroeste do país, lugar onde havia nascido Tsongkhapa e próximo de onde, muitos séculos depois, nasceria o atual XIV Dalai Lama.

Sonam Gyatso faleceu em 1588, após sua segunda visita à Mongólia, onde profetizou que renasceria como mongol em sua próxima vida. Um ano depois de sua morte, o bisneto de Althan Khan foi reconhecido como o IV Dalai Lama e chamado de Yonten Gyatso. Ainda que o menino tenha sido reconhecido seguindo os procedimentos habituais de investigação, através de visualizações e acompanhamento de sinais, é inevitável a especulação sobre a existência de motivações políticas que favoreceriam aos gelupa o reconhecimento de um Dalai Lama mongol.

Um dos mestres do Dalai Lama mongol – o único nascido fora do Tibete – foi o I Panchen Lama, grande erudito de seu tempo e que, como o dalai lama, é um ***tulku*** (encarnação que escolhe sua forma de renascer e pertence à linhagem Gelug); panchen lama significa "grande erudito".

Acredita-se que, enquanto os dalai lamas são manifestações do Buda da Compaixão, os panchen lama o são de Amitabha, o Buda da Luz Infinita. Durante a vida do IV Dalai Lama, o Tibete se viu abalado por numerosos conflitos religiosos. A escola Gelug angariou o ressentimento das demais escolas por sua íntima aliança com os mongóis, o que levou a duras disputas com as outras seitas e com os nobres. Foram os próprios mongóis que evitaram a destruição dessa escola, graças à sua devoção e completo apoio ao jovem Dalai Lama mongol – que faleceu aos tenros 25 anos de idade.

Ngawang Lobsang Gyatso, nascido em 1617, foi o V Dalai Lama, conhecido entre os tibetanos como o Grande Quinto. Durante seu governo, o Tibete voltou a se unir como na época do império e todos os chefes e lamas aceitaram sua autoridade. Ele estabeleceu um forte governo central, integrado de forma igualitária por monges e nobres, que perdurou até meados do século XX, com algumas mudanças. Nele, pela primeira vez, se somaram os poderes religioso e político do Tibete.

Estabelecido na capital, deve-se ao Grande Quinto a construção do palácio Potala, na colina vermelha de Lhasa, mesmo lugar em que o rei Songtsen Gampo ergueu um forte mil anos antes. O V Dalai Lama manteve boa relação com os mongóis, e os novos imperadores chineses, os manchus[19], demonstraram grande respeito por sua autoridade secular e religiosa: apelaram à sua influência sobre os mongóis para persuadi-los a abandonar suas tendências expansionistas sobre a China.

19 A dinastia manchu conhecida como Qing governou a China de 1644 a 1911. Povos dos montes Altai que habitaram a Manchúria, ao noroeste da China, milhares de anos atrás, os manchus foram zelosos defensores de sua etnia e sempre se sentiram superiores à etnia han, a mais numerosa da China.

Em 1652, o V Dalai Lama foi convidado pelo imperador manchu Shun Shih a visitar sua corte. As razões do convite estariam relacionadas à ancestral ascendência que os Dalai Lamas teriam sobre os mongóis, que ainda representavam uma ameaça à China controlada pelos manchus. Muito se debateu sobre o significado de tal convite e posterior visita do V Dalai Lama a Pequim; tal encontro e as circunstâncias que o cercaram foram utilizados pelos chineses como aval para seu reclamo sobre o domínio que historicamente teriam tido sobre o Tibete. O fato de que Shun Shih não tenha ido além da Grande Muralha (considerada como a verdadeira fronteira territorial) para o encontro, e que tenha se sentado em um nível um tanto mais alto que o líder tibetano durante a audiência, são tomados como argumentos da soberania chinesa.

O atual Dalai Lama fala sobre isso:

> A razão pela qual o V Dalai Lama viajou a Beijing e se reuniu com o imperador foi simplesmente propagar o Buda Dharma.[20]

Durante sua estada, além de receber o título de Preceptor da Doutrina do Buda; Guardião da Paz no Oeste; Unificador da Fé Budista Abaixo do Céu; Oceano Superior e Titular do Raio, pediram-lhe ajuda para reorganizar os monastérios da China.

Os tibetanos reverenciam o V Dalai Lama como o Grande Quinto não apenas por seu poder e autoridade, mas também sua erudição e santidade. A ele se deve a extensão das festividades do Losar (Ano Novo) em Lhasa e a introdução do Monlam Chenmo, o grande festival de oração que começa no quarto dia.

O Grande Quinto morreu em 1682, mas sua morte foi mantida em segredo por Sangye Gyatso, seu desi (espécie de primeiro-ministro) durante 15 anos, porque o palácio Potala, mandado construir por ele, ainda não estava terminado, e sua autoridade era necessária para concluí-lo. Esta é uma das explicações. Outras afirmam que, naquela época, seu ministro quis acumular mais poder. O certo é que, durante 15 anos, o ministro argumentou que seu superior estava em retiro de meditação, razão pela qual o VI Dalai Lama veio a ser entronizado somente em 1697.

Tsangyang Gyatso, o VI Dalai Lama, é lembrado por reunir características muito diferentes das de seus antecessores e sucessores. Seu comportamento mundano levou à consideração de que sua eleição havia sido um erro, mas foi logo justificada e os tibetanos a interpretaram como uma prova de fé. Tsangyang desfrutou a companhia de uma mulher, gostava de beber chang (cerveja feita de cevada fermentada), assim como de cantar e dançar, e se recusava a usar os suntuosos hábitos que correspondiam à sua investidura. Não foi, porém, apenas um homem de vida dissoluta. Era também dotado

---

20 Laird, Thomas. *The story of Tibet. Conversations with the Dalai Lama.* New York: Grove Press, 2006.

de grande sensibilidade, o que o levou a escrever aquela que, para muitos, é a mais bela poesia em idioma tibetano. Sua vida não monástica deu ao chefe mongol Lhazang Khan a justificativa para livrar-se dele.

O imperador manchu K'ang-hsi apoiou Khan e o VI Dalai Lama foi deposto e exilado depois de afirmar-se que era uma encarnação falsa. Os tibetanos não gostaram da decisão, pois amavam seu lama mundano, mas nada podiam fazer diante da força mongol. Ao partir para o exílio, Tsangyang previu que voltaria reencarnado em um menino nascido em Lithang, e nunca mais se soube dele. Lhazang Kham logo impôs um de seus seguidores como dalai lama, mas os tibetanos nunca o aceitaram, e reconheceram um menino proveniente de Lithang como o VI Dalai Lama havia prenunciado, mas a criança caiu nas mãos dos manchus.

Em 1717, a tribo mongol dos dzungars invadiu o Tibete supostamente para entronizar o verdadeiro dalai lama, mas este se encontrava no monastério de Kumbum, no noroeste do país, sob proteção manchu. Os dzungars capturaram e assassinaram Lhazang Kham, o que, inicialmente, atraiu o apoio dos tibetanos. Porém este apoio se transformou em raiva, na medida em que não tinham o verdadeiro dalai lama, e em rechaço absoluto quando, ainda por cima, os invasores começaram a saquear os templos, motivando o pedido de ajuda dos tibetanos à corte chinesa. Depois de um ataque em 1718, no qual as forças chinesas foram derrotadas, o imperador K'ang-hsi enviou um segundo exército sob o comando de um de seus filhos para tentar expulsar os dzungars e escoltar o VII Dalai Lama até Lhasa. Ainda que os dzungars já tivessem sido expulsos pelas forças tibetanas quando o exército manchu chegou a Lhasa, a invasão manchu de 1720 significou o início de um período de influência chinesa sobre o Tibete que se manteria por quase 200 anos.

Segundo afirma o professor Ge Jianxiong[21], diretor do Instituto de Geografia Histórica da China, da Universidade de Xangai, "seria um desafio à história afirmar que o Tibete tenha sempre sido parte da China", e acrescenta que o ponto de partida da soberania chinesa sobre o Tibete teria sido marcado pela dinastia Qing. Este enfoque se contrapõe à ideia sustentada com afinco pelo Partido Comunista Chinês de que o Tibete sempre teria sido parte integral da China, e colide também com o defendido pelos tibetanos, ao afirmarem que seu país fora soberano até a invasão chinesa de 1949.

Voltando a 1720, depois da invasão, os manchus deixaram uma guarnição de dois mil soldados em Lhasa, que acabaram substituídos por dois funcionários conhecidos como ambam, com um reduzido regimento, para representar os interesses do imperador. A permanência desses funcionários manchus no Tibete embasa também o fundamento do reclamo de soberania. Os tibetanos argumentam que a importância desses funcionários

21 A íntegra, em inglês, do artigo *Tibet Not Always Part of China: Chinese Historian* está disponível em http://bit.ly/p0sIpW.

era muito limitada e o fato de que estivessem em região remota, muito longe da capital do império, seria mais uma espécie de punição do que uma função significativa.

O VII Dalai Lama, Kalsang Gyatso, foi entronizado em 1720, assim que os manchus o devolveram a Lhasa, e sua vida foi marcada pelos conflitos que se sucederam no Tibete naqueles tempos. Kalsang caracterizou-se por ser um estudioso das escrituras budistas. A ele se deve o início da construção do palácio Norbulingka, a residência de verão dos dalai lamas.

Pouco tempo depois de sua entronização, o Tibete enfrentou uma guerra civil. O choque entre dois ministros motivou o envio de um novo exército do imperador manchu a Lhasa. Quando chegou à capital, um dos ministros, Phola Teiji, já havia vencido seu rival e tomado o controle da cidade. Esse ministro acabou por transformar-se em grande colaborador dos chineses. Tanto o envio do VII Dalai Lama a Lithang quanto a permissão para seu retorno ocorreram sob a condição de que não viria a intervir nos assuntos políticos. A cooperação que Phola Teiji manteve com os manchus durante seus 18 anos de governo também serviu, durante muito tempo, como garantia à alegação chinesa sobre o Tibete.

De todo modo, o governo de Teiji levou prosperidade e calma à convulsionada região, alcançando a paz entre as diferentes seitas budistas. Depois da morte de Phola Teiji e de um breve período de governo de seu filho, o VII Dalai Lama governou por sete breves anos. Durante eles, aboliu o cargo de desi, que permitia a concentração de demasiado poder em poucas mãos, e criou o Kashag, conselho de ministros, para administrar o governo tibetano. Ante as reclamações dos tibetanos de Kham e Lhasa por causa do comportamento inconveniente do exército chinês, o Dalai Lama e o Kashag negociaram a retirada dos ambams – o que foi efetivado, restando apenas uma guarnição para a escolta dos funcionários chineses.

Com a morte do VII Dalai Lama, em 1757, seus assistentes, os membros do Kashag e os funcionários do governo consideraram a possibilidade de nomear um regente para representar o VIII Dalai Lama até que ele pudesse assumir suas funções, ou de o Kashag ficar incumbido da responsabilidade de governar. Finalmente decidiu-se nomear um regente para representar o dalai lama dando, assim, origem a um cargo que se mantém até o presente e teve singular destaque no desenrolar de muitos dos acontecimentos políticos ocorridos no Tibete desde a segunda metade do século XVIII até o século XX.

A importância que os regentes ganharam no governo do Tibete esteve diretamente relacionada ao fato de que a relevância dos dalai lamas VIII ao XII foi muito reduzida, com mortes em idades bastante tenras ou vidas abaladas por problemas de saúde. Os governos dos regentes foram responsáveis, em grande medida, pela falta de desenvolvimento material, assim como pelo isolamento, uma vez que sua percepção da realidade exterior era praticamente nula. Deve-se levar em alta conta que a educação era basicamente religiosa, obtida em instituições monásticas e, nesse contexto, a política tinha importância ínfima, quando não, inexistente.

## A guerra contra os gurkhas

Em meados do século XVIII, os gurkhas, ferozes guerreiros do Nepal, atacaram o Tibete. Os ambams, que se posicionavam como meros observadores, informaram o imperador chinês Chien Lung, que enviou de imediato um exército para se unir aos tibetanos contra o invasor. Os generais chineses mentiram sobre uma suposta vitória militar e fizeram, em contrapartida, um acordo que determinava que o Tibete deveria pagar um tributo anual ao Nepal. O Tibete cumpriu o estipulado durante um ano, mas em seguida o regente decidiu cancelar os pagamentos até negociar um acordo mais favorável. Deu-se, então, uma segunda invasão gurkha ao Tibete, mais precisamente a Shigatse, onde se encontra o monastério Tashi Lhunpo, que foi violentamente saqueado.

O imperador chinês enviou outro exército mais organizado que, desta vez, logrou expulsar os ghurkas do território tibetano, ao mesmo tempo em que os obrigava a devolver o produto dos saques. Depois dessa intervenção, o império manchu tentou ampliar sua influência no Tibete. Dois ambams de peso foram nomeados e tentou-se pôr em prática algumas medidas para limitar a soberania tibetana. O imperador enviou, por exemplo, uma urna de ouro destinada a conter os nomes dos aspirantes a panchen lama e a dalai lama para serem eleitos por sorteio. Também decretou que as comunicações do Tibete com o exterior fossem supervisionadas pela China e proibiu a entrada de estrangeiros no país. Esta última foi a única reforma duradoura e teve influência direta no isolamento no qual o Tibete submergiu dali por diante. A disposição que determinava a eleição dos dois principais ícones do budismo tibetano através de sorteio foi ignorada.

Cabe destacar que a intervenção dos exércitos do imperador manchu para expulsar os ghurkas de Lhasa tem sido utilizada pela República Popular da China como um dos fundamentos de sua soberania sobre o Tibete. Segundo os tibetanos, a entrada do exército manchu em Lhasa teve o caráter de força aliada e o objetivo de atacar uma força invasora, dentro da relação sacerdote-benfeitor (cho yon) estabelecida entre o imperador manchu e o dalai lama, que atribuía a cada um deles claras responsabilidades: ao protetor, assistência política e militar; ao lama, orientação espiritual. A ideia da relação basicamente espiritual entre manchus e tibetanos se sustenta, por exemplo, no fato de que o imperador manchu Yongzheng tenha convertido seu palácio em templo budista em 1734, ou que o imperador Qianlong tenha construido uma réplica do Potala em seu palácio de verão.

A identificação manchu com o budismo tibetano fez parte da diferença que quiseram enfatizar entre eles e seus súditos chineses han, seguidores do confucionismo. Isto se somou a outras medidas tomadas para colocar a salvo a pureza de sua etnia. Os manchus cuidaram com zelo dos limites da Manchúria, para evitar que agricultores chineses han os cruzassem, e também proibiram o comércio com eles e os casamentos entre manchus e han.

A relação sacerdote-benfeitor que prevaleceu entre a corte manchu e a liderança tibetana é muito difícil de explicar à luz das atuais leis internacionais, e não é de fácil compreensão para a nossa mentalidade ocidental. Como foi dito, a relação sacerdote-benfeitor tem suas origens na relação entre os príncipes mongóis e os lamas tibetanos que lhes prestaram orientação espiritual.

## O XIII Dalai Lama, a invasão britânica e a invasão manchu

Thupten Gyatso, o XIII Dalai Lama, nascido em 1876, voltou a ser o condutor e guia de seu povo, e seu período de governo foi de notória importância na história tibetana. Neste período, o Tibete teve de lidar com duas invasões: a britânica, em 1904, e a manchu, em 1910.

A invasão britânica pretendeu neutralizar os efeitos de uma possível ingerência que a Rússia czarista poderia passar a ter no Tibete. Com o império manchu se extinguindo, um dos assessores políticos do Dalai Lama – um monge budista chamado Dorjiev, nascido em Buryat, Sibéria – insistiu que o Tibete necessitava da proteção de uma potência estrangeira como a Rússia, sobretudo para fazer frente à crescente influência britânica, que governava a Índia desde o século XIX. O próprio Dorjiev levou adiante as conversações com os russos, sem qualquer conotação ideológica. O Tibete não era absolutamente um território de interesse para a Rússia czarista. Assim o explicou o Escritório de Assuntos Exteriores da Rússia em Londres, mas os ingleses não acreditaram. Em consequência, o vice-rei da Índia, lorde Curzon, ordenou o envio de tropas ao Tibete comandadas pelo coronel Younghusband. Curzon estava convencido de que encontrariam tropas e armas russas em território tibetano. Cerca de 1.500 tibetanos enfrentaram o exército inglês, munido com o equipamento bélico mais moderno da época. As baixas do lado tibetano foram numerosas, e não se contabilizou nenhuma na frente invasora. Alguns relatos de soldados ingleses dão conta de que os tibetanos, ao invés de correr para fugir do fogo devastador da artilharia, caminhavam devagar. Os britânicos não encontraram maior resistência e chegaram facilmente a Lhasa em agosto de 1904. Alguns dias antes, o XIII Dalai Lama, que estava em retiro de três anos, decidiu interrompê-lo e rumou para o exílio, acompanhado por seus atendentes. Nem soldados nem armas russas foram encontrados, o que provou o erro de Curzon.

O XIII Dalai Lama viveu seu exílio na Mongólia, onde os laços espirituais históricos que uniam mongóis e tibetanos serviram para que fosse recebido com grande aprovação, e ocupasse seu tempo estudando budismo, explicando os textos budistas e debatendo com os monges mongóis. Se sua presença na Mongólia foi muito significativa para o país, a Mongólia também teve influência em sua personalidade, a ponto de aprender a falar com fluidez o idioma mongol e a usar trajes mongóis pelo resto de sua vida.

A capitulação dos tibetanos sob a condição de abandonarem Lhasa levou à anexação do Sikkim à Índia governada pelos britânicos, à abertura de mercado no Sul do Tibete com o estacionamento de tropas britânicas para protegê-lo e ao compromisso tibetano de não manter relações com Estados estrangeiros, nem sequer com a China manchu. Além disso, Lhasa teve de pagar reparações de guerra a Londres. Em contrapartida, Londres deveria assumir as responsabilidades relacionadas à conversão do Tibete em seu protetorado, porém nunca o fez. De seu exílio na Mongólia, o Dalai Lama tornou a enviar Dorjiev para obter algum tipo de apoio junto ao czar russo, e novamente o esforço resultou inútil.

A invasão de 1904 acendeu uma luz de perigo entre os manchus e seus súditos chineses han. Estes viam os manchus como estrangeiros e achavam que eram responsáveis por ameaças de outras potências à China. O nacionalismo étnico dos chineses crescia cada vez mais.

Em 1906, os britânicos decidiram firmar um tratado com o império Qing. Depois de avaliar os altos custos envolvidos na manutenção do Tibete como protetorado, Londres argumentou que os oficiais que firmaram o primeiro acordo haviam excedido sua autoridade, e firmou um tratado com os manchus no qual se comprometia a não anexar o território tibetano nem interferir na administração do Tibete – ao mesmo tempo, os manchus não permitiriam que nenhuma outra potência interferisse nos assuntos tibetanos. Em 1907, a Grã-Bretanha celebrou um tratado com a Rússia, através do qual ambos reconheciam o princípio de suserania[22] da China sobre o Tibete. Nos documentos

22 Suserania: relação na qual um Estado ou soberano exerce certo grau de domínio sobre um Estado dependente, frequentemente controlando suas relações exteriores. Embora o referido tratado tenha usado o termo pela primeira vez em um documento, a palavra suserania já fora utilizada para definir algumas relações entre Estados na Europa medieval.

britânicos, a dinastia Qing ou o império manchu são indistintamente denominados de China, o que nunca havia ocorrido nos documentos manchus. Os tratados de 1906 e 1907 envolveram apenas Grã-Bretanha, Rússia e manchus. O Tibete foi pontualmente excluído, embora os tratados tenham alterado sua condição. A suserania em relação ao império Qing debilitou seu status de país independente.

Em 1906, o XIII Dalai Lama, exilado na Mongólia, mas naquele momento em breve visita ao monastério de Kumbum, no noroeste do Tibete, recebeu dois convites: um do governo tibetano instando-o a retornar a Lhasa e, outro, da corte manchu. Como havia sido informado sobre escaramuças na fronteira com a China, decidiu desconsiderar sua volta e viajar a Pequim. Em sua rota, o Dalai Lama teve um encontro com o representante norte-americano na China e, já na capital chinesa, com o embaixador japonês e seu adido militar, que explicaram ao líder tibetano o sistema de treinamento militar japonês, que seria levado em conta anos mais tarde no preparo das tropas tibetanas, promovido por um perito militar nipônico.

Ao chegar a Pequim, em setembro de 1908, o Dalai Lama foi recebido com uma grande cerimônia. Depois de alguns problemas de protocolo – que incluíram a recusa do líder religioso a prostrar-se diante de um imperador manchu –, o Dalai Lama foi recebido pela imperatriz regente Cixi, viúva do imperador Xianfeng, e pelo jovem imperador Kuang Hsü, que foi visto visivelmente enfermo durante o encontro. O Dalai Lama deu a conhecer o mal-estar de seus compatriotas com as incursões chinesas na fronteira e a obrigação de pagamento de impostos aos oficiais chineses, recordando que as relações entre manchus e tibetanos sempre tiveram respaldo religioso. A imperatriz se comprometeu a manter a relação sacerdote-benfeitor, mas os funcionários do Escritório de Assuntos Exteriores não concordaram com a ênfase na relação meramente religiosa e exigiram que o Dalai Lama cumprisse o acordo de 1906. Durante a visita, o Dalai Lama comprovou que o governo da imperatriz não era bem visto pelo povo chinês, fato que – somado à corrupção dos funcionários – mostrava o declínio do império manchu. Em novembro de 1908, o jovem imperador morreu e, pouco tempo depois, faleceu também a imperatriz. O Dalai Lama assistiu a entronização de Xuangtong, o último imperador manchu, mais conhecido no Ocidente como Pu Yi.

Em 1909, o XIII Dalai Lama retornou a Lhasa, onde foi recebido com todas as honras. No Potala, começou a usar um novo selo onde se lia: "Pela profecia do Senhor Buda, Gyatso (Dalai) Lama é o guardião da fé budista sobre a face da terra". O selo pretendia ser um símbolo da independência tibetana e, ao mesmo tempo, um desafio à intervenção manchu. Um ano mais tarde, ele teve de enfrentar a invasão manchu que o levou novamente ao exílio. Desta vez, seu destino foi a Índia. As notícias que circulavam tanto na Índia quanto em Lhasa davam conta de que os manchus haviam deposto o Dalai Lama e estavam buscando seu sucessor por sorteio. O Dalai Lama se reuniu com o vice-rei da Índia, lorde Minto, e lhe pediu que a Grã-Bretanha intercedesse em favor do Tibete. O vice-rei ouviu as explicações do líder tibetano sobre o que acontecia em seu país e se comprometeu a fazê-las chegar ao governo de Londres, mas não garantiu nenhum tipo de apoio.

Enquanto isso, em Lhasa, os oficiais tibetanos que tinham ficado incumbidos do governo foram depostos ou encarcerados pelos invasores. A polícia tibetana foi substituída pela manchu e as propriedades do Dalai Lama, confiscadas. O descontentamento do povo tibetano era visível e, de sua parte, não havia possibilidade de qualquer tipo de colaboração. Os manchus se deram conta, então, de que a declaração de deposição do Dalai Lama, o venerado líder dos tibetanos, tinha sido um grande erro. Para remediar os danos, enviaram um funcionário a Darjeeling para se encontrar com o alto lama e pedir-lhe que retornasse a Lhasa, onde todos os seus títulos seriam devolvidos.

A resposta do Dalai Lama foi contundente. Em carta entregue ao emissário, disse que havia perdido a confiança nos manchus e era impossível negociar diretamente com Pequim. Por isso, era necessária a presença de um terceiro país como mediador, a Grã-Bretanha. Os britânicos, entretanto, não estavam dispostos a intervir e, da mesma forma, os russos preferiram manter-se à margem do conflito. Essa política de neutralidade foi reconsiderada pela Grã-Bretanha quando, em 1911, o império manchu entrou em colapso e os chineses han tomaram o controle de seu território.

Esta derrocada, por sua vez, permitiu que os tibetanos conseguissem expulsar os soldados manchus e han de seu território, aproveitando os confrontos entre ambos, e que o Dalai Lama proclamasse do exílio a independência tibetana, em junho de 1912. Em janeiro do ano seguinte, Thupten Gyatso retornou a Lhasa, depois de oito anos de exílio. Também neste ano, os mongóis declararam sua independência, e ambos os povos não se mostraram interessados em aceitar qualquer tipo de ingerência da recém-proclamada República da China. Os chineses han, por sua vez, perceberam que, com a rebelião de 1911, estavam pondo fim ao domínio manchu iniciado em 1644. Com o gesto simbólico de cortar o rabicho inconfundível do estilo manchu, que tiveram de usar obrigatoriamente durante séculos, os han estavam voltando a recuperar a soberania perdida sobre seu território. Os manchus que se salvaram do massacre voltaram à Manchúria para tentar constituir um Estado separado da China ou ficaram em Pequim, ocultando sua origem e aprendendo o idioma chinês.

Mesmo com a declaração de independência tibetana feita pelo Dalai Lama em 1912, a apetência chinesa sobre o Tibete continuou latente. A Grã-Bretanha, ator principal nessa região do mundo nas primeiras décadas do século XX, acertou com o Dalai Lama a realização de uma conferência tripartite em Shimla, Índia, em 1914. Os chineses queriam que a reunião se realizasse em Londres ou Pequim e que os representantes tibetanos não gozassem do mesmo status que as outras duas partes. Entretanto, as três partes se sentaram para conversar em pé de igualdade. Os tibetanos argumentaram que seu país havia sido independente desde sempre e que a relação entre o V Dalai Lama e o imperador manchu teve caráter religioso. Os tibetanos pretendiam a confirmação de sua declaração de independência, assim como o reconhecimento do Dalai Lama como líder espiritual e secular.

Os chineses, por sua vez, usaram a conquista do Tibete por Gengis Khan como base de suas pretensões – o que foi refutado pelos tibetanos, que afirmaram que Gengis Khan era mongol e não chinês, e que, na época, a Mongólia não pertencia à China nem o príncipe mongol chegou a tomar o governo do Tibete. Outro argumento levantado pelos chineses foi o título que o imperador manchu concedera ao V Dalai Lama, ao que os tibetanos responderam que tal concessão havia sido a compensação a um título outorgado pelo Grande Quinto ao imperador. Os chineses quiseram registrar sua ascendência sobre o Tibete por terem expulsado os dzungars e vencido os gurkhas. Os tibetanos replicaram que os primeiros já tinham sido expulsos quando as tropas imperiais chegaram e que os segundos foram vencidos com a ajuda das forças manchus, que atuaram como aliadas.

O diplomata inglês sir Arthur Henry McMahon apresentou uma série de propostas destinadas a destravar a negociação. Propôs que o Tibete se dividisse em Exterior e Interior, sob a suserania da China, que deveria reconhecer a autonomia do Tibete Exterior, não interferir em sua administração nem no processo de seleção do dalai lama. Tampouco tropas seriam estabelecidas ali. A China não deveria encampar o Tibete como província, e a Grã-Bretanha não faria anexações. Além disso, ficaria estabelecida uma nova demarcação de limites entre Tibete e Índia, que passou a chamar-se a Linha de McMahon, e incluiu Arunachal Pradesh como Estado da Índia. Embora as pretensões tenham sido muitas, em suma o tratado de Shimla contou apenas com a assinatura de duas das três partes envolvidas, uma vez que a China nunca o ratificou.

O XIII Dalai Lama exerceu seu cargo sem outras interrupções até sua morte, em 1933. Durante os anos em que pôde levar adiante sua gestão, tentou tirar o Tibete da estagnação. Em seu governo, foi estabelecida a primeira agência de correio do país, criou-se a casa da moeda, houve a modernização do exército, foi instalada a primeira usina de geração de energia elétrica e importados os três primeiros automóveis – que quase não foram utilizados, dadas as características pouco propícias do terreno tibetano para aqueles veículos. Com relação à modernização do exército, o XIII Dalai Lama determinou que seu financiamento deveria ser feito através da cobrança de altos impostos do monastério de Tashi Lhunpo, do panchen lama. Este reivindicou em várias oportunidades a redução de tais tributos e, ante a negativa do Dalai Lama, decidiu fugir para a China.

O problema com o Panchen Lama não foi o único a ser enfrentado pelo chamado Plano Mestre do líder tibetano. Muitas de suas decisões foram encaradas como verdadeiras ameaças por parte do clero, que via nelas uma perigosa debilitação de seus domínios e privilégios. Assim foi vista pelas autoridades monásticas a criação de escolas que permitiram aproximar a educação de todos os tibetanos que, até esse momento, só era dada aos que ingressavam nos monastérios. Além do objetivo de ampliar o conhecimento e potencializar a educação de seus compatriotas para além dos limites de seu território e cultura, ele enviou quatro estudantes para se formar na Inglaterra – uma prática que pretendia ampliar, mas não conseguiu. Embora sua vida tenha sido marcada por circunstâncias que, de algum modo, anteciparam o que seria a história do Tibete nos anos seguintes, talvez seja seu testamento escrito o que mais surpreenda nesse alto lama tibetano, falecido aos 58 anos, depois de enfrentar dois exílios:

> [...] pode acontecer que aqui no Tibete, a religião e o governo sejam atacados externa e internamente. A menos que cuidemos de nosso próprio país, o dalai lama e o panchen lama, o Pai e o Filho, e todos os reverenciados guardiões da fé desaparecerão e se tornarão anônimos. Os monges e seus monastérios serão destruídos. O governo da lei enfraquecerá. As terras e propriedades dos funcionários do governo serão confiscadas. Eles mesmos serão forçados a servir aos seus inimigos e a perambular pelo país como mendigos. Todos os seres sucumbirão a grandes dificuldades e a um medo esmagador; os dias e noites se farão intermináveis no sofrimento.[23]

Depois de sua morte, seu comandante-em-chefe, Lungshar, que levara os quatro estudantes a Londres, propôs que o regente não fosse um monge, mas que a regência fosse entregue a duas ou quatro pessoas, sendo a metade laica – em sua opinião, a experiência política dos monges era nula. Seu plano foi rejeitado com veemência pelos monges conservadores, e ele foi acusado de traidor. Reting Rinpoche foi designado como regente do Tibete até que o novo dalai lama fosse encontrado.

23 A íntegra do testamento do XIII Dalai Lama está disponível, em francês, em: http://bit.ly/n1A3pV.

## O XIV Dalai Lama e os acontecimentos no Tibete antes da invasão chinesa

A designação do atual XIV Dalai Lama foi feita de acordo com as práticas tradicionais do budismo tibetano de reconhecimento da reencarnação do dalai lama anterior. Primeiro levou-se em conta uma série de sinais que indicariam o lugar onde ocorreria o nascimento da encarnação. Um dos sinais foi dado pelo corpo embalsamado de Thupten Gyatso, o XIII Dalai Lama, que apresentou um movimento de cabeça: em vez de estar orientada para o Sul, virou para noroeste. Depois, o regente Reting Rinpoche, que também era um alto lama, teve uma visão sobre as águas de Lhamo Latso, o lago sagrado do Sul do Tibete onde, como dissemos, os tibetanos creem poder observar visões de acontecimentos futuros. Ali ele viu as letras tibetanas *ah*, *ka* e *ma*, além de um monastério de três andares com teto turquesa e ouro e um caminho que saía dali para a montanha. A visão se completou com uma casa na montanha, com um teto de estrias muito peculiar.

Por volta de 1937, três expedições saíram de Lhasa com a missão de encontrar o menino reencarnado que se tornaria o líder supremo do Tibete. As três rumaram para noroeste, seguindo os sinais – uma delas, dirigida por Ketsang Rinpoche, alto lama do monastério de Sera. Quando chegaram a Amdo (*ah*) – uma das três grandes províncias tibetanas, localizada a noroeste –, encontraram o monastério de Kumbum (*ka*), cujas características se pareciam com a visão do regente. Só faltava encontrar a casa com o teto singular. Assim que a acharam, na aldeia de Takster, muito próxima à fronteira com a China, dois membros da comitiva, junto com um criado e dois monges locais, se apresentaram à família pedindo hospedagem para a noite, sem revelar o verdadeiro motivo que os tinham levado até ali.

Ketsang Rinpoche, vestido de criado, pôs-se a brincar com a menor das crianças da casa, de dois anos de idade. O menino, chamado Lhamo Thondup (que significa "desejo satisfeito da deusa"), havia nascido em 6 de julho de 1935 no seio dessa família de camponeses. Ketsang Rinpoche levava ao pescoço um rosário (mala) que havia pertencido ao XIII Dalai Lama, e a criança, ao vê-lo, pediu que lhe fosse entregue. O lama disfarçado de criado disse que o daria apenas se descobrisse quem ele era, ao que o menino respondeu: "Sera aga", no dialeto local, ou o lama de Sera. Quando, na manhã seguinte, a comitiva começou os preparativos para a viagem de retorno, o pequeno menino insistiu até as lágrimas que queria ir com ela para Lhasa.

Pouco depois a comitiva voltaria, já em caráter oficial, para realizar as últimas provas destinadas a confirmar que Lhamo Thondup era o novo dalai lama. Confrontado com uma série de objetos, alguns dos quais pertencentes a seu predecessor, o menino não teve constrangimento algum em tomá-los como próprios, desfazendo-se dos que não possuíam a mesma qualidade. Lhamo Thondup foi identificado, então, como a reencarnação do XIII Dalai Lama. Faltava apenas a confirmação de Lhasa para completar os passos pendentes à sua unção como máximo líder espiritual tibetano.

O menino foi separado de seus pais e levado ao monastério de Kumbum, onde já estavam dois de seus irmãos, Thupten Norbu e Lobsang Samten, reconhecidos também como tulkus (lamas encarnados). Começaria, então, um período que o XIV Dalai Lama recorda como o mais triste de sua vida por ter-se separado de seus pais, em especial sua mãe, a quem sempre se sentiu profundamente ligado. A primeira noite em Kumbum foi de tamanha angústia que seus dois irmãos, de 17 e 4 anos, ao não conseguirem consolá-lo, uniram-se a ele no pranto.

Sua viagem para Lhasa teve de esperar até julho de 1939. É importante ressaltar que, nesta época, Amdo estava sob a administração do governador chinês mulçumano Ma Pu-fang. Na verdade, a região fronteiriça com a China nem sempre respondeu às autoridades de Lhasa, e em muitos períodos se submeteu ao controle das autoridades chinesas, mais especificamente manchus e, depois do desaparecimento do império, manteve-se sob as diretrizes da China nacionalista de Chiang Kai-shek. Ma Pu-fang, que respondia à China, decidiu impedir o traslado do jovem Dalai Lama a Lhasa, e só o permitiu depois do pagamento de um tributo.

É interessante registrar também que o primeiro idioma que o futuro líder tibetano falou foi um dialeto chinês não muito puro, pouco usado em sua aldeia, onde a maioria das famílias era tibetana e apenas duas, chinesas. Entretanto, segundo contaria sua mãe tempos depois, ao chegar a primeira expedição à sua casa, quando ele tinha somente dois anos de idade, falou com eles em dialeto tibetano de Lhasa, que ela não compreendia bem e nunca o havia ensinado.

A grande caravana que levava o jovem Dalai Lama a seu novo destino chegou a Lhasa em outubro de 1939, depois de atravessar o extenso planalto tibetano. Poucos quilômetros antes de chegar à capital, na planície de Doeguthang, foi erguida uma enorme tenda onde o menino foi proclamado oficialmente o XIV Dalai Lama do Tibete, ao mesmo tempo em que uma inumerável quantidade de tibetanos fazia fila para demonstrar-lhe sua devoção. Ao chegar a Lhasa, o regente Reting Rinpoche estabeleceu sua hospedagem no palácio de verão, Norbulingka, com seus jardins e pequenas construções bem iluminadas, muito mais acolhedor que o imponente Potala – ao qual foi levado no inverno de 1940 para sua entronização como líder espiritual do Tibete, onde ocupou o Trono do Leão. Depois, no templo de Jokhang, foi ordenado monge na cerimônia conhecida como taphue, e teve a cabeça raspada. Desde então, passou a usar os hábitos de monge e teve seu nome de nascimento mudado para o magnífico nome de Jamphel Ngawang Lobsang Yeshe

Tenzin Gyatso. Na prática, apenas os dois últimos nomes, Tenzin Gyatso, são utilizados antes de seu título, XIV Dalai Lama. No Ocidente, é usualmente chamado de Dalai Lama, enquanto seu povo refere-se a ele como Kundum, que significa "sua presença".

Reting Rinpoche passou a ser, além de chefe de Estado, o principal tutor do Dalai Lama. O segundo tutor foi Tathag Rinpoche e o terceiro, Ketsang Rinpoche, o mesmo que liderara a comitiva que pernoitou em sua casa, em 1937.

Pouco tempo depois, Reting Rinpoche se viu obrigado a renunciar ao cargo porque não pôde sustentar o peso de acusações de corrupção, prevaricação e desrespeito aos votos de celibato. Sua tendência pró-China também sempre foi preocupante. Seu afastamento do cargo de regente também o levou a perder o posto de principal tutor do Dalai Lama, que passou a ser ocupado por Tathag Rinpoche. Além dos tutores, um importante grupo de atendentes rodeava o jovem líder espiritual tibetano: o mestre de ritual, o mestre de cozinha, o mestre dos hábitos, entre outros.

O jovem líder teve contato estreito com todos eles, mas com alguns estabeleceu uma relação especial como, por exemplo, o mestre de cozinha, a quem chamava de Ponpo, ou "chefe". Para explicar este laço com Ponpo que, na ausência permanente de sua mãe, passou a ser uma espécie de mãe adotiva para o menino, o Dalai Lama expressou em suas memórias: "O ato de oferecer comida é uma das raízes básicas de todas as relações". Também manteve contato estreito com os encarregados de limpar seus aposentos, alguns deles ex-integrantes do exército, com quem compartilhou brincadeiras que ficaram marcadas em sua lembrança. Mas, sobretudo, através destes humildes atendentes, foi construindo a noção das privações às quais estava submetida boa parte da população do Tibete, e entendendo – à medida que crescia – que seria necessário provocar mudanças que levassem a uma maior justiça social no futuro.

Junto com seu irmão, Lobsang Samten, que por algum tempo foi dispensado de continuar sua formação no distante monastério de Kumbum, o Dalai Lama iniciou os estudos primários. Aos seis anos, começou também sua formação em filosofia budista. Muito tem sido discutido sobre se a educação basicamente monástica do Dalai Lama o teria privado da formação política necessária a um futuro chefe de Estado. Sua estreita, ou quase nula, visão do que ocorria no mundo exterior pode ter contribuído contra a adoção de estratégias políticas adequadas quando o Tibete teve de enfrentar o momento mais crucial de sua história.

Um dos que advertiu sobre isso foi o próprio irmão mais velho do Dalai Lama, Gyalo Thondup, educado na China e que mantinha estreita relação com Chiang Kai-shek e sua família – o que lhe deu uma visão muito mais ampla sobre a realidade internacional do que o líder tibetano obteve através de sua educação. Na realidade, a informação sobre os acontecimentos mais importantes do século XX e, em especial sobre a Segunda Guerra Mundial, foi adquirida pelo Dalai Lama através de livros e revistas que chegavam às suas mãos, ou do testemunho de poucos ocidentais que estavam em Lhasa naquela época – um dos quais foi Heinrich Harrer, explorador e montanhista austríaco, autor do livro *Sete anos no Tibete*[24].

Durante a Segunda Guerra Mundial, o Tibete manteve uma posição neutra. Em determinado momento, quando foi solicitada uma autorização de Lhasa para construir uma estrada que permitiria levar provisões da Índia à China, pelo então único aliado dos Estados Unidos no Leste asiático, as autoridades tibetanas negaram por temor de que, no futuro, essa mesma via pudesse ser utilizada pelos chineses para invadi-los. Tanto Washington quanto Pequim necessitavam dessa via, mas o Tibete, demostrando independência de ação para decidir assuntos em seu território, impediu sua construção. O reclamado controle da China sobre o país dos Himalaias foi colocado em evidente dúvida depois dessa decisão.

Franklin Delano Roosevelt, então presidente dos Estados Unidos – país que durante a primeira metade do século XX havia se mostrado inclinado a considerar o Tibete como parte da China –, decidiu enviar dois emissários para tentar uma aproximação com Lhasa. O capitão Brooke Dolan e o major Ilia Tolstoi (neto do escritor russo Leon Tolstoi) foram enviados para tentar alterar a decisão do governo tibetano sobre o envio de provisões militares à China através de seu território. Portadores de uma carta na qual Roosevelt se mostrava interessado no Tibete e em seu povo, e que informava o Dalai Lama sobre a guerra em que Estados Unidos e outros 27 países estavam envolvidos, os enviados se mostraram afáveis e manifestaram a simpatia dos EUA ao Tibete e a todos os pequenos Estados que procuravam manter sua independência e livre determinação.

Isso fez com que os tibetanos sentissem que poderiam contar com o apoio norte-americano no caso de vir a ocorrer uma agressão chinesa quando a guerra terminasse e os chineses se libertassem do jugo japonês. O ministro de Relações Exteriores tibetano, Surkhang Dzasa, se encarregou de apresentar aos enviados o histórico das relações entre Tibete e China, enfatizando que seu país nunca havia sido parte da China. O tratamento dispensado aos enviados foi muito cortês, inclusive com escolta à fronteira com a China depois de um mês de estada em Lhasa, mas a posição tibetana de impedir o transporte de provisões de guerra em seu território não se modificou.

Antes da invasão chinesa, porém, o jovem Dalai Lama teve de enfrentar outros difíceis acontecimentos. Um deles foi a tentativa de Reting Rinpoche de recobrar o poder pela

24 Heinrich, Harrer. *Siete años en el Tibet*. Barcelona: Ediciones B, 1998. Ed. brasileira: *Sete anos no Tibete*. Porto Alegre: L&PM Editores, 1999.

força, o que motivou um intenso confronto com Tathag Rinpoche e que culminou com a detenção, encarceramento e morte do ex-regente e primeiro tutor principal do Dalai Lama. A morte de Reting ocorreu no próprio Potala e há mais de uma versão sobre como teria acontecido. Meses depois, veio a falecer o pai do Dalai Lama, que tinha notória amizade com o ex-regente. Seu corpo foi entregue aos procedimentos de uma tradicional prática tibetana, o sepultamento a céu aberto, em que o corpo é desmembrado e oferecido aos animais.

Também em 1947, o Tibete foi convidado pelo governo da Índia a participar de uma conferência interasiática, realizada em Nova Délhi. Lá, a bandeira tibetana foi içada e o delegado tibetano encarregado de falar à conferência, em alguns trechos de seu discurso, expressou:

> Somos um país que administra seus assuntos sobre a base das aspirações religiosas [...] por esta razão, nosso governo nos enviou a esta grande conferência para manter nossas relações pacíficas embasadas na religião [...] No futuro, todos os países da Ásia deverão sentir-se como irmãos, um sentimento fundado nas relações espirituais e, desta forma, poderemos esperar que haja paz e unidade duradouras na Ásia.

Esta expressão de desejo contrastava com o temor que alguns tibetanos sentiam de uma possível invasão da China desde o término da Segunda Guerra, em 1945.

Em agosto de 1947, a Índia declarou sua independência da Grã-Bretanha. Os ingleses já tinham deixado claro, através de sua missão em Lhasa, que os governos da Índia e da Grã-Bretanha continuariam oferecendo apoio diplomático ao Tibete em suas relações com a China.

Em outubro de 1947, o Tibete enviou uma delegação comercial à Índia, China, Inglaterra e aos Estados Unidos. Além de encargos comerciais, a missão tinha o objetivo de entrar em contato com outras nações para demonstrar o verdadeiro status político do Tibete. Pela primeira vez, os integrantes da delegação usaram passaportes tibetanos reconhecidos no exterior. Na Índia, além do encontro com o primeiro-ministro Jawaharlal Nehru, o grupo se reuniu com o Mahatma Gandhi. O chefe da delegação, o poeta e escritor tibetano Tsepon Shakabpa, entregou-lhe um kata, uma echarpe cerimonial de seda branca, o que motivou uma pergunta do líder indiano sobre a procedência do material com que era feito. Ao inteirar-se de que o tecido tinha de ser importado pelo Tibete, Gandhi ofereceu seu conselho sobre a importância do uso de produtos que pudessem ser manufaturados com matéria-prima do próprio país.

Na China, a reunião foi com o presidente Chiang Kai-shek, e as negociações versaram especialmente sobre a importância do chá e outros bens do Tibete. A delegação foi instada a não utilizar seus passaportes tibetanos na continuação da viagem à Inglaterra e aos Estados Unidos, mas tal recomendação não foi levada em conta. Já nos Estados Unidos, o embaixador chinês quis acompanhar a comitiva na reunião com o secretário de Estado, George Marshall, mas os tibetanos desconsideraram o pedido.

Na Inglaterra, foram recebidos pelo primeiro-ministro Clement Attlee. De volta à Índia, prosseguiram as negociações e a delegação tibetana concordou com o governo indiano em instalar uma missão comercial permanente no país, o que também estabeleceu as bases de uma posterior missão diplomática tibetana em território indiano. O primeiro-ministro Nehru manifestou a Shakabpa a inconveniência de que o Tibete continuasse a manter seu isolamento, o que foi transmitido tanto ao Kashag (gabinete de ministros) quanto à Tsongdu (assembleia), assim que a missão retornou a Lhasa.

## A invasão chinesa

Depois da guerra civil chinesa, em que os nacionalistas de Chiang Kai-shek foram derrotados pelos comunistas de Mao Tsé-tung, foi proclamada a República Popular da China, em 1º de outubro de 1949. Já antes desta data, chegavam a Lhasa notícias de que os chineses haviam ultrapassado a fronteira, mas os lamas que governavam o Tibete continuavam a pensar que seu país estava protegido e não havia perigo a temer, por ser um defensor comprometido do dharma e lugar de altos lamas. O perigo que não temiam lançou uma invasão em grande escala sobre o Tibete em outubro de 1950. Segundo os dirigentes comunistas chineses, a invasão era uma "libertação pacífica" do atraso, do feudalismo, da escravidão e do servilismo no qual os tibetanos se encontravam, e também das forças imperialistas que queriam dominar o Tibete, ainda que, segundo informações tibetanas, os estrangeiros em Lhasa não passavam de uma dezena. O Exército Popular de Libertação prontamente arrasou o débil exército tibetano que lhe fez frente, e marchou para Lhasa.

O XIV Dalai Lama estava então com 15 anos e a três de chegar à maioridade, quando somaria a liderança religiosa à liderança política do Tibete. Entretanto, diante do momento crucial e dramático que atravessava o país, o regente, o povo tibetano e inclusive o oráculo de Nechung (oficial do Estado) decidiram que ele assumiria de imediato o controle político do Tibete. Em 17 de novembro de 1950, Tenzin Gyatso, com apenas 15 anos, tornou-se o líder político de seu povo. Depois disso, as opiniões dos assistentes e assessores mais próximos do jovem governante se dividiram entre os que acreditavam que ele deveria sair de Lhasa e viajar para o Sul, rumo à fronteira com a Índia, e aqueles que o instavam a permanecer na capital. Finalmente prevaleceu a opinião favorável ao traslado e o Dalai Lama deslocou-se para Yating, no Sul do Tibete. Ao mesmo tempo, foi redigida uma petição à Assembleia Geral das Nações Unidas – organização à qual o Tibete não pertencia – para que interviesse no assunto. O único país que procurou fazer a petição avançar foi El Salvador. Um trecho do extenso telegrama[25] enviado pelo Kashag à Assembleia da ONU dizia:

> [...] Uma vez que o povo do Tibete foi obrigado pela força a tornar-se parte da China contra sua vontade e consentimento, a atual invasão do Tibete será a mais grosseira instância de violação do débil pelo forte.

Em seguida, apelava às nações do mundo para que intercedessem em favor dos tibetanos para conter a agressão chinesa.

É difícil imaginar hoje que diplomatas inteligentes e experientes tenham sido incapazes de advertir, naquele momento, sobre a importância da agressão que estava sendo cometida contra o povo tibetano. Sua inação, ao contrário, pode encontrar explicação em uma sólida cadeia de interesses – interesses a que nenhum dos países mais influentes daquele momento estava disposto a renunciar. Por distintas razões, não convinha a nenhuma das potências defender o Tibete e confrontar a China. Somente a delegação de um pequeno país, no centro das Américas, tratou com afinco de fazer entender não só a injustiça que a agressão implicava, como também o perigoso precedente que significava a falta de uma resolução da ONU sobre um tema de tal magnitude. Porém ninguém se juntou a El Salvador e a petição foi arquivada.

Enquanto isso, nos primeiros momentos que se seguiram à invasão, o tratamento do exército chinês para com os tibetanos foi respeitoso. Os invasores se esforçaram para não aborrecer a população e não cometer atos de pilhagem – inclusive, quando os tibetanos ajudaram em alguns trabalhos, como a construção de estradas, foram remunerados por sua tarefa. Isto ocorreu apenas no início, porque logo a invasão começaria a exibir atos de brutalidade e repressão. Diante da inação das Nações Unidas e da expressa falta de apoio da Inglaterra e dos Estados Unidos, assim como da indiferente reação da Índia, o governo tibetano não teve outra saída senão enviar uma delegação a Pequim para negociar com o governo comunista.

O resultado das negociações foi o chamado Acordo dos 17 Pontos para a Pacífica Libertação do Tibete[26], firmado em 23 maio de 1951. Sobre este acordo, o XIV Dalai Lama conta em sua autobiografia que certa noite, quando ouvia a Rádio Pequim, soube que havia sido assinado um acordo entre "os representantes do governo da República Popular da China e o que eles chamaram de governo local do Tibete". O mais alarmante

25 A íntegra, em inglês, do apelo de Sua Santidade o Dalai Lama às Nações Unidas está disponível em http://bit.ly/pGLs99.
26 A íntegra do acordo, em inglês, está disponível em http://bit.ly/kQlKax.

para o líder tibetano foi que os representantes não tinham permissão para assinar coisa alguma, pois os selos do Estado estavam com ele, no Sul da Índia, onde se encontrava.

A primeira cláusula do acordo determinava: "O povo tibetano se unirá e expulsará as agressivas forças imperialistas do Tibete. O povo tibetano retornará à grande família da mãe-pátria, a República Popular da China". A segunda cláusula declarava: "O governo local do Tibete apoiará ativamente o Exército Popular de Libertação a entrar no Tibete e a consolidar a defesa nacional". Acrescente-se que, segundo a cláusula número oito, o exército tibetano seria absorvido pelo chinês. A cláusula número catorze deixava claro que os assuntos externos do Tibete ficariam, por completo, a cargo da República Popular da China. Resumindo, o Tibete manteria sua autonomia no manejo de seus assuntos internos – estariam protegidas, inclusive, a liberdade religiosa e a posição do dalai lama –, mas em matéria de defesa e assuntos internacionais ficaria explicitamente sujeito às decisões do governo chinês.

Em julho de 1951, o general Chiang Chin-wu chegou a Yatung para pedir ao Dalai Lama que retornasse a Lhasa. Os tibetanos tinham decidido não repudiar o acordo dos 17 Pontos até que tivessem condições de estabelecer uma nova negociação. Tal resposta estava condicionada à situação de indefensibilidade em que o Tibete se encontrava. Muitos tibetanos pensavam que o Dalai Lama não deveria retornar a Lhasa e, sim, solicitar asilo à Índia, mas era incerto que o governo indiano aceitaria seu pedido naquele momento, e tampouco se confiava no apoio que os Estados Unidos poderiam oferecer – líderes na luta anticomunista, mas profundamente cientes do custo que teria um respaldo aberto ao Tibete.

O Dalai Lama retornou a Lhasa. Em outubro de 1951, as forças chinesas entraram na capital tibetana. A alimentação dos milhares de soldados enviados começou a transformar-se em um grave problema. No início, a China pagava pelo que eles consumiam, mas logo a prática foi mudando e, como o consumo era excessivo diante da capacidade de produção tibetana, pela primeira vez em sua história o Tibete se viu enfrentando uma crise alimentar que desembocou em escassez generalizada de alimentos para a população civil e as tropas de ocupação. Depois de alguns sérios confrontos verbais com os generais chineses, Lukhangwa e Lobsang Tashi, os dois primeiros-ministros que o Dalai Lama havia deixado incumbidos do governo quando viajou ao Sul, tiveram que se demitir. Após suas renúncias, um breve período de tranquilidade pairou sobre a relação entre chineses e tibetanos, ao menos no nível das autoridades, já que o povo tibetano sentia-se cada vez mais insatisfeito com os invasores.

Em 1952, o Dalai Lama tentou iniciar um processo de reformas para assegurar maior igualdade na sociedade tibetana. Reformas na esfera judicial, na educação e nas vias de comunicação (até então quase inexistentes) se faziam inadiáveis aos olhos do jovem líder. Ele tinha consciência de que, na prática, algumas das reformas não seriam imediatas, mas, por outro lado, sabia que certas medidas poderiam trazer benefícios instantâneos à população. Uma delas foi a abolição da dívida hereditária, na qual as obrigações contraídas pelos camponeses com os proprietários de terras passavam de geração a geração.

No verão de 1953, o Dalai Lama recebeu uma das mais importantes iniciações da tradição tântrica, o *Kalachakra*, à qual se seguiu um mês de retiro espiritual. Sua vida monástica deveria continuar, apesar da pesada carga das ações políticas e militares que tinha de enfrentar naquele momento.

Em 1954, respondendo a um convite do governo chinês, o Dalai Lama e o Panchen Lama, acompanhados de membros e assessores do governo, aceitaram visitar Pequim. Ao longo da longa viagem que começou em Lhasa, o Dalai Lama advertiu que a presença chinesa ficava cada vez mais forte à medida que se afastavam da capital. Alto-falantes irradiando música militar chinesa e propaganda sobre os benefícios do regime comunista, assim como bandeiras vermelhas que os próprios tibetanos tinham de acenar na sua passagem, foram uma constante nos diferentes povoados que a comitiva atravessou.

Em Pequim, foram recebidos pelo primeiro-ministro chinês, Chou En-lai, outras autoridades e um tibetano que serviu como intérprete entre o Dalai Lama e Mao Tsé-tung. Phuntsog Wangyal aderiu ao comunismo quando estava em Lhasa e atuou como agente do governo chinês quando trabalhava em uma escola da missão chinesa na capital tibetana, até que esta foi expulsa de lá, em 1949. Segundo conta o Dalai Lama em sua autobiografia, "Phuntsog Wangyal era um homem muito capaz, calmo e prudente [...] Evidentemente sentia-se muito feliz por sua indicação para ser meu intérprete oficial, em função do acesso que lhe deu ao presidente Mao, a quem ele idolatrava".

Depois de várias reuniões preliminares, começaram os encontros privados entre o líder tibetano e o presidente Mao. Na primeira delas, o Grande Timoneiro manifestou ao Dalai Lama que considerava muito cedo, talvez, para implementar todas as cláusulas do Acordo dos 17 Pontos, acrescentando que isso deveria se dar de acordo com o tempo considerado adequado pelos tibetanos.

Em outra das reuniões, o Dalai Lama conta o que Mao lhe disse: "O Tibete é um grande país. Vocês têm uma história maravilhosa. Muito tempo atrás, inclusive, conquistaram boa parte da China. Mas, agora, vocês ficaram para trás e nós queremos ajudá-los. Em 20 anos, poderão estar à frente e, então, será sua vez de ajudar a China".

A convicção com que o presidente chinês se dirigiu ao líder tibetano convenceu-o das boas possibilidades que a associação com a China poderia levar ao Tibete. À medida que o Dalai Lama conhecia o marxismo, mais se sentia atraído por ele, como um sistema baseado na equidade e na justiça, ainda que "do ponto de vista teórico, sua única desvantagem, até onde podia ver, era sua insistência em uma visão puramente materialista da existência humana", explica em sua autobiografia.

Durante a estada na capital chinesa, o Dalai Lama foi nomeado vice-presidente do Comitê Diretivo da República Popular da China, durante a Primeira Assembleia do Partido Comunista. Segundo o líder tibetano, não foi mais que uma indicação nominal, desprovida de peso e poder.

O Dalai Lama permaneceria em Pequim até junho de 1955. Durante este período, chegaram a 15 as reuniões que manteve com Mao. Além dos encontros com o presidente chinês, o Dalai Lama teve a oportunidade de visitar aldeias e povoados onde o crescimento fabril traduzia o impulso que a atividade industrial tinha na China daqueles tempos. Neste aspecto, a comparação com a realidade do Tibete era tão inevitável quanto desvantajosa.

Com a frase de Mao, que decretou que "a religião é veneno", acabaram-se as reuniões entre os líderes e o Dalai Lama voltou para casa com uma sensação ambígua sobre o que o presidente chinês e sua revolução marxista realmente significavam. As palavras de Mao no último encontro o encheram de assombro e confusão, pois era evidente para o jovem líder que o presidente chinês havia sido informado sobre cada um de seus movimentos durante a estada na capital chinesa, entre os quais a única constante eram suas práticas religiosas diárias, as longas horas de meditação e oração. Em uma das paradas na viagem de retorno, em Chengdu, o primeiro-ministro Chou En-lai teve novo encontro com ele, quando elogiou os dotes políticos do líder tibetano e acrescentou conceitos positivos sobre a religião, o que pode ter sido uma tentativa de amenizar a dura afirmação de Mao.

O otimismo com que o Dalai Lama regressou ao seu país, baseado na esperança de que um novo relacionamento com a China poderia levar o Tibete a um franco progresso, se desvaneceu de imediato. As províncias tibetanas do Leste, Amdo e Kham, tinham sido incorporadas às quatro províncias chinesas de Yunnan, Qinghai, Gansu e Sichuan – assim que passaram a fazer parte do território chinês, reformas socialistas começaram a ser implementadas. Tentativas de coletivização, assentamento dos nômades, diminuição do poder e influência dos monastérios, entre outras medidas, começaram a aumentar cada vez mais a insatisfação da população tibetana, o que se traduziu em ações mais e mais violentas de ambos os lados. Os lutadores pela liberdade, conhecidos como khampa-andowas, se opuseram com violência às tropas chinesas, melhor organizadas e equipadas, além de superiores em quantidade. Cada ataque perpetrado pelos guerrilheiros era cruelmente respondido pelas forças invasoras, com represálias inclusive contra a população civil que não havia participado dos atentados.

A CIA (agência norte-americana de inteligência) começou a enviar pequenos grupos de paraquedistas que se lançavam sobre o Tibete para apoiar os guerrilheiros rebeldes. Segundo o Dalai Lama, o apoio que os Estados Unidos deram ao Tibete nas décadas de 1950 e 1960 foi "mais um reflexo de suas políticas anticomunistas do que um apoio genuíno à restauração da independência tibetana".

Em 1956, o Dalai Lama foi convidado pela Índia para a celebração dos 2.500 anos do nascimento do Buda. Apesar da situação cada vez mais tensa entre Tibete e China, os chineses autorizaram a visita. O Dalai Lama aproveitou para informar Jawaharlal Nehru sobre o estado crítico da situação no Tibete, mas o premier indiano insistiu que retornasse a Lhasa – a possibilidade de um pedido de asilo estava implícita – e tentasse um trabalho conjunto com as autoridades chinesas dentro do Acordo dos 17 Pontos. O próprio Nehru obteve o compromisso de Mao de que as reformas implantadas no Leste do Tibete, causadoras de tão graves conflitos, não seriam levadas ao resto do país.

Com suspeitas sobre o cumprimento de tal promessa, o Dalai Lama voltou ao Tibete em abril de 1957. A situação piorava minuto a minuto. Os chineses ordenaram ao Dalai Lama que comandasse as esquálidas forças do enfraquecido exército tibetano contra os rebeldes. O Dalai Lama se negou, argumentando que os soldados tibetanos não agiriam contra seus compatriotas, mas se uniriam a eles. A mobilização de 150 mil soldados chineses no Leste provocou uma migração maciça para Lhasa. As notícias de prisões, torturas e assassinatos se multiplicavam, junto com relatos de abusos contra templos e monastérios. Neste clima, o supremo líder espiritual e político do Tibete preparava-se para obter o grau máximo nos estudos de filosofia budista, o Geshe Larampa. Em fevereiro de 1959, recebeu o título com as mais altas qualificações.

Nos primeiros dias do mês de março daquele ano, um general chinês convidou o líder tibetano para assistir, em seu acampamento, a um espetáculo de dança apresentado por artistas chineses, e insistiu especialmente que fosse sem sua guarda. Isto chamou a atenção do Dalai Lama e de seus assessores, que lhe recomendaram não comparecer. Rumores sobre o suspeito convite se espalharam por toda a cidade, e o temor de que seu líder fosse sequestrado e morto levou milhares de tibetanos a reunirem-se fora do palácio Norbulingka para impedi-lo de ir. Era 10 de março de 1959, data que com o passar dos anos se tornou o Dia Nacional do Levante Tibetano, comemorada pelos exilados tibetanos que vivem em liberdade em diferentes partes do mundo e, quando possível, também pelos tibetanos dentro do Tibete.

Enquanto o palácio era rodeado por 30 mil tibetanos que, além de impedir a saída de seu líder, clamavam pela independência de seu país e se manifestavam contra a força invasora, os chineses exigiam que o Dalai Lama dispersasse os manifestantes, sob a ameaça de agir diretamente contra eles. Assessores e familiares do Dalai Lama aconselharam que tentasse a fuga para a Índia. Ele consultou o oráculo do Estado, Nechung, três vezes. Nas duas primeiras, o oráculo indicou que deveria permanecer em Lhasa. Luwangkha, o ex-primeiro-ministro que teve de renunciar por conta das pressões dos chineses, partidário do abandono de Lhasa o quanto antes, sentenciou: "Quando os homens estão desesperados recorrem aos deuses; quando os deuses estão desesperados, mentem".

## A fuga do Dalai Lama para a Índia – o exílio

Em 17 de março, o oráculo respondeu com firmeza à terceira consulta: "Vá, vá, esta noite". Além disso, indicou sobre um papel a rota que deveria seguir em sua fuga. Pouco depois, duas cargas de artilharia caíram próximas ao local que o Dalai Lama ocupava no Norbulingka, como que para reforçar a indicação do oráculo. Quando o Dalai Lama mostrou o papel a seus assessores, estes disseram que o oráculo havia cometido um erro, já que a rota indicada passava muito perto de um acampamento chinês. Em poucas horas, o acampamento se retirou, deixando aberto o caminho aconselhado por Nechung. À noite, disfarçado de guarda e sem seus óculos, ele deixou o Norbulingka sem que a multidão o reconhecesse – alguns de seus atendentes e familiares o acompanhavam.

Quando os chineses souberam, deram início a uma perseguição mortal e feroz represália contra o povo rebelado, que deixou como resultado um elevado número de mortos – milhares no período imediatamente posterior ao levante, até chegar a 87 mil entre março de 1959 e setembro de 1960. Os tibetanos contabilizam a cifra de mais de 1,2 milhão de mortos durante os 60 anos que já tem a ocupação chinesa em seu país. Uma semana depois de sua fuga, o Dalai Lama repudiou o Acordo dos 17 Pontos por ter sido firmado pela delegação tibetana sob coação, e anunciou a formação de um governo tibetano independente. Segundo o líder tibetano, o plano original era abrir negociações com a China quando estivesse no Sul do Tibete, próximo à fronteira com a Índia, mas ao inteirar-se da cruel repressão posta em marcha pelos chineses após sua fuga de Lhasa, tomou a decisão de cruzar a fronteira. Conta-se que quando Mao tomou conhecimento de que o Dalai Lama tinha alcançado seu objetivo, afirmou: "Então nós perdemos a batalha".

As dúvidas sobre se a Índia os receberia em seu território se dissiparam quando um guarda da fronteira, instruído por Nova Délhi, permitiu a passagem do líder tibetano e das cerca de 80 pessoas que o acompanhavam. Um oficial indiano lhes deu as boas-vindas e os escoltou até Bomdila, onde chegaram sete dias mais tarde. Ali, foi-lhe entregue um telegrama do primeiro-ministro Jawaharlal Nehru, que expressava: "Meus colegas e eu lhe damos boas-vindas e enviamos saudações por sua chegada em segurança à Índia. Ficaremos felizes por oferecer as dependências necessárias ao senhor, sua família e seus acompanhantes para residir na Índia".

As facilidades que a Índia viria a oferecer no futuro aos tibetanos excediam bastante o que havia se pensado para esse primeiro grupo de exilados que chegou com o Dalai Lama. A migração de tibetanos que seguiram seu líder e escaparam de sua pátria invadida tornou-se por demais intensa, o que acabou por configurar uma diáspora hoje calculada em torno de 140 mil pessoas, a maioria delas vivendo na Índia.

A chegada em massa dos tibetanos foi um sério problema que tanto o Dalai Lama quanto o governo indiano tiveram de enfrentar. Os conselhos do primeiro-ministro Nehru foram ouvidos com muito interesse pelo jovem líder, que tinha 24 anos na época. A importância que Nehru atribuiu à educação como a forma mais consistente de preservação da cultura tibetana foi plenamente compreendida pelo Dalai Lama, que se espantou com a rapidez com a qual se formou a Sociedade para a Educação dos Tibetanos dentro do Ministério da Educação indiano. Nehru ainda insistiu que, além do ensino da história e cultura tibetanas, deveria-se recorrer a uma educação que introduzisse os tibetanos a um conhecimento mais amplo do mundo, acrescentando que era preciso incluir o ensino da língua inglesa, que estava destinada a ser o idioma do futuro.

A chegada maciça de refugiados à Índia converteu-se em um grande desafio. As condições climáticas da região central e do Sul indianos, diametralmente opostas ao clima tibetano, causaram estragos nos exilados. Depois de uma viagem extenuante e bastante arriscada, na qual tinham de enfrentar imensas altitudes e se esquivar dos guardas chineses de fronteira que tentavam detê-los de qualquer maneira, os tibetanos chegavam à Índia em parcas condições de higiene e com roupas absolutamente inadequadas às altas temperaturas que encontravam em seu novo destino. As reuniões do Dalai Lama com Nehru se sucediam e, nelas, foi solicitada a possibilidade de acomodar os tibetanos em assentamentos no Norte, onde as condições do clima eram similares às de seu país. Embora a Índia tenha oferecido aos refugiados as provisões básicas indispensáveis – generosidade que a todo o momento é reconhecida pelo Dalai Lama –, quando ele anunciou a formação de uma Administração Central Tibetana, seu governo no exílio, o governo indiano se apressou em emitir um comunicado no qual não reconhecia sua legitimidade. A mesma atitude de não reconhecimento foi tomada por outros países do mundo.

Os tibetanos que escaparam de seu país ao longo destes 60 anos tomaram para si a tarefa de manter viva sua rica tradição cultural em países como a Índia, com o qual, sem dúvida, compartilham muitas características, mas também em outros países com culturas e estilos de vida completamente diferentes, como alguns europeus e os Estados Unidos. Dentro do Tibete, a cultura tibetana teve de enfrentar a perigosa vigilância da dominação chinesa e sua constante tentativa de extingui-la, e, fora do Tibete, os riscos de ser absorvida pelas culturas dos países que generosamente têm recebido os tibetanos.

Depois de passar por outras cidades da Índia, o Dalai Lama e seu governo finalmente se estabeleceram em Dharamsala, um povoado situado à beira dos Himalaias, no Norte indiano, não muito longe do Tibete. Dharamsala significa "lugar de refúgio para peregrinos", nome significativo se levarmos em conta a quantidade de refugiados e viajantes que chegaram ali dos anos 1960 até agora.

Para atender e educar a enorme quantidade de crianças que chegavam à Índia – às vezes junto com os pais, às vezes com outros parentes ou até amigos – e com o objetivo de educá-las segundo a cultura de seu povo, foi criada a Aldeia de Crianças Tibetanas (TCV, na sigla em inglês). Primeiramente, ela esteve a cargo da irmã mais velha do Dalai Lama, Tsering Dolma e, depois de sua morte, em 1964, de Jetsun Pema, sua irmã mais moça. Nesta instituição, uma das mais importantes da diáspora tibetana, foram criadas gerações de tibetanos, muitas das quais continuaram seus estudos em universidades da Índia, dos Estados Unidos e de vários países da Europa, através de convênios e bolsas de estudos. Há também um sistema de patrocínio que permite a ajuda econômica do exterior para a formação dessas crianças tibetanas.

Outro ponto crucial para o desenvolvimento da sociedade no exílio foi a democratização de seu governo. Consciente das deficiências que a estrutura social do Tibete tinha antes da invasão chinesa e da necessidade de implementar mudanças profundas em seu sistema de governo, o Dalai Lama adotou medidas orientadas a modelar na realidade as transformações adequadas. A educação laica deve ser apontada, sem dúvida, como um dos grandes passos para esta democratização considerando que, durante séculos, a única via para ter acesso à educação no Tibete era através dos monastérios, e aqueles que não faziam parte do clero eram privados de uma formação acadêmica adequada.

A implementação da Assembleia de Deputados tibetana, com parlamentares eleitos através do voto e membros que vivem no exílio mas representam as diferentes regiões do Tibete, foi outra das significativas medidas adotadas. A eleição do primeiro-ministro, já na década de 1990 – vencida duas vezes pelo professor Samdhong Rinpoche –, significou a redução das funções do dalai lama como líder político de seu povo, a ponto de ele mesmo afirmar que está "semiaposentado". A administração da Justiça, a cargo de um tribunal supremo, serviu para garantir uma atuação independente e autônoma. No aspecto religioso, desde que se estabeleceram na Índia, os tibetanos ergueram novos templos e monastérios que pretendem ser iguais aos que existiam no Tibete.

Como já foi dito, no período imediatamente posterior à fuga do Dalai Lama, foram constatadas as mortes de 87 mil tibetanos, segundo documentos obtidos pela resistência às forças de ocupação chinesas. Em agosto de 1960, a Comissão Internacional de Juristas publicou, em Genebra, o resultado de suas investigações[27], que permitem sustentar que foi cometido um genocídio no Tibete e que a China havia violado 16 artigos da Declaração Universal dos Direitos Humanos. As pesquisas realizadas pela Comissão corroboraram os testemunhos dos tibetanos que sobreviveram aos abusos cometidos pelos invasores.

> O Comitê chegou à conclusão de que as autoridades chinesas no Tibete violaram os seguintes direitos humanos considerados pelo Comitê como padrões de comportamento, na opinião comum dos países civilizados:
>
> Artigo 3 – O direito à vida, à liberdade e à segurança das pessoas foi violado por atos de assassinato, violação e encarceramento arbitrário.
>
> Artigo 5 – Tortura e tratamento cruel, desumano e degradante foram infligidos aos tibetanos em grande escala.
>
> Artigo 9 – Foram efetuadas prisões e detenções arbitrárias.
>
> Artigo 12 – Os direitos à privacidade, à moradia e à vida em família foram persistentemente violados pela transferência forçada de membros da família e pelo doutrinamento das crianças contra seus pais. Desde a primeira infância, as crianças foram separadas contra o desejo de seus pais.
>
> Artigo 13 – A liberdade de movimento dentro, para e a partir do Tibete foi negada por deportações em grande escala.
>
> Artigo 16 – A natureza voluntária do matrimônio foi negada ao forçar monges e lamas a se casar.
>
> Artigo 17 – O direito a não ser arbitrariamente privado da propriedade particular foi violado pelo confisco e expropriação da propriedade privada, sem pagamento de justa compensação ou acordo conforme o desejo livremente expresso do povo tibetano.
>
> Artigo 18 – A liberdade de pensamento, consciência e religião foi negada por atos de genocídio contra os budistas no Tibete e por outros atos sistemáticos destinados a erradicar a crença religiosa no Tibete.
>
> Artigo19 – A liberdade de expressão e opinião foi negada pela destruição de escrituras, pelo encarceramento de membros do grupo Mimang[28] e pelos cruéis castigos infringidos em função de críticas ao regime.
>
> Artigo 20 – O direito à livre reunião e associação foi violado pela supressão do movimento Mimang e proibição de reuniões que não fossem convocadas pelos chineses.
>
> Artigo 21 – O direito a um governo democrático foi negado pela imposição de um governo por e sob o Partido Comunista Chinês.
>
> Artigo 22 – Os direitos econômicos, sociais e culturais indispensáveis à dignidade e

27 A íntegra, em inglês, do relatório da Comissão Internacional de Juristas, de 1960, está disponível em http://bit.ly/Bl6jj.

28 Mimang: grupo de resistência não-violenta formado espontaneamente por cidadãos tibetanos.

> ao livre desenvolvimento da personalidade foram negados. Os recursos econômicos do Tibete foram usados para satisfazer as necessidades dos chineses. As mudanças sociais foram desfavoráveis aos interesses da maioria do povo tibetano. A antiga cultura do Tibete, inclusive sua religião, foi atacada com a intenção de erradicá-la.
>
> Artigo 24 – O direito a condições de trabalho justas foi violado pela exigência de trabalho em condições adversas e mal remunerado.
>
> Artigo 25 – O justo nível de vida foi negado pelo uso da economia tibetana para satisfazer a colonização chinesa no Tibete.
>
> Artigo 26 – O direito a uma educação liberal, de acordo com a escolha dos pais, foi negado pelo doutrinamento obrigatório – às vezes mesmo depois da deportação – segundo a doutrina comunista.
>
> Artigo 27 – Não foi permitido aos tibetanos participar da vida cultural de sua própria comunidade – cultura esta que os chineses decidiram destruir. As acusações chinesas de que os tibetanos não desfrutavam de direitos humanos antes da invasão eram baseadas em relatos exagerados e distorcidos da vida no Tibete.

Por sua vez, a Resolução 1723 da Assembleia Geral da ONU[29], de dezembro de 1961, assinalou que:

> Gravemente preocupada pela continuação dos fatos ocorridos no Tibete, incluindo a violação dos direitos humanos fundamentais do povo tibetano e a supressão da vida religiosa e cultural, diferentemente daquela que usufruíam tradicionalmente,
>
> Notando com profunda inquietação as severas privações que estes fatos infligiram ao povo tibetano, como evidenciou o êxodo em larga escala dos tibetanos, refugiados em países vizinhos,
>
> Considerando que estes fatos violam os direitos humanos e as liberdades fundamentais estabelecidos na Carta das Nações Unidas e na Declaração Universal dos Direitos Humanos, incluindo o princípio de autodeterminação dos povos e nações, e gerando o deplorável efeito de incrementar a tensão internacional e corromper as relações entre os povos,
>
> 1- reafirma sua convicção de que o respeito aos princípios da Carta das Nações Unidas e da Declaração Universal dos Direitos Humanos é essencial à evolução de uma ordem pacífica mundial embasada no governo da lei;
>
> 2- solenemente renova seu chamado à cessação das práticas que privam o povo tibetano de seus direitos humanos e liberdades fundamentais, incluindo o direito à autodeterminação;
>
> 3- expressa a esperança de que os Estados membros farão todos os esforços possíveis e apropriados para a consecução da presente Resolução.

Quase 50 anos depois, cabe perguntar se os Estados membros tentaram, alguma vez, fazer os esforços indicados na esperançosa Resolução.

De volta ao Tibete ocupado da década de 1960, deve-se ressaltar que, ante a ausência do principal líder tibetano, as autoridades chinesas depositaram sua confiança no

29 Íntegra da Resolução 1723 da 16ª Assembleia Geral das Nações Unidas, realizada 20/12/1961, em inglês, está disponível em: http://bit.ly/jzNUs8.

Panchen Lama, a segunda figura em importância no budismo tibetano. Viram-no como um aliado e alguém capaz de tornar-se o elo ideal entre eles e os tibetanos. O cortejo ao Panchen Lama durou até que este, desencantado com as políticas levadas a cabo pelos chineses, escreveu o que se conhece como a Petição dos Setenta Mil Caracteres, em 1962, na qual detalhava os erros cometidos pelo regime comunista em seu país.

Depois que divulgou a petição, foi humilhado em julgamentos públicos até ser levado à prisão entre 1966 e 1978. Uma vez solto, foi manipulado pelos chineses para que agisse em benefício deles, até que, em janeiro de 1989, fez um discurso chamando a atenção sem rodeios para as nefastas políticas implementadas pelo governo chinês no Tibete. Sugestivamente, alguns dias mais tarde, quando estava em seu monastério, Tashi Lhunpo, sofreu um ataque cardíaco que pôs fim à sua vida. O Dalai Lama conta, em suas memórias, que se viram pela última vez quando tinham pouco mais de 20 anos. Depois só puderam se falar por telefone, em ligações monitoradas pelo governo de Beijing. Entretanto, uma conversa que tiveram quando o Panchen Lama se encontrava na Austrália permitiu que o Dalai Lama concluísse que ele mantinha incorruptível o amor por sua religião, seu povo e seu país.

Em 1965 foi criada a Região Autônoma do Tibete, que representa menos de 50% do território original. Como dissemos, as províncias de Amdo e Kham foram anexadas a quatro províncias chinesas. U-Tsang, outra grande província tradicional tibetana, ficou dentro do território da Região Autônoma Tibetana.

Entre 1966 e 1969 ocorreu a Revolução Cultural liderada por Mao Tsé-tung. Ainda que haja mais de uma teoria a respeito das motivações que o levaram a desencadear o movimento, a análise de suas consequências conduz a uma mesma conclusão: foram nefastas. No que se refere exclusivamente ao Tibete, a repressão da Guarda Vermelha se tornou ainda mais violenta que nos anos anteriores. A cultura tibetana, vista por eles com absoluto desprezo, sofreu golpes quase letais. Monastérios foram saqueados e destruídos, textos budistas, queimados, e as estátuas que não acabaram destruídas por ser de ouro ou cobre foram enviadas a Beijing para fundição. Intensificou-se a política de separar as crianças tibetanas de seus pais e enviá-las para serem educadas em internatos da capital chinesa; o idioma tibetano, considerado de segunda categoria, deixou de ser válido para ascender à educação superior e somente o domínio do idioma chinês permitia cursar estudos universitários.

Já na década de 1970, e depois da morte de Mao em 1976, a chegada ao poder de Deng Xiaoping pareceu trazer uma brisa de ar fresco ao povo tibetano. Alguns presos foram libertados, entre eles o Panchen Lama, e teve início a reconstrução de monastérios destruídos maciçamente na década anterior. Ao mesmo tempo em que população monástica se reintegrava aos monastérios, seu número era cuidadosamente vigiado e foram incluídas aulas de educação patriótica, que pretendiam inculcar a lealdade dos monges à China. Retomou-se o diálogo com o Dalai Lama através de seu irmão, Gyalo Thondup, que se reuniu com Deng Xiaoping em fins de 1978. No encontro, o presidente chinês manteve uma posição firme: à exceção da independência, todos os temas poderiam ser discutidos. Mostrou-se também receptivo ao retorno do Dalai Lama ao Tibete, desde que o fizesse como cidadão chinês.

Como gesto demonstrativo de sua boa vontade, Deng Xiaoping permitiu que delegações de tibetanos exilados voltassem a Lhasa, convencido de que comprovariam os avanços que a ocupação chinesa havia levado ao bem-estar do país. Os tibetanos de Lhasa foram advertidos para não se aproximarem da primeira delegação de exilados, porém, há registros que mostram como uma enorme multidão a recebeu na chegada e, driblando os controles de segurança, abordou-a com evidentes demonstrações de afeto e perguntas especialmente sobre o Dalai Lama. Esta manifestação do povo tibetano teve eloquência suficiente para demonstrar às autoridades chinesas que sua propaganda, de quase 30 anos, havia sido ineficaz.

Talvez o acontecido em Lhasa tenha sido determinante para que, em maio de 1980, o secretário-geral do Partido Comunista, Hu Yaobang, se deslocasse até o Tibete para ver a situação de perto. A pobreza e o atraso do povo tibetano o comoveram, levando-o a afirmar que era ainda pior que em 1950, quando as tropas chinesas invadiram o país. Hu Yaobang achou que as reformas sugeridas pelo Panchen Lama, em 1962, deveriam ser realizadas, além de reduzir em 85% o número de funcionários chineses no Tibete. Embora tenha havido tentativas de avançar no diálogo, elas colidiram com a posição monolítica da China de discutir mais a situação do Dalai Lama do que as condições do Tibete. Essa característica se manteve ao longo dos anos, ao ponto de as declarações e atitudes das autoridades chinesas com relação ao Tibete estarem, em grande medida, dirigidas ao Dalai Lama e condicionadas por ele. Em 1987, com as conversações paralisadas, o Dalai Lama declarou na Comissão de Direitos Humanos do Congresso dos Estados Unidos que "enquanto continua a ocupação militar chinesa no Tibete, o mundo deveria lembrar que, mesmo que os tibetanos tenham perdido sua liberdade, segundo a lei internacional, o Tibete é hoje um Estado independente sob ocupação ilegal". Mais tarde, buscou uma negociação com os chineses que conseguisse a libertação dos presos, o respeito aos direitos humanos dos tibetanos, o cuidado com o meio ambiente, a interrupção da transferência da população chinesa para a região e a declaração do Tibete como território de paz. Os chineses rechaçaram a reivindicação, afirmando que a questão tibetana não existia e que o Dalai Lama queria apenas a independência de seu país. Em consequência, os protestos explodiram em Lhasa e foram sufocados com violência, com prisões, espancamentos e morte de alguns manifestantes.

No verão europeu de 1988, na cidade francesa de Estrasburgo, ante a comprovação de que os dirigentes chineses não estavam dispostos a ceder um milímetro em sua postura, o Dalai Lama optou por dar um passo atrás no reclamo de independência para seu povo e declarar que estava disposto a transformar a reivindicação em uma autonomia significativa para o Tibete dentro do marco constitucional da República Popular da China. De início, as autoridades chinesas se mostraram dispostas ao diálogo com o Dalai Lama. Mas, quando ele quis marcar o lugar e a data para a realização do encontro, os chineses recusaram, argumentando que a declaração de Estrasburgo não significava uma renúncia à ideia de independência por parte do líder tibetano. Isso atiçou o fogo dos protestos em Lhasa. Em meio a essa turbulência, o governo chinês chamou o Panchen Lama para tentar acalmar os ânimos de seus compatriotas, e teve como resposta os já citados discursos do segundo líder tibetano, em que ele condenou com firmeza as equivocadas políticas chinesas no Tibete.

Chegamos a janeiro de 1989, mês que marcou a morte do Panchen Lama e o surgimento de um novo dirigente chinês na vida política do Tibete: Hu Jintao, designado como secretário do Partido Comunista da Região Autônoma do Tibete. Dois meses mais tarde, e diante da continuação dos protestos, impôs a lei marcial. Suas ações se enquadravam perfeitamente na política linha-dura que prevaleceu sobre a mais liberal de Hu Yaobang, morto em abril daquele mesmo ano. Em junho ocorreu o massacre de Tiananmen, em que centenas de jovens chineses foram brutalmente reprimidos pelo exército. O Dalai Lama soube dos dramáticos acontecimentos pela BBC[30], e não hesitou em fazer uma eloquente declaração contra a violenta repressão. As frágeis linhas de um diálogo que vinha sendo tecido com as autoridades chinesas romperam-se de imediato.

Em 10 de dezembro de 1989, o Dalai Lama recebeu o Prêmio Nobel da Paz. A Academia Sueca – que cometeu a pouco explicável omissão de conceder um Nobel da Paz a Mahatma Gandhi – decidiu, nesse conflituoso ano para os tibetanos, entregar o mais significativo de todos os prêmios Nobel ao seu líder no exílio. No discurso de aceitação[31], o Dalai Lama, entre outras considerações, declarou:

> Hoje também desejo compartilhar com vocês meus sentimentos sobre a situação angustiante e as aspirações do povo do Tibete. O Nobel é um prêmio que eles merecem por sua coragem e determinação constante durante os últimos 40 anos

30 BBC: British Broadcasting Corporation, emissora pública de radiodifusão do Reino Unido.

31 A íntegra do discurso de aceitação, em inglês, está disponível em http://bit.ly/cjMzXo.

> de ocupação estrangeira. Como um livre porta-voz de meus cativos compatriotas, sinto que é meu dever falar em seu nome. Falo não com sentimento de ira ou ódio àqueles que são responsáveis pelo imenso sofrimento de nosso povo e pela destruição de nossa terra, nossos lares e cultura. Eles também são seres humanos que lutam para encontrar a felicidade e merecem nossa compaixão. Falo para informá-los sobre a triste situação em meu país hoje e as aspirações de meu povo, porque, em nossa luta pela liberdade, a verdade é a única arma que possuímos.

Em outro momento, o líder tibetano enfatizou sua ideia sobre o significado da paz, ideia que repetiu em inúmeras ocasiões ao longo de sua vida:

> Paz, no sentido de ausência de guerra, é de pouco valor para alguém que está morrendo de fome e frio. Ela não eliminará a dor da tortura infligida a um prisioneiro de consciência. Ela não consolará os que perderam seus entes queridos em inundações causadas pelo desmatamento sem sentido em um país vizinho. A paz só pode durar quando os direitos humanos são respeitados, quando as pessoas estão alimentadas e quando os indivíduos e as nações são livres. A verdadeira paz de alguém e do mundo ao nosso redor só pode ser alcançada através do desenvolvimento da paz mental.

Durante o discurso, o Dalai Lama também mencionou seu Plano de Paz de Cinco Pontos[32], anunciado pela primeira vez um ano antes, quando renunciara à reivindicação tibetana de independência, em Estrasburgo. Os cinco pontos propostos são:

> 1º- Transformação do Tibete, em sua totalidade, incluindo as províncias do Leste, Khan e Amdo, em uma zona de ***ahimsa*** (não-violência).
>
> 2º- Fim da política de transferência da população chinesa.
>
> 3º- Respeito aos direitos fundamentais e às liberdades democráticas do povo tibetano.
>
> 4º- Restauração e proteção do ambiente natural do Tibete.
>
> 5º- Início de negociações abrangentes sobre o status futuro do Tibete e as relações entre os povos tibetano e chinês.

Sua proposta não foi levada em consideração pelo governo chinês que, desde então e até os dias de hoje, continua insistindo que a única coisa que o Dalai Lama pretende é a independência total do Tibete e, consequentemente, nenhuma de suas reivindicações tem qualquer viabilidade além se tornarem conhecidas.

Um aspecto que parece crucial para os governantes chineses é a admissão, pelos tibetanos, de que o Tibete sempre foi parte da China. A convicção tibetana sobre sua própria história não combina com a argumentação chinesa. Por isso, os dirigentes tibetanos, nas conversações com seus homólogos de Beijing, procuram deixar a história de lado e avançar no relacionamento entre ambos os povos daqui para frente.

32 A íntegra, em inglês, do Plano de Paz de Cinco Pontos está disponível em http://bit.ly/n1z8Ly.

Um dos pontos do Plano de Paz menciona a transferência da população chinesa para o Tibete. Com efeito, e com especial ênfase a partir da década de 1990, o número de chineses que chegou ao Tibete, mais especificamente a Lhasa, aumentou. A infraestrutura da capital tibetana vem sendo modificada desde então, a ponto de assumir características de urbanização com notório viés chinês. Os trabalhadores han que chegam e se assentam em Lhasa, incentivados pelo governo chinês, fazem com que os tibetanos pouco a pouco se tornem minoria em seu próprio país. Estima-se que, atualmente, a população tibetana chegue aos seis milhões de pessoas, enquanto a etnia han no Tibete supera os sete milhões e meio de pessoas. Deve-se levar em conta, ainda, a política de esterilização e abortos forçados aos quais são submetidas as mulheres tibetanas, e não se permite mais de dois filhos por família.

A chegada de imigrantes han foi favorecida nos últimos anos pela inauguração, em julho de 2006, de um trem que une Qinghai a Lhasa. Trata-se de uma verdadeira proeza da engenharia, custou mais de três bilhões de dólares e, desde então, tem sido motivo de orgulho para o governo chinês e de preocupação para os tibetanos, que o veem como uma possibilidade concreta de aumentar o número de colonos chineses em sua pátria. Porém, o mais preocupante é que o trem permite a chegada constante de tropas chinesas, com o objetivo de manter estreito controle sobre a população nativa. Segundo fontes tibetanas, o "trem para o céu", como costuma ser chamado, transporta em torno de seis mil imigrantes por dia, dos quais mais de 50% chegam para ficar. Quando volta à China, com poucos dos passageiros que levou a Lhasa, o trem transporta também algo de enorme valor para as necessidades do gigante asiático: minério.

O Tibete é um país com extraordinários recursos minerais que, certamente, não passaram despercebidos dos chineses, ainda que provavelmente não tenham estado na mira de Mao quando decidiu levar a invasão a cabo. Fontes tibetanas asseguram que, desde os anos 1980, foram levados dois milhões de toneladas de petróleo por ano. O gás tibetano flui para a China desde a década de 1990, e recente pesquisa geológica realizada pelos chineses revelou o descobrimento de 600 novos depósitos de minérios, com valor estimado em 128 bilhões de dólares.

O cobre e a cromita são dois minerais especialmente requisitados, mas estão em lugares remotos e de difícil acesso, como Shetongmong, próximo a Shigatse, a segunda cidade do Tibete, e Narbusa, perto dos povoados de Tsethang e Dongchao – razão pela qual sua extração não foi incentivada. Desde que o trem entrou em operação, porém, o transporte deixou de ser um obstáculo, e a extração passou a ser feita em grande escala. De acordo com estimativas da Companhia Mineradora do Oeste, em fins de 2006, a produção de cobre eletrolítico chegou às 300 mil toneladas por ano.

A extração mineral de grande magnitude implica também uma agressão ao frágil ecossistema tibetano, atividade observada com profunda preocupação e apreensão pelos tibetanos, já que veem nela a profanação de muitos dos lugares que consideram sagrados. Mais de uma vez houve enfrentamento com as companhias mineradoras que tentam começar os trabalhos de prospecção e extração e, em alguns casos, conseguiu-se que retardassem e até mesmo desistissem do empreendimento.

Não é apenas a atividade mineradora que se converteu em ameaça para o meio ambiente. O manejo dos recursos hídricos do planalto tibetano também deve ser observado com atenção. Os rios que nascem no planalto alimentam boa parte da população mundial: mais de dois bilhões de pessoas. No Tibete nascem o Ganges, o Brahmaputra, o Salween, o Mekong, o Yangtse e o Huang Ho (Amarelo), entre outros.

Segundo o relatório[33] das cientistas ambientais canadenses Lynete Dumble e Susanne Menihane:

> Depois de cobrir a maioria dos rios do sudoeste da China com barragens e turbinas, o governo central de Beijing estimulou a indústria a transferir-se para o Tibete, onde se acredita haver um insuperável potencial hidrelétrico.
>
> Em janeiro de 2006, o grupo Huadian, uma das cinco gigantescas companhias estatais, firmou um acordo com o governo regional do Tibete para construir várias usinas hidrelétricas. O grupo Huaneng anunciou um esforço de completo desenvolvimento, mais francamente um roubo dos rios do Tibete, para atender as necessidades do Projeto de Transmissão de Energia de Oeste a Leste do país. Estes movimentos acontecem apesar da opinião da comunidade tibetana no exílio e também das críticas sobre a energia hidrelétrica na própria China, que sugerem que a construção de usinas hidrelétricas nos frágeis rios do Tibete pode levar a um desastre na região onde o governo chinês já foi acusado de "ecocida".
>
> Em agosto de 2006, Beijing também anunciou um controvertido projeto sobre um rio que visava desviar (outra vez um claro roubo) água tibetana para o ressecado rio Amarelo, no Oeste da China.
>
> Inicialmente, o projeto do rio Amarelo pretende transferir cerca de quatro bilhões de metros cúbicos de água por ano, quantidade que poderá ser aumentada até chegar aos 17 bilhões de metros cúbicos por ano.

A Dra. Lynette Dumble e a Sra. Susanne Menihane são cientistas sociais e de meio ambiente da Global Sisterhood Network.

Em 10 de julho de 2010, o jornalista britânico Kevin Rafferty registrou em um artigo publicado no *Japan Times*[34]:

> Informações procedentes de grande variedade de fontes, incluindo páginas oficiais chinesas na internet, dão conta de que Pequim está envolvida na construção de

33 A íntegra do relatório, em inglês, encontra-se em: http://bit.ly/mD0sfv.

34 A íntegra do artigo *China's disturbing dam plan*, por Kevin Rafferty, está disponível em: http://bit.ly/9wDQoj.

uma série de barragens com o objetivo de aproveitar as águas do rio Brahmaputra. Apenas uma delas seria um projeto de 38 gigawatts, metade da hidrelétrica de Três Gargantas.

Se alguma vez houve um momento propício a uma conferência internacional para discutir as múltiplas implicações – econômicas, ambientais, políticas, geopolíticas e sociais – das tentativas de domesticar os mais selvagens rios do Himalaia, seria agora.

Infelizmente não existe um organismo mundial com autoridade moral para convocar uma conferência como essa e a China, em sua prepotência, se mostrará relutante em ouvir, sobretudo porque o rio tem sua nascente no planalto tibetano e Pequim veria, em qualquer comentário, uma tentativa de minar seus direitos sobre o Tibete.

Porém o planalto tibetano e os grandes rios que ali nascem também são parte do patrimônio ecológico de todos os seres humanos. A região tem sido chamada de Terceiro Polo devido à riqueza de recursos silvestres do planalto de gelo. Concretamente, mais de dois bilhões de pessoas do Sul e sudeste da Ásia dependem dos rios que jorram do Tibete.

As dificuldades se agravam porque a China tem sido econômica nas informações sobre sua atuação no Tibete. A International Rivers, organização não governamental líder na missão de proteger os rios e as comunidades que dependem deles, publicou o relatório "Montanhas de Concreto: a construção de barragens no Himalaia"[35] em dezembro de 2008, expressando sua preocupação com as consequências negativas do aquecimento global e dos planos para a construção de grandes barragens já em andamento.

Se os projetos tiverem continuidade, como se prevê, a International Rivers afirma que "fundamentalmente, eles transformarão a paisagem, a economia e a ecologia da região, o que trará impactos de longo alcance em todo seu caminho até o delta do rio". Adverte também sobre as interrupções dos fluxos de água que poderão prejudicar a agricultura e gerar consequências como inundações de casas e terras, degradação da paisagem e prejuízo às culturas locais, com a imigração maciça de trabalhadores. Além disso, toda a região é sismicamente ativa, e existe o perigo adicional de falhas catastróficas devido a terremotos.

O maior perigo, porém, poderia ser a aceleração do aquecimento global, com o derretimento das geleiras e o esgotamento da reserva de água do Himalaia. Himalaia, na realidade, significa "morada da neve".

Um relatório da UNESCO de 2009 advertiu sobre os perigos de que as montanhas cobertas de neve se convertam em "montanhas rochosas desnudas".

O Dalai Lama e os dirigentes tibetanos no exílio foram enfáticos ao reivindicar respeito e cuidado com o delicado ecossistema do Tibete, cuja importância transcende o país e os Himalaias, e é por demais significativa para a saúde ecológica do planeta.

O reconhecimento do panchen lama, em 1995, é um dos fatos mais destacáveis nas relações sino-tibetanas da década de 1990. Uma delegação enviada pelo Dalai Lama ao Tibete reconheceu o menino de seis anos, Gedhun Choekyi Nyima, como a reencarnação

35 O *download* da íntegra do relatório, em inglês, pode ser obtido em http://bit.ly/iuAQve.

do X Panchen Lama, morto em 1989. Quase que imediatamente as autoridades chinesas levaram a criança e seus pais, e até hoje seu paradeiro é desconhecido. Isso fez com que Gedhun fosse considerado o preso político mais jovem do mundo. Diante dos pedidos de explicação de organismos internacionais sobre a situação do jovem tibetano, os dirigentes chineses se limitaram a responder que ele se encontrava em boas condições. Chadrel Rinpoche, o abade do monastério de Tashi Lhunpo, foi preso pelas autoridades chinesas por traição, por ter sido incumbido de informar ao Dalai Lama que a reencarnação havia sido encontrada.

Depois de exilar o líder tibetano escolhido, as autoridades chinesas, comunistas, ateias e seguidoras da máxima de Mao de que "religião é veneno", decidiram eleger o *seu* panchen lama. Foi escolhido um menino tibetano, filho de um membro do Partido Comunista do Tibete. Gyaltsen Norbu foi eleito seguindo a tradição que os manchus procuraram impor: colocando papeizinhos com nomes dentro de uma urna de ouro. Gyaltsen Norbu foi educado pelas autoridades chinesas para tornar-se um líder religioso respeitado dentro do Tibete, mas o fato de ter sido apontado pelo governo chinês substituindo o escolhido pelo Dalai Lama não é bom prognóstico para que o jovem Gyaltsen possa conquistar o respeito e, ainda menos, a veneração do povo tibetano. É comum que entre os tibetanos o denominem, depreciativamente, de o "panchen chinês" ou o desqualifiquem claramente chamando-o de "o falso".

A motivação chinesa para ter feito um reconhecimento de índole completamente religiosa parece ir muito além de uma guinada mística de seus dirigentes. Tradicionalmente o panchen lama era o encarregado de reconhecer a reencarnação do dalai lama, do mesmo modo que este é o incumbido de encontrar a reencarnação do segundo líder em importância no budismo tibetano.

É fácil deduzir que, com um panchen lama fiel às ordens do Partido Comunista e educado na firme convicção da lealdade à mãe-pátria chinesa, o governo chinês quer se assegurar de que um eventual XV Dalai Lama apontado por Gyaltsen Norbu estará dentro dos parâmetros de serventia exigidos pelo regime comunista.

Mas essa não foi a única manobra chinesa para garantir o controle do futuro renascimento do dalai lama. Em setembro de 2007, o governo chinês emitiu a Ordem nº 5[36], que estabelece "medidas de administração para a reencarnação dos budas vivos no budismo tibetano", a cargo da Administração Estatal para Assuntos Religiosos. Em seu artigo primeiro, assinala:

> Estas medidas foram formuladas de acordo com os "Regulamentos sobre Assuntos Religiosos" no sentido de garantir liberdade de crenças religiosas aos cidadãos; para

36 A íntegra em espanhol da Ordem nº 5 está disponível em http://bit.ly/jEAJ4k.

> respeitar a prática do budismo tibetano inerente às posições relativas aos budas vivos; e para regulamentar a administração dos assuntos relativos à reencarnação do buda vivo.

Nos artigos seguintes são detalhadas a regulamentação das reencarnações e as condições que os monges deverão cumprir para obter permissão para reencarnar.

> Os budas vivos reencarnados não sofrerão interferência nem estarão sob o domínio de qualquer organização estrangeira ou indivíduo.
>
> A solicitação do monastério para a reencarnação do buda vivo deve ser feita pelo monastério em que o buda vivo está registrado, deve estar registrado como um lugar de atividade religiosa budista tibetana e deve ter a capacidade de treinar e criar budas vivos.
>
> Os candidatos a serem budas vivos reencarnados que se enquadrem em uma das seguintes condições não podem ser reencarnados:
>
> 1- Reencarnações que não estejam regulamentadas pela doutrina religiosa do budismo tibetano;
>
> 2- Aqueles localizados em cidades com distritos demarcados, cujos governos populares ordenem que não sejam permitidas reencarnações.
>
> Os budas vivos reencarnados devem cumprir a solicitação e aprovar os procedimentos. Quanto ao procedimento da solicitação e da aprovação: a direção de organização do monastério solicita a reencarnação do buda vivo onde o monge está registrado, ou a associação budista local apresenta solicitações para reencarnações aos departamentos locais para assuntos religiosos ao nível do governo popular e ao nível superior da cidade; se o governo popular e o nível superior da cidade apresentarem sugestões, o departamento de assuntos religiosos do governo popular informa seus superiores, e o exame e a aprovação serão feitos pelo departamento de assuntos religiosos do governo popular da província ou da região autônoma. As reencarnarções dos budas vivos que tiverem relativamente grande impacto serão levadas ao governo popular da província ou da região autônoma para a sua aprovação; aquelas com grande impacto serão levadas à Administração Estatal para Assuntos Religiosos para sua aprovação; aquelas com particular grande impacto serão levadas ao Conselho de Estado para a sua aprovação.
>
> Os budas vivos que forem historicamente reconhecidos através de sorteio na urna de ouro terão sua reencarnação no espírito de meninos reconhecidos por sorteio na urna de ouro.
>
> Quando o espírito do buda vivo reencarnado em um menino for reconhecido, o fato será levado ao departamento de assuntos religiosos do governo popular provincial ou da região autônoma para a sua aprovação; aqueles com grande impacto serão levados à Administração Estatal para Assuntos Religiosos para a sua aprovação; aqueles com particular grande impacto serão levados ao Conselho de Estado, para a sua aprovação.

Depois seguem outros artigos que procuram enfatizar detalhadamente cada um dos passos que devem ser cumpridos para que a reencarnação seja finalmente reconhecida.

Em todo o mundo certamente há exemplos de sobra de manobras burocráticas infelizes, incompatíveis com a eficiência e na contramão do mais elementar senso comum, mas todos eles, reunidos, não devem nem se aproximar das disposições estabelecidas nesta Ordem nº 5.

A chave para compreender o porque não é muito difícil de encontrar. A mesma mentalidade que sequestrou Gedhun Choekyi Nyima emite uma ordem, 12 anos depois, propensa a impedir que o atual Dalai Lama possa ser um candidato à reencarnação e, ao fazê-lo, assegura-se de que o próximo se adeque às condições determinadas pelo governo chinês. A prestigiosa instituição do dalai lama, reverenciada durante mais de sete séculos, ficaria assim sob controle total dos dirigentes chineses.

Neste longo conflito, porém, há uma constante: cada movimento de uma das partes provoca uma rápida resposta da outra, de modo a neutralizar de imediato os efeitos das declarações anunciadas ou das medidas adotadas.

Pouco tempo depois de emitida a Ordem nº 5, o Dalai Lama afirmou que a instituição do dalai lama poderia desaparecer junto com ele, e que sua continuidade estaria diretamente ligada a uma decisão do povo tibetano que, em última análise, seria o único capaz de determiná-la. Esta declaração abre as portas para a possibilidade de que o sucessor do Dalai Lama possa ser escolhido inclusive durante sua vida e, devido à importância que o líder tibetano tem para o seu povo, alguém apontado por ele seguramente contaria com o beneplácito de seus compatriotas, em especial aqueles no exílio.

A incógnita ficaria por conta dos tibetanos que vivem no Tibete e que não acompanham as dinâmicas vividas por seus compatriotas exilados, ainda que, a julgar por suas expressões nos últimos anos – apesar do estrito controle chinês e do consequente temor tibetano –, sua lealdade ao Dalai Lama estaria acima de tudo e o que ele determinasse seria acatado. Mas, mesmo que a instituição do dalai lama continue após a morte de Tenzin Gyatso, ele já deixou claro que, se houver um décimo quinto, não nascerá em um Tibete oprimido pelo regime comunista chinês – ocorrerá além das fronteiras do país das neves. E, avançando ainda mais no terreno político, admitiu que a próxima figura máxima do budismo tibetano poderia ser uma mulher.

Os primeiros dez anos do século XXI foram testemunhas de vários episódios na relação entre o governo tibetano no exílio e a República Popular da China. Em 2002, foram reatadas as conversações entre os representantes do Dalai Lama e autoridades chinesas, com vistas a chegar a uma solução para o litígio. Até fevereiro de 2010 foram realizadas nove rodadas de negociações, mas nenhum progresso substancial foi alcançado. Um breve resumo dos encontros: o lado tibetano sempre procura estabelecer a necessidade de conceder autonomia legítima ao Tibete como forma de preservar sua cultura, dentro das normas regidas pela Constituição da República Popular da China. As autoridades chinesas insistem – e o fazem sempre que a ocasião é propícia – que não haverá avanços enquanto o Dalai Lama não fizer uma declaração convincente sobre a renúncia à reivindicação de independência.

Um fato trágico ocorrido nesses anos – e por si só bastante expressivo da violência que sofrem os tibetanos em seu país – deu-se no final de setembro de 2006, quando um grupo de tibetanos, em sua maioria jovens, tentava sair do Tibete fazendo uma difícil travessia pelas altas montanhas. Quando se aproximavam do desfiladeiro de Nangpa-la, a mais de quatro mil metros de altitude, foram atacados a tiros por guardas chineses da fronteira, que assassinaram dois deles: uma monja de 17 anos e um adolescente de 13. O governo chinês, através do porta-voz do Ministério do Interior, veio imediatamente a público para declarar que os soldados abriram fogo em legítima defesa depois de serem atacados pelos jovens. Tal declaração teria sido acatada como verdadeira e o fato, esgotado ali mesmo, caso não houvesse um grupo de montanhistas acampado a pouca distância dos acontecimentos.

O médico dinamarquês Pierre Maina, que estava no acampamento a 5.800 metros do desfiladeiro de Nangpa-la, relatou o que ocorreu em uma reportagem para *La Gran Época*[37]: "Dia 30 de setembro, sábado, pela manhã, estava dormindo na barraca quando subitamente acordei ao som de tiros. No início, como nunca havia escutado disparos de armas de fogo antes, não me dei conta do que era. Depois de cinco ou dez minutos, me vesti e saí da barraca. A primeira coisa que vi, a 50 metros da nossa tenda, foi alguns tibetanos que corriam muito e parecia que eram todos crianças. Muitos soldados chineses começaram a atirar neles. Vi que uma pessoa que estava mais adiante do grupo foi ferida e caiu ao solo". Este relato poderia ter sido contestado e, no máximo, haveria apenas um duelo de declarações contraditórias. Porém, a ele se somou uma filmagem[38] realizada pelo cinegrafista de uma emissora de televisão romena, Sergiu Matei, que mostra o momento exato em que os soldados abrem fogo e os jovens tibetanos tombam na neve, e acaba com qualquer dúvida que pudesse restar sobre o ocorrido.

Segundo os tibetanos, este não é um fato isolado. Desde que o Dalai Lama estabeleceu seu governo em Dharamsala, 2.500 tibetanos fogem para o exílio a cada ano. Todos eles têm de superar – além das dificuldades extremas de um percurso através de desfiladeiros a milhares de metros de altitude e, em geral, com roupas inadequadas – a hostilidade dos guardas chineses da fronteira que, como no caso testemunhado, não hesitam quando os veem. Em geral são jovens tibetanos, adolescentes e crianças. Muitas vezes são as próprias famílias que os mandam para Dharamsala, para que recebam uma educação em que prevaleçam os valores budistas e seja priorizada a cultura tibetana. Nesta "capital" do

37 A íntegra da reportagem, em espanhol, está disponível em http://bit.ly/jsp0SU.

38 O vídeo do cinegrafista romeno Sergiu Matei está disponível em http://bit.ly/kuDzSW.

exílio, poderão se expressar e estudar em seu próprio idioma, além de serem recebidos pelo Dalai Lama – e isso, para a maioria deles, justifica pôr a vida em risco.

Ao final dessa década, as relações sino-tibetanas foram severamente condicionadas pelo levante tibetano que começou em março de 2008 e incluiu as mais violentas manifestações dos últimos 20 anos no Tibete. Em 14 de março, quatro dias depois das comemorações do 49º aniversário do Levante Tibetano de 10 de março de 1959, teve início uma escalada de violência que manteria o governo chinês, os tibetanos de dentro e de fora do Tibete e a opinião pública mundial em suspenso por vários dias. Os protestos começaram em Lhasa com alguns monges que gritavam palavras de ordem pela liberdade e pela independência, aos quais se seguiram atos mais violentos, incluindo o incêndio de estabelecimentos comerciais pertencentes a chineses e ataques diretos contra eles – sendo que os mais trágicos culminaram com a morte de alguns.

A repressão chinesa foi imediata e provocou baixas também do lado tibetano. Segundo os chineses, foram constatadas 19 mortes, enquanto que o governo tibetano no exílio divulgou a cifra de 210, sendo que a maioria era de tibetanos. As prisões passaram dos quatro mil e houve um número significativo de desaparecidos, difícil de ser estabelecido com exatidão. O certo e relevante é que houve violência de ambas as partes, o que levou o Dalai Lama a dizer, em entrevista coletiva à imprensa, que se os tibetanos não cessassem seus protestos violentos, ele estaria disposto a renunciar à sua liderança. O veterano monge tibetano fazia esta declaração enquanto o governo chinês o acusava e à sua "camarilha" – assim denominam quem o rodeia – de estar por trás de todos os distúrbios em Lhasa e que não se limitaram apenas à capital, mas se estenderam por todo o planalto tibetano. Os dirigentes chineses acusaram veementemente, e sem provas, os dirigentes tibetanos, especialmente o Dalai Lama, que negou as acusações com firmeza, no árduo desafio de provar sua inocência.

O governo chinês decidiu expulsar a imprensa da Região Autônoma e de todos os lugares onde houvesse população étnica tibetana. Deste modo, foram cortadas as vias para que se pudesse conhecer a evolução dos fatos através de testemunhos imparciais. Em 21 de março, o Clube de Correspondentes da Imprensa Estrangeira da China instou o governo a permitir a cobertura de notícias em áreas tibetanas. Cerca de 20 jornalistas estrangeiros foram obrigados a abandonar a região desde que o conflito irrompeu. No comunicado, ficou expresso que "a interferência nas atividades de informação não está em conformidade com os regulamentos temporários adotados durante o período dos Jogos Olímpicos e, especialmente, não está de acordo com as expectativas da comunidade internacional quanto a uma nação anfitriã da Olimpíada[39]".

39 A íntegra, em inglês, da nota ***China should allow reporter access to tibetan areas*** está disponível em http://bit.ly/pCzJel.

Foi justamente a iminência da Olimpíada, realizada em agosto de 2008, que potencializou ainda mais a importância do conflito e agregou um toque maior de nervosismo ao governo chinês, disposto a aproveitar a celebração esportiva para apresentar ao mundo seus fundamentos, com a pretensão de alcançar um lugar privilegiado entre as potências mundiais. Como poucas vezes antes, o mundo voltou os olhos para o país dos Himalaias e várias nações demonstraram, com maior ou menor intensidade, sua desaprovação aos atos de violência e à dura repressão chinesa. O presidente francês Nicolas Sarkozy ameaçou não comparecer à cerimônia de abertura dos Jogos Olímpicos, caso não cessasse a violência no Tibete. Em 24 de março, três ativistas da organização internacional Repórteres Sem Fronteiras (RSF) foram detidos[40] depois que um deles desfraldou uma bandeira com algemas no lugar dos aros olímpicos, durante o discurso do presidente do Comitê Organizador dos Jogos, Lui Qi, no estádio de Olímpia, na Grécia.

No início de abril, quando a tocha olímpica começou seu périplo por várias capitais do mundo, ativistas pró-Tibete e contra o regime de Beijing mostraram sua força. Houve incidentes de tamanha magnitude em Londres e Paris – onde, pela primeira vez na história, a chama olímpica foi apagada – que as medidas de controle de seu acompanhamento em outras cidades foram significativamente reforçadas.

Um grande número de forças de segurança mobilizadas, esconderijos temporários para a tocha e mudança de rota foram algumas das medidas tomadas pelas autoridades de São Francisco, nos Estados Unidos, quando o símbolo olímpico passou pela cidade, dia 10 de abril[41], e centenas de manifestantes saíram às ruas em repúdio ao governo chinês por sua política de desrespeito aos direitos humanos e repressão no Tibete.

Naqueles dias, o presidente do COI (Comitê Olímpico Internacional), Jacques Roggé, em visita à China, falou ao Comitê Olímpico anfitrião: "Estamos preocupados com a atual situação internacional. Os acontecimentos no Tibete desencadearam uma onda de protestos por parte dos governos, dos meios de comunicação e de ONGs. Seja qual for a razão, a violência não é compatível com os valores da chama olímpica ou da Olimpíada"[42].

No final de abril, as autoridades chinesas se reuniram com os representantes do Dalai Lama, Lodi Gyari e Keltsang Gyaltsen, em um encontro informal não previsto nas rodadas de negociações abertas em 2002. Era necessário mostrar ao mundo que a vontade chinesa de chegar a uma solução era real. Nessa reunião, as portas ficaram abertas para uma próxima rodada, a sétima, que teve início nos primeiros dias de julho de 2008, com o

---

40 A íntegra da notícia *La llama olímpica se enciende con voces de boicot de fondo*, está disponível em http://bit.ly/mFVOw0.

41 A íntegra da notícia *San Francisco altera el recorrido de la antorcha olímpica para sortear las protestas*, está disponível em http://bit.ly/jCdXTY.

42 A íntegra da notícia *El presidente del COI pide una solución "rápida y pacífica" para el Tíbet*, está disponível em http://bit.ly/iA9ZhV.

planalto tibetano ainda incendiado pelos distúrbios. Ali, "o vice-presidente da Conferência Consultiva Política do Povo Chinês e o ministro do Departamento do Trabalho da Frente Unida do Comitê Central, Du Qinglin, convidou explicitamente Sua Santidade o Dalai Lama para que enviasse sugestões para a estabilidade e o desenvolvimento do Tibete. O vice-ministro executivo do Departamento do Trabalho da Frente Unida do Comitê Central, Zhu Weiqun, acrescentou que gostaria de ouvir nossos pontos de vista sobre o grau ou a forma de autonomia que pedimos, assim como outros aspectos da autonomia regional sob os parâmetros da Constituição da República Popular da China".

Esta citação encontra-se na introdução do Memorando sobre a Autonomia Genuína do Povo Tibetano[43], redigido depois do convite das autoridades chinesas aos dirigentes tibetanos, e especificamente ao Dalai Lama, para que contribuíssem com ideias sobre o desenvolvimento futuro do Tibete. O memorando, apresentado no final de outubro de 2008, durante a oitava rodada de conversações, assinala, entre outras considerações:

> Este presente memorando esclarece nossa postura com relação à autonomia legítima e à satisfação das necessidades específicas da nacionalidade tibetana em matéria de autonomia e autogoverno, mediante a aplicação dos princípios de autonomia consagrados na Constituição da República Popular da China, tal como nós os entendemos. A partir deste princípio, Sua Santidade o Dalai Lama está seguro de que podem ser satisfeitas as necessidades básicas da nacionalidade tibetana mediante o estabelecimento de uma autonomia genuína dentro da República Popular da China.
>
> A maioria das necessidades dos tibetanos pode ser satisfeita dentro dos parâmetros dos princípios constitucionais de autonomia, tal como os entendemos. Em vários pontos, a Constituição concede permissões específicas e consideráveis para o estabelecimento de órgãos para a tomada de decisões e funcionamento do sistema autônomo. Estas permissões específicas podem ser exercidas com o objetivo de facilitar a autonomia genuína dos tibetanos de maneira a corresponder à particularidade da situação em questão. No momento de aplicar estes princípios é possível que precise ser realizada uma revisão ou modificação da legislação pertinente sobre autonomia, para que corresponda às necessidades e características específicas da nacionalidade tibetana. Com boa vontade de ambas as partes, poderá ser encontrada uma solução para os problemas mais prementes dentro dos princípios constitucionais de autonomia. Assim serão alcançadas a estabilidade e a unidade nacionais, e estarão estabelecidas relações harmoniosas entre os tibetanos e outras nacionalidades.
>
> Os tibetanos são uma nacionalidade minoritária, independente da atual divisão administrativa. Deve-se respeitar a integridade da nacionalidade tibetana. Este é o espírito, a intenção e o princípio que fundamentam o conceito constitucional de autonomia regional nacional, além do princípio de igualdade de nacionalidades.
>
> Os tibetanos têm uma história, uma cultura e tradição espiritual ricas e únicas, que são partes valiosas do patrimônio da humanidade. Os tibetanos não querem apenas preservar seu próprio patrimônio, que apreciam, mas também, e na mesma

43 A íntegra, em espanhol, do *Memorando sobre a Autonomia Genuína do Povo Tibetano* está disponível em http://bit.ly/jfg4LD. Para conhecer a íntegra em inglês, traduzida do original em tibetano: http://bit.ly/p445P5.

medida, desejam desenvolver sua cultura, suas vidas e conhecimentos espirituais de maneira a se ajustarem especialmente às necessidades e condições da humanidade no século XXI.

O compromisso de Sua Santidade o Dalai Lama com a busca de uma solução para o povo tibetano é claro e direto. Sua postura coincide totalmente com a declaração do alto líder Deng Xiaoping, na qual salientou que, exceto a independência, todos os demais assuntos podem ser solucionados através do diálogo. Uma vez que nos comprometemos a respeitar plenamente a integridade territorial da República Popular da China, esperamos que o governo central reconheça e respeite plenamente a integridade da nacionalidade tibetana e seu direito de exercer uma autonomia legítima dentro da República Popular da China.

Quanto ao idioma, o memorando manifesta:

O artigo 4 da Constituição da República Popular da China garante a liberdade de todas as nacionalidades "de usar e desenvolver sua própria língua, oral e escrita...".

Para que os tibetanos possam usar e desenvolver sua própria língua, deve-se respeitar o tibetano como o principal idioma oral e escrito. Da mesma forma, é necessário que a língua principal das zonas autônomas tibetanas seja o tibetano.

Este princípio está reconhecido amplamente no artigo 121 da Constituição, que declara: "Os órgãos de autogoverno das zonas autônomas nacionais empregam a língua, oral e escrita, ou a língua de uso comum da localidade".

Sobre a cultura:

Para os tibetanos, a cultura tibetana está estreitamente vinculada à nossa religião, tradição, idioma e identidade, os quais enfrentam ameaças variadas. Sendo que os tibetanos vivem no Estado multinacional da República Popular da China, este patrimônio cultural distinto necessita de proteção mediante disposições constitucionais apropriadas.

No que se refere à religião:

A religião é fundamental para os tibetanos, e o budismo está estreitamente vinculado à sua identidade. Reconhecemos a importância da separação entre igreja e Estado, mas isto não deve afetar a liberdade e a prática dos que creem. É impossível para os tibetanos imaginarem a liberdade pessoal e a de sua comunidade sem a liberdade de crença, consciência e religião. A Constituição reconhece a importância da religião e protege o direito de professá-la. O artigo 36 garante o direito de todos os cidadãos à liberdade de crença religiosa.

[...] À luz das normas internacionais, interpreta-se que este princípio constitucional também engloba a liberdade de crença ou culto. A liberdade abarca o direito dos monastérios de se organizarem e funcionarem de acordo com a tradição monástica budista, de participarem da educação e matricularem qualquer número de monges e monjas ou grupo etário em conformidade com estas normas.

Sobre educação:

O desejo dos tibetanos de elaborar e administrar seu próprio sistema educacional, em cooperação e coordenação com o Ministério de Educação do governo central, se vê respaldado pelos princípios consagrados na Constituição em matéria de educação, bem como pela aspiração de participar e contribuir para o desenvolvimento da ciência e da tecnologia. Queremos mencionar o reconhecimento cada vez maior do desenvolvimento científico internacional para com a contribuição que a psicologia budista, a metafísica, a cosmologia e a compreensão da mente budista estão oferecendo à moderna ciência.

[...] Quanto à aspiração de participar e contribuir para o avanço do conhecimento científico e da tecnologia, o artigo 119 da Constituição e o artigo 39 da LANR (Lei de Autonomia Regional Nacional) reconhecem claramente o direito das zonas autônomas de desenvolver o conhecimento científico e a tecnologia.

Sobre o meio ambiente:

O Tibete é a principal fonte de grandes rios da Ásia, além de abrigar as montanhas mais majestosas do planeta e o mais elevado planalto, com uma fartura de recursos minerais, florestas ancestrais e muitos vales profundos inalterados pela ação humana.

A prática de proteção do meio ambiente se fortaleceu pelo tradicional respeito do povo tibetano a todas as formas de vida, em função do qual é proibido causar danos a qualquer ser senciente, seja humano ou animal.

Atualmente o meio ambiente tradicional do Tibete sofre danos irreparáveis, com repercussões – especial e consideravelmente – nas pradarias, terras de cultivo, florestas, nos recursos hídricos e na vida silvestre. Em vista disto e de acordo com os artigos 45 e 66 da LANR, deve-se conceder ao povo tibetano o direito sobre o meio ambiente, bem como permitir que continue realizando suas práticas tradicionais de conservação.

Em relação aos recursos naturais, um dos pontos do memorando menciona:

A propriedade da terra é a base sobre a qual se desenvolvem os recursos naturais, os impostos e a receita de uma economia. Por isso é fundamental que só a nacionalidade da região autônoma tenha autoridade legal para transferir ou arrendar terras, à exceção das terras que sejam propriedade do Estado. Ainda assim, a região autônoma deve ter autoridade independente para formular e aplicar planos de desenvolvimento que coincidam com os planos estatais.

Quanto à migração:

O objetivo fundamental da autonomia regional nacional e do autogoverno é a conservação da identidade, da cultura, do idioma etc. da nacionalidade minoritária, além de garantir que esta domine seus próprios assuntos. Quando aplicado a um determinado território em que a nacionalidade minoritária vive concentrada em uma ou mais comunidades, o mesmo princípio e objetivo da autonomia regional carecem de sentido quando for estimulada e permitida a migração e o assentamento em grande escala da nacionalidade majoritária han, assim como de outras nacionalidades.

[...] Não é nossa intenção expulsar os que não são tibetanos mas residem de forma permanente no Tibete, depois de terem vivido e crescido ali durante um tempo considerável. Preocupa-nos a chegada maciça e induzida – principalmente dos chineses han, mas também de outras nacionalidades – a muitas regiões do Tibete, alterando as comunidades já existentes, marginalizando a população tibetana local e ameaçando o frágil entorno natural.

E sobre o tema crucial, a autonomia:

> O exercício da autonomia legítima inclui o direito dos tibetanos de criar seu próprio governo regional, além de instituições e procedimentos governamentais que se adaptem melhor às suas necessidades e características. É necessário que a Assembleia Popular da região autônoma tenha poder para legislar sobre todos os assuntos que sejam de competência da região (ou seja, os temas expostos anteriormente) e que os demais órgãos do governo autônomo tenham poder para executar e administrar decisões de forma autônoma. A autonomia implica representação e participação significativa na tomada de decisões do governo central. Para que a autonomia seja eficiente, deve dispor de procedimentos para uma consulta eficiente e estreita cooperação ou tomada de decisões conjunta entre o governo central e o governo regional em assuntos de interesse comum.
>
> [...] A aplicação da autonomia genuína, por exemplo, requer divisões claras de poder e responsabilidades entre o governo central e o governo da região autônoma no que se refere à competência. Atualmente não existe esta clareza – o alcance dos poderes legislativos das regiões autônomas é incerto, já que se encontra extremamente restringido. Enquanto a Constituição reconhece a necessidade especial que as regiões autônomas têm de legislar numerosos assuntos que as afetam, o disposto no artigo 116, que determina a exigência de aprovação prévia do mais alto nível do governo central – o Comitê Permanente da Assembleia Popular Nacional (APN) –, inibe a aplicação deste princípio de autonomia. Na realidade, as assembleias regionais autônomas são as únicas que exigem, de forma expressa, tal aprovação, enquanto as assembleias das demais províncias (não autônomas) da República Popular da China não necessitam de permissão prévia – elas simplesmente devem informar a adoção de regulamentos ao Comitê Permanente da APN "para seu conhecimento" (artigo 100).

O memorando termina com uma seção intitulada "Perspectivas", que manifesta:

> Conforme mencionado no início do memorando, nossa intenção consiste em estudar uma forma através da qual possam ser satisfeitas as necessidades da nacionalidade tibetana dentro do marco da República Popular da China, já que acreditamos que estas necessidades estão de acordo com os princípios da Constituição em matéria de autonomia. Tal como Sua Santidade o Dalai Lama já declarou em inúmeras ocasiões, não temos nenhum programa oculto. Não temos qualquer intenção de que os acordos sobre autonomia legítima se convertam em passos rumo à separação da República Popular da China.
>
> O objetivo do governo tibetano no exílio consiste em representar os interesses do povo tibetano e falar em seu nome. Por isso, depois que se chegar a um acordo, ele não será mais necessário e se dissolverá. Na verdade, Sua Santidade o Dalai Lama já reiterou sua decisão de não aceitar no futuro nenhum cargo político no Tibete. Enquanto isso, ele tem a intenção de utilizar toda sua influência pessoal para garantir que tal acordo tenha a legitimidade necessária para obter o apoio do povo tibetano.
>
> À luz destes firmes compromissos, propomos que o passo seguinte neste processo seja o acordo para iniciarmos um debate sério sobre os assuntos mencionados neste memorando. Com este fim, propomos debater e acordar sobre um ou mais mecanismos aceitos mutuamente e um prazo para levá-los à prática.

A resposta chinesa a esta ampla proposta, da qual foram extraídas apenas algumas passagens e sobre a qual os dirigentes tibetanos alimentaram importantes expectativas, foi um total e completo repúdio.

Em 10 de novembro de 2008, Du Qinglin, vice-presidente da Conferência Consultiva Política do Povo Chinês e ministro do Departamento do Trabalho da Frente Unida do Comitê Central do Partido Comunista Chinês, expressou a seguinte opinião, em uma entrevista coletiva à imprensa[44]:

> Na China, todas as organizações e indivíduos devem agir de acordo com a Constituição. As adesões à liderança do PCC, ao caminho socialista com características chinesas e ao sistema de autonomia regional para as minorias étnicas estão estipuladas na Constituição da China. Não é tolerada qualquer atividade que desafie a Constituição e negue as "três adesões [45]".
>
> O governo central declarou claramente diversas vezes que não será tolerada "a independência do Tibete", nem"meia independência" ou "independência disfarçada". A saída é o Dalai Lama mudar fundamentalmente suas propostas políticas e viver de acordo com suas palavras, criando condições para melhorar sua relação com as autoridades centrais.
>
> Depois de sua chegada a Beijing, o Sr. Lodi Gyari nos apresentou um "Memorando para que todos os Tibetanos Desfrutem de Autonomia Genuína", declarando que "o governo do Tibete no exílio é a representação dos tibetanos e seus interesses". Sobre isto, nós esclarecemos com toda seriedade: o governo central da República Popular da China e o governo popular da Região Autônoma do Tibete, sob sua liderança, são os representantes de todas as minorias étnicas no Tibete. O chamado "governo do Tibete no exílio" é um produto criado por um pequeno grupo de países estrangeiros que se envolveu há décadas em atividades de discórdia e destruição. Sua existência é ilegal e nenhum Estado, no mundo inteiro, o reconhece. Nós conversamos com o Sr. Lodi Gyari e sua equipe apenas porque são os representantes pessoais do Dalai Lama. E conversamos apenas sobre a forma como o Dalai Lama deve abandonar por completo suas opiniões e ações separatistas, e esforçar-se pelo entendimento com as autoridades centrais e todo o povo chinês, de modo a resolver o tema relativo à sua própria perspectiva. Nós nunca discutimos a chamada "questão do Tibete". Com a finalidade de ajudar o Dalai Lama a entender a atitude das autoridades centrais e dar-se conta de seus próprios erros, nós ouvimos suas explicações, de maneira a poder verificar se ele já abandonou suas opiniões separatistas e se aproximou das exigências das autoridades centrais.
>
> Assinalamos que, nos anos 1980, o Sr. Xi Zhongzun (que se reuniu com o Sr. Lodi Gyari anteriormente) e outras personalidades, lideranças das autoridades centrais, disseram seriamente à delegação enviada pelo Dalai Lama que era impossível alçar o Tibete à condição de país, realizar "o alto grau de autonomia" ou criar uma maior região autônoma do Tibete. Era irreal e totalmente impossível. Passaram-se mais de duas décadas, mas eles ainda usam o truque de dialogar com rodeios com as autoridades centrais, o que demonstra, no mínimo, sua falta de sinceridade. Nossos

44 A íntegra, em inglês, das declarações está disponível na matéria *What does the Dalai Lama want?*, está disponível em http://bit.ly/pkeR4x.

45 As três adesões: à liderança do Partido Comunista Chinês, ao caminho socialista com características chinesas, ao sistema de autonomia regional para as minorias étnicas, estipuladas na Constituição chinesa.

> contatos e conversas fracassaram em produzir avanços, e eles devem assumir toda a responsabilidade por isto.
>
> Enfatizamos que a unificação da mãe-pátria, a integridade territorial e a dignidade nacional são os maiores interesses do povo chinês. Nós jamais faremos concessões. As autoridades centrais disseram que a porta para o retorno do Dalai Lama para uma posição patriótica sempre esteve aberta e permaneceria aberta no futuro. Entretanto, a porta "da independência do Tibete", "da meia independência" ou "da independência disfarçada" nunca esteve aberta e nunca estará no futuro.

A postura chinesa jogou por terra as expectativas tibetanas e o diálogo foi interrompido.

Em 17 de novembro de 2008, realizou-se em Dharamsala a Reunião Geral Especial, convocada pelo Dalai Lama, conforme a Constituição que rege o exílio tibetano. Foi a primeira reunião deste tipo, na qual estiveram presentes 560 tibetanos, representantes de diversas áreas políticas e religiosas. Sua agenda específica: "a questão tibetana à luz dos recentes eventos no Tibete e o cenário internacional". O Dalai Lama não esteve presente aos debates, de maneira a deixar seus compatriotas com plena liberdade de ação. Os resultados[46] foram conclusivos e, entre eles, assinalamos:

> Através desta Reunião Geral Especial, instamos Sua Santidade o Dalai Lama com todo vigor e o mais profundo respeito a seguir assumindo a responsabilidade pela liderança espiritual e temporal da luta tibetana neste período crucial, e não pronunciar qualquer palavra sobre sua aposentadoria ou semiaposentadoria.
>
> Através desta Reunião Geral Especial, instamos energicamente o governo chinês a cessar de imediato as acusações infundadas e inacreditáveis contra Sua Santidade o Dalai Lama. Isso provocou uma ferida incurável nos corações e mentes do povo tibetano dentro e fora do Tibete, em particular, e em todos os seguidores do budismo tibetano, incluindo os budistas chineses e pessoas amantes da justiça e da verdade em todo o mundo. Isso também contribuiu para a tensão étnica entre os tibetanos e os chineses, prejudicando, assim, os interesses de longo prazo de unidade e cooperação entre as nacionalidades. Ainda que a luta tibetana busque o caminho do meio, da independência ou da autodeterminação, nós não nos desviaremos do caminho da não-violência para alcançar nossos objetivos.
>
> A causa das amplas e recentes manifestações ocorridas no Tibete é a explosão da insatisfação e do sofrimento dos tibetanos ao longo do tempo. As razões para esta explosão se devem às duras e severas políticas adotadas para o Tibete e os tibetanos durante todos esses anos, desde a ocupação chinesa. As razões dos contínuos protestos dos tibetanos surgem do saque sistemático dos recursos naturais do Tibete, da aniquilação da tradição e dos costumes tibetanos, mais especificamente da sujeição dos tibetanos à chamada "educação patriótica", uma campanha que força os tibetanos a insultar Sua Santidade. Os protestos tibetanos continuam por causa da política de transferência em larga escala da população chinesa para o Tibete, o que debilita ainda mais a condição já deteriorada da religião e cultura tibetanas, e ocasiona a destruição ecológica do Tibete. Os protestos aconteceram também por causa das violações dos direitos humanos fundamentais.

46 As *Recomendações da Primeira Reunião Geral Especial*, em espanhol, publicadas no boletim do escritório oficial representante de Sua Santidade o Dalai Lama e do governo tibetano no exílio para a América Latina *Noticias de Tíbet*, está disponível em http://bit.ly/pQaIuW.

Depois desses acontecimentos, o diálogo foi suspenso até fevereiro de 2010, data em que se realizou a nona rodada. Depois disso, o subchefe do Departamento do Trabalho da Frente Unida do Comitê Central do Partido Comunista Chinês, Zhu Weiqun, manifestou em uma entrevista coletiva à imprensa[47] que "o governo chinês e o governo da região autônoma do Tibete, sob sua liderança, são os únicos representantes dos tibetanos." Além disso, afirmou que representantes do Dalai Lama "não têm status legal para discutir assuntos da região autônoma do Tibete. São apenas seus representantes particulares, por isso podem falar apenas das expectativas do Dalai Lama ou, quando muito, daquelas relativas ao pequeno grupo que o rodeia". O subchefe sugeriu ao Dalai Lama e àqueles que o acompanham que corrijam seus erros e que não voltem a utilizar os conteúdos do memorando, já refutado pelo governo central, nem recorram a "truques" para justificá-lo.

Os trágicos acontecimentos de 2008 no Tibete deixaram um saldo dramático não apenas de mortes, mas também de grande quantidade de presos políticos. As prisões, que não se limitaram somente àquele ano, continuam ocorrendo. Condenações a vários anos de cadeia ou a prisão perpétua, inclusive a pena de morte, têm sido determinadas em várias ocasiões contra quem participou ativamente dos distúrbios daquele ano. Segundo os tibetanos, os julgamentos são todos arbitrários.

Uma das leituras mais interessantes e imparciais sobre esses fatos, sem dúvida, é o que ficou conhecido como Relatório Gongmeng[48], publicado em maio de 2009. O Centro de Pesquisa em Direito Gongmeng é uma organização independente, fundada por juristas chineses da Universidade de Beijing. Pesquisadores da instituição decidiram realizar uma investigação sobre as causas que motivaram o levante de 2008, e chegaram às conclusões que resumimos a seguir.

1. O modelo de modernização e desenvolvimento atual implantado pelo governo no Tibete restringe os recursos e benefícios sociais, incluindo a educação gratuita em várias áreas urbanas, que são amplamente dominadas por estrangeiros, deixando os tibetanos totalmente marginalizados em termos de oportunidades e benefícios econômicos.

2. As áreas rurais, onde vive a maioria dos tibetanos, e a indústria agrícola, que serve como fonte primária de renda para a maior parte da população local, receberam pouquíssima atenção no âmbito das atuais iniciativas de desenvolvimento. Continuam sendo vulneráveis, sem diretrizes e investimentos adequados.

3. As principais políticas e apoios preferenciais do Estado não resultaram em benefício efetivo para o conjunto do povo tibetano.

4. As políticas falharam em proporcionar educação básica, qualificação profissional

47 A íntegra da matéria *China rechaza reclamación del Dalai Lama como "representante legal" de los tibetanos*, em espanhol, está disponível em http://bit.ly/kdBed8.

48 O *Informe Gongmeng: Las verdaderas causas del levatamiento tibetano de marzo 2008 según um grupo de abogados chinos*, em espanhol, publicado no boletim do escritório oficial representante de Sua Santidade o Dalai Lama e do governo tibetano no exílio para a América Latina *Noticias de Tíbet*, está disponível em http://bit.ly/mOFayh.

e técnica adequada, além de outras oportunidades para a juventude tibetana, capacitando-a a competir com os desempregados estrangeiros e a conduzi-la a uma sociedade industrial moderna.

5. Como testemunhas da Constante privação em suas vidas cotidianas, os jovens adultos tibetanos, aos 30 anos de idade, sentem a discriminação por toda parte, o que fortalece seu sentimento nacionalista e os induz a usar expressões como "nós, tibetanos" e "nossa nacionalidade" em suas conversas.

6. As autoridades locais estão mais ansiosas em proteger seus interesses pessoais do que servir às massas; comumente ocultam seus erros na administração e repressão ao descontentamento social, atribuindo culpa às "forças estrangeiras" e às "forças separatistas", em vez de explorar alguma solução razoável.

7. As políticas também falharam na compreensão do sentimento religioso do povo tibetano facilitando, assim, os constantes ataques às suas crenças.

8. A mídia estatal exagerou e reagiu exageradamente aos protestos, criando aversão entre o povo tibetano e o chinês.

Dia 10 de julho de 2009, o Centro de Pesquisa em Direito Gongmeng foi fechado pelas autoridades chinesas. Foram confiscados arquivos, documentos e computadores, e revogadas as licenças de mais de 50 advogados, muitos deles conhecidos defensores de casos de direitos humanos.

Depois de dois anos de relativa mas sempre tensa calma diante das notícias vindas do Tibete, em 19 de março de 2011, o Dalai Lama fez sua comunidade estremecer. Durante as comemorações dos 52 anos do levante tibetano e ao longo de sua habitual declaração anual, o líder tibetano foi enfático ao afirmar que estava disposto a delegar o poder político que ostenta entre os tibetanos exilados. Em uma passagem crucial de seu discurso[49], o Dalai Lama disse:

> Uma das aspirações que alimento desde minha infância é a reforma da estrutura política e social do Tibete, e, durante os poucos anos em que tive efetivo poder no país, consegui fazer algumas mudanças fundamentais. Apesar de não poder continuar esta tarefa, desde que chegamos ao exílio tentei por todos os meios levá-la adiante. Hoje, dentro dos limites estabelecidos pela Constituição dos tibetanos no exílio, o Kalon Tripa, os dirigentes políticos e os representantes do povo são eleitos diretamente pelo povo. Conseguimos implementar a democracia no exílio, seguindo os parâmetros de uma sociedade aberta.
>
> No início de 1960, insisti em reiteradas ocasiões que os tibetanos necessitavam de um líder eleito livremente pelo povo, a quem eu pudesse transferir o poder. Agora realmente chegou o momento em que isso se torna efetivo. Durante a próxima 11ª sessão do 14º Parlamento tibetano no exílio, que começará em 14 de março, proporei formalmente que sejam efetuadas as emendas necessárias à Constituição dos tibetanos no exílio para que reflitam a decisão de transferir minha autoridade a um líder eleito.
>
> Desde que declarei minha intenção, recebi fervorosas e reiteradas petições, de

49 A íntegra, em espanhol, das declarações de Sua Santidade o Dalai Lama está disponível em http://bit.ly/eSDNCw.

> dentro do Tibete e do exterior, para que continue na liderança política. Meu desejo de transferir o poder nada tem a ver com o desejo de reduzir minha responsabilidade. Minha decisão foi tomada para benefício de todos os tibetanos a longo prazo, e não devido a um sentimento de desalento. Os tibetanos depositaram tamanha fé e confiança em mim que eu, assim como todos eles, estou totalmente comprometido com a justa causa do Tibete. Confio que, pouco a pouco, minha intenção será compreendida e apoiada e, em consequência, entrará em vigor.

Os tibetanos se comoveram diante de tal decisão, os meios de comunicação internacionais ficaram alertas, as canetas e os teclados de analistas políticos entraram em ação e, em diferentes partes do mundo, se mobilizou o importante contingente partidário da causa tibetana e do próprio líder.

As reações dos tibetanos foram muitas e heterogêneas. Como uma característica que se repete ao longo dos anos, boa parte da comunidade manifestou seu repúdio à decisão, como destacou Pico Iyer[50]: "Pode-se dizer que uma das poucas vezes em que os tibetanos não escutam o Dalai Lama é quando ele lhes diz para que não o ouçam".

Há, de toda forma, certa lógica nessa atitude assumida por tantos tibetanos de não quererem abrir mão de seu amado líder. Estamos falando de um povo que segue lutando para manter-se unido e conquistar a sobrevivência de sua cultura exposta aos riscos de aniquilação dentro do Tibete e, de aculturação, fora dele. E está claro para todos que esta luta não foi perdida em grande medida graças à liderança que o Dalai Lama assumiu em todas as frentes. Outro temor que se soma ante o "desaparecimento" político do Dalai Lama está relacionado à estima que sua figura tem no exterior, ao seu carisma, às portas que se abriram no Ocidente (ainda que muitas tenham permanecido fechadas graças à sistemática pressão chinesa em cada uma de suas viagens internacionais) e à incerteza sobre a resposta internacional a quem venha a substituí-lo. "O atual Kalon Tripa, o professor Samdhong Rinpoche, ficou consternado, porque a maneira como o Dalai Lama sempre foi recebido ao redor do mundo é única, e seu sucessor político pode não conquistar esse prestígio", escreveu o analista Bhaskar Roy para o *Eurasia Review*[51], em 17 de março de 2011.

Para acalmar os ânimos, o Dalai Lama se viu na obrigação de dar alguns esclarecimentos[52] sobre sua decisão durante ensinamentos que concedeu em Dharamsala.

> Depois de vir para o exílio, fiz sinceros esforços para estabelecer um sistema democrático de governo ao longo dos últimos 30 anos. Os tibetanos no exílio dizem que "nossa democracia é um presente de Sua Santidade o Dalai Lama". Dez anos atrás, o sistema de escolha do Kalon Tripa através de eleições democráticas

50 A íntegra, em inglês, do artigo *Tibet's Quiet Revolution* está disponível em http://bit.ly/gXu2Ab. Em espanhol, *La tranquila revolución del Tibet* pode ser lida em http://bit.ly/ijwslb.

51 A íntegra do artigo *How does the Dalai Lama change the Tibet question* está disponível em http://bit.ly/paO0Js.

52 A íntegra de *Su Santidad el Dalai Lama sobre su retiro de sus reponsabilidades políticas* está disponível, em espanhol, em http://bit.ly/nEjyrQ. Em inglês, *His Holiness the Dalai Lama's remarks on retirement* está disponível em http://bit.ly/mmbjef.

foi introduzido no lugar da indicação do candidato pelo dalai lama, o que não era correto (...) Desde então, descrevo a mim mesmo como semiaposentado.

Já se passaram dez anos, e chegará o dia em que teremos de seguir um sistema democrático expressivo. O governo de reis e figuras religiosas está obsoleto. Temos de seguir a tendência do mundo livre, e esta tendência é a democrática. A Índia, por exemplo, apesar de sua enorme população e diversos idiomas, religiões e culturas, no geral permanece muito estável. Isto se deve à democracia, ao governo da lei, da livre expressão e dos meios de comunicação. A China, ao contrário, sob um governo autoritário, está sempre enfrentando problemas. Um documento recente do governo chinês menciona que destina uma parte maior do orçamento para manter a estabilidade interna do que para a defesa nacional. Isto mostra que eles têm mais inimigos dentro do que fora do país, o que é motivo de vergonha.

[...] A instituição do dalai lama, como autoridade espiritual e temporal do Tibete, não teve início com os quatro primeiros dalai lamas. Começou durante o tempo do V Dalai Lama, sob circunstâncias diferentes e influência do líder mongol Gushri Khan. Desde então, o sistema ofereceu muitos benefícios. Mas, agora, quando estamos no século XXI, cedo ou tarde chegará o tempo da mudança.

[...] Como sou o XIV na linhagem desta instituição, o mais apropriado é que, por minha própria iniciativa - felizmente e com orgulho – encerre a autoridade dupla do dalai lama. Ninguém, exceto eu, pode tomar esta decisão, e tomei a decisão final. A liderança eleita democraticamente pelo povo tibetano deverá assumir completamente as responsabilidades políticas do Tibete. Vestígios do sistema dualista permanecerão se eu estiver investido de autoridade política sob a Constituição. Isto deve mudar, e parece que agora é o momento para isto.

[...] Recentemente, recebi telefonemas de tibetanos de dentro do Tibete dizendo-se extremamente preocupados, sentindo-se abandonados porque estou me retirando. Não há motivo para preocupação. Depois de me aposentar, continuarei liderando o Tibete em assuntos espirituais, como os quatro primeiros dalai lamas.

[...] A longo prazo, esta decisão tornará mais forte e eficiente nossa administração no exílio. E mais: ao compararmos nossa comunidade no exílio com o regime autoritário comunista da China, percebemos que nos convertemos, de fato, em uma sociedade moderna. Esta é nossa gloriosa conquista. Os tibetanos dentro do Tibete deveriam estar orgulhosos dela. Que todos entendam e percebam que eu não estou desanimado, e que não renunciei à causa do Tibete.

Sou um nativo da terra das neves. Nós, os seis milhões de tibetanos da terra das neves, temos uma responsabilidade comum para com a causa tibetana. E, quanto a mim, também sou um tibetano da região de Amdo, por isso, até a minha morte, tenho responsabilidade para com a causa tibetana.

Enquanto ainda estou saudável e aqui presente, vocês devem assumir total responsabilidade para com os assuntos tibetanos. E se surgir algum problema que precise de minha ajuda, certamente ainda estou por aqui. Não renunciei, nem estou desanimado. O sistema democrático que implantamos até agora pode assumir toda a responsabilidade e, depois, considerar as inúmeras necessidades e argumentações. Peço que o sistema democrático assuma toda a responsabilidade. Todos vocês aqui presentes e todos os tibetanos no Tibete não devem ficar desanimados. Não há razão para preocupação.

Ainda ontem estive reunido com um erudito chinês que me disse ter conduzido uma pesquisa sobre o processo eleitoral tibetano, e que esteve aqui cinco anos

> atrás. Ele afirmou que, agora, os tibetanos estavam participando mais ativamente e fazendo valer totalmente seus direitos democráticos. Ele elogiou os avanços no sistema democrático tibetano. Este desenvolvimento representa nosso crescente despertar político e os grandes passos que temos dado em nosso processo democrático. A decisão de devolver meu poder é também uma parte deste avanço no processo de democratização.
>
> Aqueles entre vocês que são do Tibete, quando retornarem, digam isto às pessoas em que podem confiar. Isto pode também ser transmitido por rádio. Tomei esta decisão de me aposentar depois de muitos anos de profunda reflexão e, em última instância, em benefício do Tibete. Não há qualquer razão para que vocês se sintam desanimados.
>
> [...] Portanto, as várias mudanças políticas que fizemos estão baseadas em sólidas razões, e são para benefício imediato e definitivo de todos nós. Na verdade, estas mudanças tornarão nossa administração mais estável e ressaltarão o nosso desenvolvimento. Por isso não há razão para que se sintam desanimados.

Um dia depois desta manifestação, um entusiasmado eleitorado tibetano no exílio acorreu às urnas em mais de 30 países para eleger 44 membros da Assembleia de Deputados do Povo Tibetano e o Kalon Tripa (primeiro-ministro). A indeclinável decisão do Dalai Lama de abandonar sua liderança política conferiu grande importância à eleição do primeiro-ministro. Foram três os candidatos que concorreram ao alto cargo: Tashi Wangdi, 64 anos, Tenzin Tethong, 62 anos, e Lobsang Sangay, 43 anos. Ao serem divulgados os resultados, no final de abril, soube-se que o eleitorado tibetano havia confiado o país ao mais jovem dos três, que seria o futuro líder político da comunidade. Sangay, nascido em um humilde bairro de refugiados tibetanos próximo a Darjeeling, no noroeste da Índia, foi o primeiro tibetano a obter um título na prestigiosa Universidade de Harvard. O primeiro-ministro eleito, que assume suas funções no dia 15 de agosto, é um advogado especializado em Direito Internacional que viveu muitos anos nos Estados Unidos e agora deve retornar a Dharamsala, já que é ***conditio sine qua non*** que deva morar ali no momento em que tomar posse. Em sua mensagem de agradecimento[53], depois de conhecer o resultado das urnas, disse:

> Com profunda humildade, aceito o apoio do povo tibetano e o cargo de Kalon Tripa. É exemplar o fato de que quase 50 mil pessoas, em mais de 30 países, tenham votado na recente eleição do Kalon Tripa e dos Chitues (deputados). O convincente apoio de vocês é uma lição de humildade, e farei tudo o que estiver ao meu alcance para me manter à altura de suas expectativas.
>
> [...] Vejo minha eleição como uma afirmação das políticas visionárias de Sua Santidade o Dalai Lama e como mais um passo para a realização de sua visão de uma sociedade tibetana verdadeiramente democrática. Creio que o sucesso destas eleições e a ativa participação dos tibetanos é uma vitória moral significativa.
>
> [...] Conclamo todos os tibetanos e amigos do Tibete que se unam a mim nesta nossa causa comum para aliviar o sofrimento dos tibetanos no Tibete ocupado e

---

53 A íntegra, em inglês, do discurso de agradecimento do Kalon Tripa Lobsang Sangay está disponível em http://bit.ly/iEulLY.

devolver Sua Santidade a seu legítimo lugar no palácio Potala.

[...] É chegada a hora de todos os tibetanos assumirem maior responsabilidade. Darei o melhor de mim para cumprir a responsabilidade que me foi dada, e o êxito do próximo Kashag (gabinete) dependerá do compromisso de todos os tibetanos. Acredito que juntos marcharemos para um futuro melhor.

O governo chinês, entretanto, tem se mantido coerente com seus antecedentes ao reagir aos significativos acontecimentos dos últimos meses. Minimizou a declaração de renúncia do Dalai Lama à sua liderança política e, como muitas outras vezes, o tornaram alvo de epítetos pouco elegantes. A porta-voz do Ministério de Relações Exteriores da China, Jiang Yu, disse que a decisão do Dalai Lama era um truque para enganar a comunidade internacional, e as máximas autoridades comunistas da Região Autônoma do Tibete se expressaram de maneira similar.

Quanto à eleição de Sangay, o vice-ministro do Departamento do Trabalho da Frente Unida do Partido Comunista, Zhu Weiqun – em aparente resposta à intenção do primeiro-ministro eleito de reunir-se com dirigentes chineses "em qualquer hora e lugar" – afirmou[54]: "Não importa que é o 'kalon tripa' deste 'governo no exílio' – eles são uma camarilha política separatista que traiu sua pátria. Não há nada de legal a respeito deles e não possuem qualquer qualificação para 'falar' com os representantes do governo central".

Considerando os antecedentes históricos, o objetivo longamente perseguido pelos tibetanos de chegar a um diálogo significativo com os dirigentes chineses que conduza à resolução pacífica do demorado conflito não parece próximo. Os movimentos realizados continuam se chocando contra uma monolítica e inalterável posição chinesa que, mesmo diante de diferentes opções, segue oferecendo uma única resposta.

Há cerca de 20 anos, o Dalai Lama afirmou que a situação do Tibete se modificará quando a China mudar por dentro. Em 2012, acontecerá uma renovação no governo chinês que, talvez, promova essa mudança interna. Se a moderação for capaz de suplantar a intransigente linha dura, talvez a longa marcha para um futuro melhor esteja dando o primeiro passo.

54 A íntegra das declarações está na matéria *China desconoce al reemplazante de Dalai Lama*, publicada em http://bit.ly/lrK1gb.

# ESCLARECIMENTOS SOBRE AS ENTREVISTAS

Todas as entrevistas abrem com uma narrativa do entrevistado sobre a origem de sua vinculação com o Tibete. Ao final de cada entrevista há a data de sua realização para situar adequadamente o leitor. As entrevistas tiveram início em novembro de 2009. Pode acontecer, portanto, que haja menção a fatos a ocorrer no futuro e que, no momento da publicação deste livro, já sejam parte do passado.

Os países foram ordenados alfabeticamente, do mesmo modo que os entrevistados de cada país. Há casos em que se assinala o fato de que o entrevistado nasceu em um país diferente daquele onde se deu seu testemunho. O que foi levado em consideração é o sentimento de pertencimento de cada uma das pessoas que se dispuseram a ser entrevistadas, mais que a referência geográfica de sua origem.

Os monges e/ou lamas entrevistados adotaram nomes tibetanos. Estes aparecem em primeiro lugar, seguidos por seus nomes de nascimento, salvo algum caso em que, expressamente, tenham preferido figurar apenas com o nome tibetano.

Os nomes de pessoas ou lugares chineses nem sempre são mencionados de uma só forma. Em alguns casos, faz-se a correspondência da tradução do ideograma chinês para o alfabeto romano conhecido como Wales-Giles, de origem britânica, datado do século XIX; em outros, ao pinyin, muito mais próximo no tempo, dado o início de seu uso (1980), e preferido pelas autoridades chinesas. O caso mais evidente é o nome da capital chinesa: Pequim corresponde à primeira alternativa, e Beijing, à segunda.

# ARGENTINA

## Alejandro Chaoul

Buenos Aires, 1964

Depois de finalizar seus estudos secundários em Buenos Aires, viajou aos Estados Unidos, onde obteve licenciaturas em Filosofia e Comunicação de Massa na Universidade de Boston. Tem doutorado em Estudos Religiosos pela Universidade de Rice, em Houston. É professor-assistente de Humanidades no Centro John P. MacGovern e de Ética na Escola de Medicina da Universidade do Texas, e professor-assistente adjunto do Departamento de Cuidados Paliativos e Serviços de Habilitação do Centro de Câncer MD Anderson da mesma universidade, onde se dedica à pesquisa utilizando as técnicas tibetanas de mente-corpo em pacientes com câncer. É conferencista da Universidade de Rice e do Centro Jung, de Houston. Viajou à Índia e ao Nepal, onde recebeu ensinamentos de Sua Santidade o Dalai Lama e outros mestres, como Yeshe Dorje Rinpoche. Ensinou meditação e técnicas tibetanas mente-corpo sob o patrocínio do Instituto Ligmincha no México, nos Estados Unidos e na Polônia.

"Meu interesse por religiões orientais começou na faculdade, em Boston, na interação com estudantes indianos. Depois de me formar, viajei para a Índia e, entre várias tradições, encontrei tibetanos em Ladakh, enquanto caminhava entre um monastério e outro. Depois de 20 dias, voltei a Srinagar no momento em que havia sido outorgado o prêmio Nobel da Paz a Sua Santidade o Dalai Lama, de quem pouco sabia, mas tinha visto sua foto em cada mosteiro – onde o diálogo era difícil porque eles não falavam muito inglês, que dirá castelhano e, tampouco eu, o tibetano. Quando vi sua foto no jornal, me senti tão feliz como se minha mãe ou meu pai tivessem recebido o Nobel da Paz. Estava vivendo com uma família muçulmana e, naquela noite, pedi para assistir na TV *The Heart of Tibet* (*O coração do Tibete*), que transmitiam em homenagem ao Nobel da Paz. Pensando nesses momentos, quase não posso acreditar na sorte que tive em poder ser instrumento de suas primeiras visitas à Argentina, em 1992 e 1999."

*Aloma Sellanes Zibechi - Por que aderiu à religião bon? Quais são as diferenças entre o bon e o budismo?*

**Alejandro Chaoul** - Desde que comecei a me ligar ao budismo tibetano, sempre estiveram presentes as partes intelectual, filosófica, religiosa, e a parte da prática vinculada mais ao espírito e ao coração. Mas sempre lado a lado. Entre os muitos mestres com os quais tive a felicidade de aprender, foi Namkhai Norbu Rinpoche quem me orientou a conhecer Lopon Tenzin Namdak, mestre principal da tradição bon.

Em 1991, Sua Santidade o Dalai Lama deu os ensinamentos e a iniciação do *Kalachakra*[55] em Nova York, nada menos do que no Madison Square Garden. E, antes de seus ensinamentos, foram apresentadas as cinco tradições (Bon, Nyingma, Kagyu, Sakya e Gelug, nesta ordem histórica), através de grandes mestres de cada tradição. Lopon Tenzin Namdak falou do bon e do dzogchen[56] no bon. Abriu minha mente como um vasto céu. Mas não foi só o que disse, mas, sim, sua presença. Que ser tão maravilhoso, humilde e sorridente! "Colei" nele como pude, seguindo-o por Nova York e Massachussets. Depois ele voltou para o Nepal e eu, com meu visto americano quase no limite, regressei a Buenos Aires.

O impacto foi dramático e comentei com Namkhai Norbu Rinpoche, que me respondeu com um sorriso largo e quase malicioso como quem diz: "eu disse!". Alguns anos depois, conheci Tenzin Wangyal Rinpoche, discípulo de Lopon Tenzin Namdak, e sua simplicidade me encantou. Era inconfundível a influência de seu mestre. Naquele mesmo ano, tive um fortíssimo impacto direto no coração quando os vi juntos, ensinando e debatendo. A árvore do refúgio estava viva, não era apenas uma thangka[57] ou uma visualização. Aí eu soube: é isto. E continuo com eles, 16 anos depois.

Sendo mais preciso, posso dizer que hoje em dia bon e budismo tibetano são muito similares, a ponto de Sua Santidade o Dalai Lama afirmar que esta é a quinta escola do budismo tibetano e que, dentro do bon contemporâneo, às vezes, é chamado bon-budismo. Historicamente, o bon chegou ao Tibete pela região de Zhang Zhung e Tazig, e teria 18 mil anos (que, segundo alguns, poderiam significar 9 mil ou 3 mil anos humanos), graças aos ensinamentos do Buda Tonpa Shenrab. De qualquer forma, já estava no Tibete

55 Kalachakra, do tibetano, ***dus kyi 'khor lô/Dükyikhorlo***, ou Roda do Tempo, em sânscrito, é o nome de uma das principais divindades do budismo Vajrayana tibetano. De acordo com a tradição, os ensinamentos de Kalachakra teriam sido transmitidos pelo Buda Sakyamuni no século VI a.C., compilados em um texto chamado Kalachakra Tantra e transmitidos de geração a geração, de mestre a discípulo. Fonte: http://bit.ly/pjxTso. [N. da T.]

56 Dzogchen, do tibetano, a "Grande Perfeição". Prática do budismo Mahayana para alcançar a iluminação. ["Dzogchen é um estado, *o* estado primordial, aquele estado totalmente desperto que é o coração e a essência de todos os budas e de todos os caminhos espirituais e o ápice da evolução espiritual de um indivíduo." Em Rinpoche, Sogyal. ***Livro tibetano do viver e do morrer***. São Paulo: Editora Palas Athena, 2000, p. 220. N. da T.]

57 Thangka, do tibetano, pintura plana. Tapeçaria pintada ou bordada que pode ser enrolada. As thangkas servem como guia da experiência contemplativa e meditativa.

muito antes que a tradição dos seguidores do Buda Sakyamuni chegasse lá, entre os séculos VII e VII da Era Comum. Há muitas polêmicas sobre como seria o bon e o budismo naquela época e como teria se dado esse diálogo/desafio e o compartilhamento dos ensinamentos, para que tenham se tornado bastante similares hoje.

***Recentemente, o Sr. publicou o livro* Prática do Chöd na Tradição Bön[58]. *Poderia nos dar uma ideia do que é esta prática e seu objetivo?***

A parte do coração e da prática já estavam em curso e, entre outras, o *chöd* é uma prática que aprendi com meus mestres budistas, sobretudo com Yeshe Dorje Rinpoche e Namkhai Norbu Rinpoche – depois, no bon, com Lopon Tenzin Namdak e Tenzin Wangyal Rinpoche. E me dei conta de que, se tinham semelhanças, possuíam também especificidades. Interessou-me saber por que havia diversos textos e linhagens para a mesma prática, como também sua convergência histórica. Isto me levou a aprofundar esta tradição também no âmbito acadêmico e tive a sorte de poder ir à Universidade de Virgínia fazer um mestrado em budismo indo-tibetano, com o apoio de uma bolsa através da qual ensinava espanhol. E minha tese foi sobre o chöd no bon que, dez anos mais tarde, evoluiu para esse livro.

*Chöd* significa literalmente "cortar", e se refere ao próprio ego. Nesta prática, o praticante visualiza que, ao deixar sair a consciência de seu corpo, ela se transforma em uma deidade (muitas vezes feminina) e, com uma espada ou faca, corta o corpo (já cadáver), cozinha e oferece como uma oferenda de néctar aos seres iluminados e aos não iluminados, para resgatar dívidas cármicas. Mesmo que pareça aterrorizante, a ideia é justamente provocar medo (um bom praticante a realiza em cemitérios para amplificar o medo) e, então, poder cortar o medo relacionado ao sentido do 'eu'. O tema é complicado e ao mesmo tempo fascinante, e a prática se faz tocando tambor e sino.

***Quais as conclusões de suas pesquisas no Centro de Câncer M.D. Anderson sobre as técnicas tibetanas aplicadas em pacientes com câncer?***

Depois do meu mestrado, fui aceito na Universidade de Rice em Houston, Texas, para o doutorado enfocando as tradições tibetanas, o bon e o budismo. Ao me dar conta do imenso centro médico que havia em Houston, e através de uma médica do Centro de Câncer M.D. Anderson que também era praticante de bon, fiz uma entrevista para me tornar facilitador de meditação tibetana para pacientes e familiares, com a permissão e orientação de meus mestres. Comecei em setembro de 1999. No ano seguinte, as aulas estavam sendo bem recebidas pelos pacientes e seus familiares, e o Dr. Lorenzo Cohen,

58 Chaoul, Alejandro. *Chöd practice in the bön tradition*. New York: Snow Lion Publications, 2010.

doutor em Psicologia da Pesquisa, convidou-me para elaborar um programa de pesquisa para pacientes. Como meu enfoque nos últimos anos tinha sido a ioga tibetana – que havia aprendido em textos budistas nyingma, com Namkhai Norbu Rinpoche e em textos bon, com Lopon Tenzin Namdak e Tenzin Wangyal Rinpoche –, decidimos que o programa (ou intervenção clínica, como é chamado neste campo) seria com técnicas de meditação e ioga tibetana, que também eram parte do meu projeto de tese para o doutorado na Universidade de Rice.

Com o apoio de meus mestres, estruturei então uma intervenção para pacientes com linfoma que estavam em tratamento ativo (químio e radioterapia) ou que tivessem terminado o tratamento no ano anterior. O objetivo era fazer com que essas práticas os ajudassem a diminuir sintomas do câncer e do tratamento, e melhorar sua qualidade de vida. A mudança mais significativa desse estudo piloto foi que os pacientes que praticavam ioga tibetana dormiam melhor, mais, mais depressa e tomavam menos medicamentos para dormir do que aqueles que não praticavam. Isso lhes dava mais energia para sentirem-se melhor e enfrentar os pensamentos negativos, ficarem mais relaxados e com melhor qualidade de vida. Os resultados foram publicados em âmbito clínico (*Câncer Magazine*[59], 2004) e acadêmico (*Asian Medicine*, 2007).

Esse estudo foi repetido com outro grupo: mulheres com câncer de mama em tratamento ativo (químio ou radioterapia) ou que tivessem terminado o tratamento no ano anterior. Este foi um passo importante para verificar que as mulheres que estavam em tratamento de quimioterapia tinham maior benefício e melhores resultados, e aplicamos então um estudo mais amplo, através de uma bolsa do Instituto Nacional de Câncer (NCI, na sigla em inglês) dos Estados Unidos.

Neste momento, estamos no terceiro ano dos cinco previstos no projeto, e pretendemos analisar 300 pacientes – 100 que façam o programa de ioga tibetana, 100 de um programa de *stretching* ou ginástica e 100 que não tenham qualquer atividade –, e esperamos compartilhar os resultados que obtivermos. Elaboramos também um estudo piloto de meditação com sons tibetanos para diminuir os efeitos nocivos da quimioterapia, especificamente na área cognitiva. Logo teremos os resultados e, se houver benefícios, gostaríamos de poder avaliá-los com equipamentos de ressonância magnética. Há vários programas em diferentes centros clínicos e acadêmicos que estão verificando não só os efeitos da meditação e da ioga em diferentes grupos de pacientes e não pacientes, como também observando que a meditação pode ser útil para recriar nossos neurônios cerebrais, o que se acreditava impossível há uma década.

59 A íntegra de *Psychological adjustment and sleep quality in a randomized trial of the effects of a Tibetan yoga intervention in patients with lymphoma* está disponível em http://bit.ly/pKidvD.

Creio que este é um campo fascinante e tenho a sorte de estar nos Estados Unidos, onde podemos realizar pesquisas como estas com o aval das instituições. Como diz minha mãe, Susi Reich, que preside a Associação de Medicina Integrativa da Argentina, lá não há dinheiro para esses projetos. No meu caso, o apoio dos meus mestres também é crucial. Como disse a Lorenzo Cohen desde o início: "Se meus mestres não apoiarem o projeto, não o faço". E, por sorte, não apenas o apoiaram, mas Tenzin Wangyal Rinpoche é conselheiro destes projetos. As reuniões que mantemos com Rinpoche e Lorenzo têm sido muito frutíferas para burilar detalhes. E, há pouco, iniciamos o trabalho com duas clínicas de meditação no México – uma no Centro de Cancerologia na capital e outra no Sanatório Espanhol, em Torreón. Em sua visita em 1992, Sua Santidade o Dalai Lama me disse que trazer conceitos da medicina tibetana à América Latina seria de grande benefício. Espero poder continuar ajudando neste processo, e meu sonho, claro, seria abrir uma clínica de meditação na Argentina.

**Setembro, 2010**

## Gerardo Abboud

Buenos Aires, 1945

Depois de graduar-se em Engenharia, viajou ao Oriente, em 1970. Viveu 14 anos nos Himalaias da Índia e do Nepal, onde estudou e praticou budismo tibetano. Desde seus primeiros anos na Índia, dedicou-se à tradução do idioma tibetano para o espanhol e o inglês, tanto de textos quanto de ensinamentos orais. Nesta função, acompanha seus mestres e outros lamas de várias linhagens de ensinamentos a diferentes países, e destaca-se como tradutor do Dalai Lama em suas visitas à América Latina desde 1992. Atualmente reside em Buenos Aires com a família, combinando as frequentes viagens como tradutor com as atividades de presidente do Centro de Budismo Tibetano Dongyuling, onde dá ensinamentos e instruções de meditação.

"Eu vivia na Argentina, havia me formado engenheiro e estava trabalhando em minha profissão, quando iniciei uma busca espiritual. Mesmo quando tudo corria bem, sentia certa insatisfação, uma sensação de que estava faltando algo. Não tinha a menor ideia sobre o Tibete ou sobre budismo, nem qualquer coisa parecida. Depois de muita procura e algumas leituras, viajei para a Índia e, dali, rapidamente fui para o Nepal, onde encontrei um lama que dava ensinamentos em uma colina, com um inglês bastante limitado, apesar de também transmitir ensinamentos a um grupo de estrangeiros. Entrei em contato com este lama tibetano (não tinha qualquer ideia da questão política ou social dos tibetanos, de que tinham sido invadidos e tudo o mais), e assim fui exposto pela primeira vez ao budismo tibetano, certamente muito importante, porque dali em diante passei a estudá-lo como algo que realmente começava a responder muitos dos meus questionamentos. Logicamente que quanto mais me sentia envolvido com os ensinamentos transmitidos pelos tibetanos, mais aprendia sobre sua causa e seus sofrimentos, o que levou a me aprofundar ainda mais nesta situação. Embora minha conexão inicial tenha sido através do budismo, por serem tibetanos os que me transmitiam os ensinamentos, acabei me aproximando deles. Vivi na casa de meu mestre durante oito meses, estava rodeado de tibetanos o tempo todo e, naturalmente, ouvi muitas histórias sobre como tiveram de escapar e se exilar."

***Aloma Sellanes Zibechi* - *Como foi sua experiência com os tibetanos? Como poderia defini-los?***

**Gerardo Abboud** - São muito especiais, todo o povo do Oriente tem sua identidade. Conheço muitos países, viajei praticamente por todo o Oriente, mas uma das coisas que se sente ao encontrar tibetanos é uma calidez muito especial, também uma espécie de espaço interno de paz, de tranquilidade. É importante esclarecer que estou falando dos tibetanos que nasceram no Tibete, não dos modernos, que nasceram na Índia e têm os Estados Unidos como meta, depois de terem sofrido um processo de aculturação a partir do qual o progresso é o que mais conta. Aqueles tibetanos com os quais me encontrei no início tinham um calor e uma abertura que me deixava muito confortável. Quando alguém começa a falar no idioma deles, percebe-se uma jovialidade com a qual se sintoniza de imediato. Há uma grande quantidade de coisas com os tibetanos que nos deixa muito à vontade e fazem com que sintamos afinidade com sua cultura, e isso não é por acaso. Toda a cultura tibetana está fundamentada nos princípios budistas, na repetição de *mantras*[60], na compaixão e paciência que são ensinadas desde pequenos, assim como outras normas éticas. É uma sociedade que cresce neste tipo de ambiente, e isso se reflete no nível humano, as pessoas se desenvolvem neste sentido. É uma sociedade em que a espiritualidade penetrou realmente até as raízes, não é uma questão herdada que depois se confunde com a educação laica ou com a educação universitária. Em nossas culturas há muito mais influência do aspecto material, o que vai nos desviando desta influência espiritual. No Tibete, o desenvolvimento material praticamente não existia, e não havia opção – era o espiritual ou o espiritual. A poesia, a pintura e todas as manifestações artísticas são totalmente influenciadas pela espiritualidade, e isso, de alguma forma, é transmitido no contato com eles.

***Quando passou a ser o tradutor do Dalai Lama?***

Em 1992, quando foi organizada a primeira visita do Dalai Lama à América do Sul. Na época, eu já era tradutor, pois comecei a estudar tibetano em 1971 e, depois, quando me mudei para a casa de meu lama, no início de 1973, tornei-me tradutor residente de seu mosteiro e, sempre que aparecia um estrangeiro, ele me chamava. Nesta época, traduzia apenas para o inglês. Mais tarde, comecei a traduzir para os amigos que queriam os ensinamentos, entre outros textos, e quando voltei à Argentina passei a acompanhar as viagens de meus mestres à Malásia, a Cingapura, aos Estados Unidos e a muitos outros lugares. Já com o Dalai Lama, não tinha certeza se seria o tradutor. Estava na organização

---

60 Mantra, do sânscrito, pensamento. No hinduísmo e no budismo, sílabas, palavras ou frases sagradas, geralmente em sânscrito, que são recitadas durante o culto para invocar a divindade ou como apoio à meditação.

de sua visita, quando fui informado pelo escritório do Tibete de Nova York que a tradução ficaria por minha conta. Esta decisão foi tomada depois que o Dalai Lama deu uma palestra sobre cultura totalmente em tibetano, o que era insólito, porque falava um inglês perfeito e, em geral, quando são falas de natureza cultural, se utiliza o inglês, dominado por muita gente na audiência. Mas, na realidade, estavam me pondo à prova, sem avisar. Quando terminamos e me disseram que teria de traduzi-lo, senti muito medo, porque Sua Santidade fala rápido, é um erudito e mescla muitos conceitos de lógica – e eu estou mais voltado ao lado contemplativo do aspecto budista. Mas, como faltavam dois anos, pensei: se é assim, estudo. Da mesma forma como havia aprendido até aquele momento, continuei me esforçando, ouvi gravações de ensinamentos do Dalai Lama e, em 1992, deu certo – e evidentemente deu certo, porque acabaram me chamando sempre.

***É difícil transmitir a mensagem do Dalai Lama?***

Em geral, quando não ensina budismo, ele fala inglês. Então há muita gente que recebe a mensagem, ao menos parcialmente, porque às vezes é necessário sintonizar o modo como ele fala. Neste sentido, a mensagem é mais fácil de transmitir quando ele fala em inglês, porque, quando as conferências são públicas, sempre trata de valores humanos, harmonia interreligiosa, meio ambiente. Quando transmite mensagem budista, aí sim, torna-se complicado porque é muito técnico. Às vezes, se tenho dificuldade, um monge me acompanha para auxiliar em caso de dúvida porque, como disse, meu treinamento tanto espiritual quanto especificamente de tradução foi no aspecto contemplativo. Traduzo mais facilmente as instruções de meditação e experiências meditativas; Sua Santidade tem todo um treinamento filosófico e a lógica o encanta demais. Tenho problemas quando, por exemplo, faz um silogismo rápido – que, para ele, é muito claro, mas, se não o entendo, não posso traduzir. Ultimamente, porém, parece que se deu conta e já não me submete a esse tipo de coisa.

***Ao acompanhá-lo como tradutor, como foi a recepção dos diferentes públicos latino-americanos em relação a ele?***

É impressionante, às vezes inexplicável. É como se houvesse algo mais do que transmite. Claro, o que transmite é muito valioso, mas, em última instância, são coisas muito básicas, muito humanas, os valores humanos, o que leva a concluir que é preciso alguém com essa personalidade para fazê-lo, para nos lembrar, como se tivéssemos esquecido tudo isso porque estamos enredados no dia a dia. Basta que se apresente e, então, não centenas, mas milhares de pessoas o aplaudem, mudam as fisionomias. Como tradutor, estou próximo a ele em especial em países como os nossos, que não falam seu idioma – se falam em castelhano, ele não entende, diferentemente do que ocorre em países de fala inglesa, onde ele pode responder prontamente. Sua Santidade sai do carro e o rosto das pessoas se transforma, começa a se abrandar, elas sorriem naturalmente, expressam uma alegria interna que de certa forma é inexplicável. Sua presença espiritual é muito forte, não é o dalai lama à toa.

Há outras qualidades que emanam de sua presença. Os muito materialistas podem ser levados a pensar que podem derrotá-lo, dizendo que tais qualidades não existem, mas indubitavelmente são vistas quando ele está em ação. Quando vai a universidades, alguém pode pensar: dos jovens que vão a universidades, quantos leram um livro do Dalai Lama? No entanto, o recebem como um astro do rock. No México, houve um ato em uma universidade privada – os alunos não entraram no salão oficial, mas havia telões externos –, e estavam todos atentos, porque quando ele agradeceu ao reitor, ao vice-reitor e também a todos aqueles que estavam do lado de fora, ouviu-se um clamor, estavam todos atentos e, quando saímos, ouvimos os aplausos e percebemos a alegria. Na Colômbia aconteceu o mesmo, também em uma universidade: os jovens estavam sentados em um ginásio de futebol – eram 16 mil pessoas – e foi uma tremenda ovação, o carinho, a alegria quando ele dizia algo gracioso, a participação das pessoas sem a necessidade de dizer algo forte. Não creio que estejam ouvindo tanto o que diz, mas é sua presença, sua formidável presença.

Vê-se isso também quando se reúne com políticos, que estão acostumados com outros políticos, empresários, adversários, sindicalistas, mas não com uma figura política – porque ele é uma figura política – que fala de valores humanos e, em seguida, abranda toda a dureza que existe justamente por esta falta de familiaridade que os políticos têm no trato com uma pessoa tão especial. Aos dois minutos, já estão todos rindo... estas são qualidades de sua pessoa. Quando traduzo outros lamas, tudo diz respeito ao budismo. Quando traduzo o Dalai Lama é uma miscelânea, porque ele toca em todos os temas, é uma pessoa esclarecida em inúmeras situações diferentes, com sacerdotes católicos, muçulmanos, políticos, membros de tribos, e pode-se ver como, em cada momento, age com uma atenção plena, com total respeito, e isto abre as pessoas para receber o que ele tem a dizer.

**Maio, 2010**

## Lama Sangye Dorje

Buenos Aires, 1950

Estudou Belas Artes e Antropologia na Universidade de Buenos Aires. É discípulo direto de Dorje Chang Bokar Rinpoche e de Kyabje Kalu Rinpoche, que o apontaram seu representante à frente dos centros Kagyu da Argentina e outros países da região. É codiretor, juntamente com a lama Rinchen, sua esposa, do Kagyu Tekchen Chöling da Argentina, primeiro instituto para o estudo e a prática do budismo tibetano da América Latina, fundado sob as bênçãos de Sua Santidade o 16º Karmapa e de Dorje Chang Kalu Rinpoche, em 1983. Graças aos esforços realizados pelo instituto que dirige, o budismo tibetano foi reconhecido como religião pelo Estado argentino, em 1996. Colaborou na organização das visitas de Sua Santidade o Dalai Lama à Argentina e prestou seu apoio aos representantes do governo tibetano no exílio na realização de eventos religiosos e culturais para ajudar na preservação da cultura tibetana.

"Quando não nos perguntamos pelo sentido da vida, dificilmente trilhamos um caminho espiritual, e quando não sentimos certa insatisfação com a rotina, tampouco buscamos uma solução para isso. Desde a adolescência, sempre fui muito inquieto quanto à espiritualidade e os movimentos da contracultura, e cheguei a participar de muitas manifestações, inclusive quando fazia o serviço militar. Lembro-me de uma contra as experiências atômicas dos franceses no atol de Mururoa, que causaram a devastação daquele ecossistema. Estive bastante envolvido como o movimento hippie através da arte, como uma opção diferente para a sociedade. Vivi em comunidades aqui e no Brasil, enquanto estudava Belas Artes e Antropologia, também como uma forma de autoconhecimento.

Quanto às minhas raizes, sou imensamente grato pelo que meus pais fizeram por mim – como a maioria, fizeram o melhor que puderam. Meu pai, por exemplo, inspirou meu gosto pela leitura, já que era grande leitor, lia tudo passava por suas mãos. Ainda ontem ouvi

Abelardo Castillo[61] dizer que em toda casa de classe média, nos anos 1950, 1960 ou 1970, tinha uma biblioteca, ainda que fossem apenas algumas estantes com livros. Lembro-me de ter tido livros até de meu avô, um imigrante espanhol, e meu pai lia absolutamente todos os clássicos, o que me levava a perguntar o que ele tanto procurava ali. Herdei esse gosto pela leitura. Lembro de mim mesmo lendo da manhã até à noite todo tipo de literatura com um prazer incrível, e ouvindo músicas de todas as culturas. Comecei pelos livros infantis, mais tarde, cheguei aos clássicos e li muita, muita poesia, livros de filosofia grega e indiana, para envolver-me depois especificamente com o budismo. Aprendi muito com isso.

Anos mais tarde, em 1983, o abade do Kagyu Ling da França, lama Sherab Dorje, visitou na Argentina o primeiro monastério que o grande mestre Kalu Rinpoche fundou no Ocidente, em 1974. Este foi também o primeiro centro de retiros, especialmente para que os ocidentais pudessem fazer o tradicional retiro de três anos, três meses e três dias. Na mesma época, também veio a Buenos Aires o grande mestre zen japonês Sensei Tokuda San, que havia sido designado para ensinar e treinar os que queriam ser monges no Brasil, tendo em vista que há uma grande comunidade de imigrantes japoneses em São Paulo desde o início do século XX.

Fazia anos que, junto com um grupo de amigos, vínhamos organizando frequentes encontros de estudo e intensa prática de meditação em Buenos Aires. Fomos nos conectando e cresceu em mim um grande desejo e uma necessidade de ter um treinamento mais intenso. Em 1983, participei do grupo que convidou lama Sherab – composto por uma grande quantidade de psicoterapeutas transpessoais – com a esperança de fundar um centro de dharma em Buenos Aires. Na época, um grande número de pessoas tomou refúgio, que significa a entrada formal no dharma de Buda: cerca de 500 se converteram ao budismo, ao menos formalmente. Pessoalmente, tive uma grata aproximação com lama Sherab, pessoa de grande generosidade e coração, muito inteligente, a quem considero um pai espiritual.

Muitos dos melhores tradutores – alguns canadenses e outros, franceses – saíram das primeiras turmas dos retiros. Eu fiz o terceiro. Para minha surpresa, ao expressar minha inquietação sobre o aprofundamento no estudo e treinamento budista, lama Sherab me convidou a realizar o retiro de três anos no Kagyu Ling. Na época, já estava casado com lama Rinchen, que havia se iniciado na meditação budista ao combiná-la com sua profissão de bailarina de dança contemporênea. Fomos para a França, e lá ficamos durante cinco anos, incluindo três anos e meio totalmente em retiro.

Em 1988, recebemos, durante 15 dias, todas as iniciações e instruções para realizar o retiro de três anos, três meses e três dias de nosso lama Dorje Chang Bokar Rinpoche.

61 Abelardo Castillo, escritor argentino, nascido na província de Buenos Aires, em 1935.

Quando terminamos o retiro no Kagyu Ling, tínhamos a ideia de fazer outros retiros na França, na Índia ou em Córdoba. Mas nosso mestre Bokar Rinpoche, principal discípulo do grande Kalu Rinpoche e continuador de sua obra, além de outros lamas, nos disseram que – por não haver lamas na América Latina, e menos ainda algum que falasse o nosso idioma – seria mais útil que difundíssemos o dharma, tomando a frente dos centros Kagyu da Argentina, do Kagyu Tekchen Chöling, e, se quiséssemos, estávamos autorizados a fundar outros centros na região. Recordo-me dele dizendo: "Terão tempo para fazer outros retiros, agora é mais importante transmitir o que aprenderam".

O centro Kagyu Tekchen Chöling de Buenos Aires é o primeiro centro de budismo tibetano fundado na América Latina, sob a autoridade de Sua Santidade Karmapa, Sua Eminência Kalu Rinpoche e Kyabje Bokar Rinpoche. É uma grande bênção para o continente, pois pertence a uma linhagem completamente viva e ativa, no estudo e na prática, sem interrupção desde o Buda. A partir de então, o budismo tibetano começou a se difundir de tal forma que chegou a se tornar a quinta religião da Argentina reconhecida pelo Estado. Há as três grandes religiões monoteístas, seguidas pelo budismo chinês e o budismo tibetano.

Pouco depois de voltarmos ao nosso país, encaramos um programa de ensinamentos, práticas e traduções que estamos sempre aperfeiçoando. Além disso, fundamos um centro em Córdoba, em 1986, com o lama Sherab, e outro em Montevidéu, alguns anos mais tarde. Demos ensinamentos, ainda, no Brasil e no Chile. Como parte de uma grande família multicultural, desde então tive a sorte de manter estreitos contatos com os mais importantes mestres tibetanos, e de ter recebido inumeráveis ensinamentos, seja na linhagem Karma Kagyu, à qual pertencemos, seja nas outras três maravilhosas escolas. Organizamos todas as visitas de Sua Santidade o Dalai Lama à Argentina, e já começamos os preparativos para a de 2011.

Todos os anos levamos nossos estudantes em peregrinação a lugares sagrados da Índia e de outros países do Himalaia. Meu contato com tibetanos em qualquer situação tem sido muito enriquecedor. Em geral, os tibetanos culturalmente agem com uma grande franqueza na comunicação, com nobreza, ainda que sejam de condição humilde, honram sua palavra e, quando se comprometem com algo ou alguém, não o abandonam. Sempre rimos muito com eles, pois, ao menos com nossos amigos, fomos "latinizando" um pouco nossa relação, saudando-os com abraços e beijos, coisa que a princípio os surpreendia, já que é pouco comum em sua cultura. Isto me lembra uma ocasião em que o próprio Dalai Lama valorizou o turismo, pois quando os seres humanos se conhecem mais intimamente, muitos preconceitos e falsos conceitos caem por terra. Com nossos próprios recursos, junto com lama Rinchen, fundamos o primeiro centro de retiro de três anos na Argentina em 1999, e o doamos a Bokar Rinpoche e a Sua Santidade Karmapa, Orgyen Trinle Dorje – onde dirigimos o primeiro retiro iberoamericano de três anos, entre 2001 e 2004. Ao mesmo tempo, e a pedido de Bokar Rinpoche, traduzimos uma enorme quantidade de textos e comentários das dezenas de práticas do retiro para o castelhano. Muito nos alegra que este material tenha sido usado no primeiro retiro realizado no centro Dagshan Kagyu da Espanha, nos Pirineus, em 2009."

***Aloma Sellanes Zibechi - Poderia explicar o que é a linhagem Kagyu?***

**Lama Sangye Dorje** - Nós nos referimos ao dharma, ou budismo, em relação a uma linhagem. No budismo tibetano, esta denominação quase encerra mais importância do que alguém se dizer budista. A linhagem ou a linha de transmissão do mestre ao discípulo é o que nos liga à experiência direta do Buda, seja através da transmissão de seus ensinamentos ou, ainda mais importante, através da experiência direta. Isto é algo que, lamentavelmente, no Ocidente não é levado em consideração e, por isso mesmo, muitas vezes alguém se vê enganado por pessoas ou seitas, ou em lugares duvidosos, para não dizer que são farsas completas.

A tradição Kagyu é uma das quatro principais escolas budistas do Tibete, além de Nyingma, Sakya e Gelug. Estas escolas se caracterizam principalmente pelos ciclos de ensinamentos e matizes particulares dados por seus fundadores, assim como pelas diferentes regiões geográficas onde se estabeleceram. Todas compartilham, porém, os ensinamentos do Buda, vindos diretamente da Índia. O budismo tibetano é também conhecido pelos nomes *Mantrayana*, ou caminho do mantra secreto, e *Vajrayana*, ou caminho do diamante. Devido à ênfase nos métodos de transformação interior, baseados em um conjunto de textos especiais ensinados pelo Buda em âmbito mais restrito que outros ciclos, é conhecido como *Tantrayana*, que significa literalmente "continuidade da mente iluminada" – o que não tem qualquer relação com o tantra dualista indiano, que foi tão deturpado no Ocidente. A um tibetano nunca ocorreria chamar o dharma ou chö de "lamaísmo", termo depreciativo inventado por tradutores europeus tendenciosos que o consideraram, erroneamente, como um desvio dos autênticos ensinamentos do Buda, sem saber que é no Tibete que se tem conservado intacta a maioria dos ensinamentos que se perderam em sua terra natal, a Índia, no original sânscrito, durante as invasões muçulmanas da Idade Média, bem como outras compilações, como a chinesa, a japonesa, a coreana etc.

A peculiaridade da linhagem Kagyupa é sua ênfase na tradição do *Mahamudra* – do sânscrito, *maha*, "vasto ou grande", e *mudra*, "gesto ou símbolo". *Mahamudra* refere-se à experiência ou ensinamento do Grande Selo da vacuidade, que libera a mente da ignorância fundamental. O Buda Primordial Vajradhara – personificação de todos os lamas-raiz e aspecto tântrico do Senhor Buda – transmitiu os ensinamentos do *Mahamudra* ao grande santo indiano Tilopa. De acordo com a literatura tibetana, houve 84 *mahasidhas* (*maha*, "grande"; *siddha*, "realizado") indianos que começaram a surgir na Índia por volta do século VI. Os grandes mestres Tilopa e Naropa são dois destes *mahasidhas* e os iniciadores da linhagem Kagyu. Tilopa foi um erudito (pandita) que viveu em uma corte até abandoná-la e converter-se em um iogue peregrino que praticava em bosques e áreas de cremação. Naropa foi o principal discípulo e sucessor de Tilopa. Foi o lama-raiz, ou mestre principal, do grande tradutor tibetano Marpa, que teve como principal sucessor o famoso iogue tibetano Milarepa, exemplo universal de diligência na prática e santidade, que chegou a realizar o estado de buda em uma só vida e um só corpo. Continuando esta linhagem de transmissão oral, um dos principais discípulos de Milarepa foi o grande mestre Gampopa, que havia sido profetizado pelo próprio Buda.

A linhagem Karma Kagyu propriamente dita, entretanto, foi formalmente estabelecida pelo primeiro Karmapa, Dusum Khyenpa – "aquele que vê os três tempos" –, discípulo de Gampopa e nascido em 1110. Depois que Dusum Khyenpa alcançou a completa iluminação, sua realização foi tão vasta e profunda que foi reconhecido como karma-pa, aquele que realiza a atividade (*karma*) de um buda, e havia sido igualmente profetizado pelo Buda Sakyamuni, além de ser também considerado a emanação de Avalokiteshvara, o Buda da Compaixão. Dusum Khyenpa fundou três monastérios, entre eles o de Tsurphu, no século XII, que passou a ser a sede principal de todos os Karmapas até o século XX. Dusum Khyenpa deixou o mosteiro de Tsurphu sob os cuidados de um discípulo, junto com uma carta que prognosticava as circunstâncias de sua próxima encarnação.

A tradição dos tulkus, conhecidos como lamas emanados, tem antecedentes em mestres indianos budistas, e o próprio Buda comenta isso nos Jatakas, suas histórias de vidas passadas. Estabeleceram-se como instituição no budismo tibetano quando Dusum Khyenpa profetizou que, dez anos depois de sua morte, renasceria como Karma Pakshi. Quando nasceu, rodeado de circunstâncias auspiciosas e dotado de qualidades milagrosas, foi prontamente reconhecido como o primeiro mestre ou lama reencarnado conscientemente no Tibete.

Assim, Karma Pakshi tornou-se o II Karmapa (1203-1283). À diferença de outros tulkus, o Karmapa é o único que reconhece a si mesmo. Habitualmente deixa uma carta a alguns de seus discípulos mais próximos, na qual menciona claramente o ano, a região, a família e as condições em que renascerá. Esta tradição depois se expandiu a todas as outras escolas tibetanas, e é frequente que lamas de grande realização reconheçam, por meio da clara visão de sua meditação, tulkus de outras escolas. O grande lama Situ

Rinpoche, por exemplo, principal lama do atual Karmapa, já reconheceu mais de 100 tulkus de todas as escolas. A propósito, a instituição do dalai lama, que muitos pensam ser um caso excepcional, surgiu no século XV, bem depois que o mestre Tsongkhapa fundou a escola Gelug.

Em resumo, é muito simples: o objetivo da emanação de um grande lama, como recentemente comentou o Karmapa, é continuar a obra de seu predecessor de forma mais rápida, sem os trâmites e a confusão que poderiam produzir a eleição de um sucessor. Tem, como condição, a inabalável motivação do tulku, cujo voto é de fazer o bem a todos os seres, vida após vida, independente da boa vontade dos discípulos. A finalidade de um mestre emanado é guiar os seres ao seu próprio despertar, já que possui a sabedoria, os métodos e a compaixão para ajudar os que aspiram a iluminação que, em suma, é o destino de todos os seres.

### *Quem é o XVII Karmapa?*

Sua Santidade o XVII Gyalwang Karmapa, Orgyen Trinle Dorje, nasceu de pais nômades em 1985, na região de Lhathok, no Leste tibetano. Seus pais desejavam ter outro filho, e não conseguiam. Por isso foram se aconselhar com o grande iogue e abade do monastério de Kalek, que lhes disse ser provável que tivessem um filho fazendo determinadas práticas espirituais e acumulando mérito ajudando os necessitados e, se isso acontecesse, deveriam educar esse filho em um monastério. Assim fizeram e, pouco tempo depois, nasceu um filho. O nascimento do Karmapa foi rodeado de eventos muito auspiciosos. Quando renasce um tulku, acontecimentos extraordinários se sucedem – posso atestar isso, porque tive a oportunidade de presenciá-los quando renasceu meu próprio lama Yansi Kalu Rinpoche.

Antes de ser reconhecido, os pais do atual Karmapa, como é usual, solicitaram a seu mestre um nome para o menino. Ao reconhecer que se tratava de um bodhisattva, o mestre disse, humildemente, que um simples iogue como ele não poderia dar-lhe um nome, e que deveriam pedi-lo a um grande lama vidente como Situ Rinpoche. Enquanto isso, como precisavam chamá-lo de algum modo, sua irmã mais velha deu-lhe o apelido de Apo Gaga, que significa irmão feliz. Assim, Apo Gaga passou quatro anos no monastério de Kalek, onde recebeu educação especial. Tratavam-no como a reencarnação de um lama até então desconhecido. Durante esses anos, intercalava seus estudos com temporadas em companhia de seus pais.

Em 1992, sugeriu aos pais – que já tinham comprovado as características especiais do menino – que mudassem o local do acampamento, um mês antes do habitual. A decisão da mudança os levou justamente ao ponto descrito na carta do XVI Karmapa, que indicava onde seria encontrada sua reencarnação. Apo Gaga disse aos pais que seus monges viriam buscá-lo e, na manhã seguinte, ele mesmo embalou seus pertences. Poucas horas mais tarde, chegava a comitiva de monges – vestidos propositadamente à paisana – em busca do Karmapa. Quando, discretamente, começaram a perguntar pelo menino, os acontecimentos e sinais milagrosos ocorridos durante a gestação e o nascimento de Apo Gaga, assim como o lugar onde vivia, o nome de seus pais, entre outros detalhes, perceberam que tudo correspondia exatamente à descrição da carta prognóstica que o XVI Karmapa havia deixado em 1980, em forma de amuleto, para Tai Situ Rinpoche.

Com a morte do XVI Karmapa, em 1981, os quatro regentes da linhagem Kagyu começaram a buscar na memória indicações que os levassem a reencontrar seu guru. Assim foi até que, no início de 1992, Situ Rinpoche, que estava em retiro, sentiu-se inpirado e lembrou-se do amuleto que seu guru havia lhe dado anos antes, dizendo: "No futuro, isto será útil". Normalmente ninguém abre o amuleto que carrega, mas Situ Rinpoche sentiu que devia descosturar a seda onde estava envolto e, ao abrir o papel, deparou-se com uma pequena carta escrita à mão, assinada e selada pelo Karmapa, na qual estabelecia as circunstâncias de sua próxima encarnação que permitiriam encontrá-la. Entre outras coisas, mencionava que a carta deveria ser aberta em 1991 ou 1992.

Tudo coincidia perfeitamente e ele permitiu que os monges de Tsurphu determinassem que o menino, nascido em uma família de nômades, era o XVII Karmapa. Sua Eminência Tai Situ e outros regentes confirmaram a emanação. Além disso, Sua Santidade o Dalai Lama havia visualizado em sua meditação o lugar que a carta descrevia em detalhes. Quando o Karmapa foi convidado a ir ao monastério de Kalek, três sóis apareceram no céu, e foram vistos por centenas de pessoas dos arredores. Em 27 de junho deste mesmo ano, o governo chinês permitiu o reconhecimento oficial de Orgyen Trinle Dorje como a XVII encarnação do Karmapa. Foi a primeira vez que o governo comunista autorizou o reconhecimento de um lama reencarnado.

A cerimônia de refúgio (nomeação e corte do cabelo) ocorreu no famoso templo Jokhang, em Lhasa. Foi a segunda vez em mil anos que um Karmapa recebeu a ordenação ali. Sua entronização foi realizada em setembro de 1992, no monastério de Tsurphu. Sua Santidade concluiu a cerimônia de entronização dando suas bênçãos a uma multidão de 25 mil pessoas que estiveram no monastério. O entusiasmo e a admirável quantidade de pessoas que tentava entrar no monastério fizeram com que as bênçãos continuassem por mais um dia.

Em 1994, o governo da República Popular da China convidou e Sua Santidade fez uma visita oficial a Pequim. No caminho até a capital, visitou os lugares sagrados mais importantes do Tibete central, como o templo Jokhang e o Potala, além dos monastérios de Tashi Lhunpo, Drepung, Sera e Ganden, onde fez preces e oferendas. Durante sua estada em Pequim, reuniu-se com várias autoridades e com o presidente Jiang Zemin. Sua viagem prosseguiu com a primeira visita à costa chinesa, com paradas em Xangai, Nanjing e Chengdu, antes de voltar ao Tibete. Esta viagem proporcionou a Sua Santidade um conhecimento inusitado da vida urbana contemporânea na China. De volta a Tsurphu, o Karmapa deu sequência aos seus estudos do dharma de Buda: filosofia, debates, rituais e danças sagradas. Apesar de sua pouca idade, estava consciente das condições de opressão e da intenção do governo chinês em usá-lo em seu proveito como substituto do Dalai Lama.

À época, havia uma guarda policial permanente em seu monastério, Tsurphu, e espiões que controlavam todos os movimentos. À medida que crescia, passou a dar iniciações e a desempenhar o papel principal nos complexos rituais do monastério. No início de 1994, com dez anos, Sua Santidade retomou seu legado de prognosticar e descobrir outros lamas encarnados. Grande parte da reconstrução do monastério de Tsurphu e a renovação da atividade do dharma, que historicamente se desenvolveu durante os últimos 800 anos, floresceram novamente desde que que o XVII Karmapa voltou, em 1992.

Em 1999, Sua Santidade o Karmapa fez outra viagem a Pequim a convite do governo e de autoridades religiosas chinesas. Durante essa visita, atraiu muita atenção dos meios de comunicação, e a televisão chinesa transmitiu um programa especial sobre sua vida e suas atividades. No final do ano 2000, diante da proibição e das restrições do governo chinês ao livre encontro com seus lamas e ao desenvolvimento de sua atividade em prol do dharma e de todos os seres, Sua Santidade fez nova viagem, desta vez cheia de perigos. Em 28 de dezembro, o jovem Karmapa, então com 16 anos, decidiu abandonar o monastério de Tsurphu acompanhado de alguns poucos e confiáveis atendentes – deixou o Tibete em segredo, ante a perspectiva concreta de que naquelas condições nunca poderia cumprir seu destino. Chegou são e salvo a Dharamsala, na Índia, em 15 de janeiro, onde foi prontamente recebido por Sua Santidade o Dalai Lama. Desde então, Sua Santidade Karmapa reside temporariamente no templo de Gyuto Ramoche, próximo a Dharamsala, onde deu sequência a seus estudos de filosofia budista e recebeu todas as instruções, transmissões e iniciações das práticas do Vajrayana.

Desde sua chegada, Sua Santidade já recebeu milhares de visitantes de todo o mundo, de líderes religiosos e políticos, de artistas, a pessoas de todas as condições, budistas e não budistas. Toda semana Sua Santidade concede audiências públicas e privadas e, às vezes, dá iniciações públicas. Desde que chegou a Dharamsala, criou-se um forte vínculo entre o Karmapa e Sua Santidade o Dalai Lama, que publicamente o encarregou de continuar seu trabalho. O Karmapa também escreve poesias que os eruditos classificam como extremamente sofisticadas e refinadas para alguém de sua idade. O Instituto Tibetano de Artes Interpretativas[62] (TIPA, na sigla em inglês), reconhecido internacionalmente, musicou vários de seus poemas e registrou as canções sob o título de *Melodias da Verdade*.

Na primavera de 2002, a *Time Asian Magazine* elegeu Sua Santidade como um dos heróis asiáticos, honra que a revista concede a "pessoas que inspiram por sua valentia". Foi chamado de herói do Tibete, "cuja ousada fuga do Tibete, ocupado pela China, manteve viva a esperança dos tibetanos"[63]. Viajou pela primeira vez ao Ocidente em 2008, em um maravilhoso giro pela América do Norte. Nunca tive dúvida de que Orgyen Trinle Dorje é o Karmapa, o Buda da Compaixão em pessoa – tão logo soube de seu descobrimento, tive certeza de que era ele. Internacionalmente Orgyen Trinle Dorje é reconhecido como o verdadeiro e único Karmapa, porque sempre houve um único Karmapa em nossa tradição, que pode emanar em diferentes partes do mundo, inclusive em outros mundos, mas aquele que porta o nome de Karmapa é um só.

Graças à relação com Bokar Rinpoche, pudemos conhecê-lo poucos meses depois que havia escapado do Tibete, e sempre nos recebeu com grande cordialidade e carinho. Recordo que, em um de nossos encontros, disse-me pessoalmente que visitaria a Argentina em 2010, junto com a Europa. Infelizmente, sem que saiba os motivos reais, está impossibilitado de sair da Índia, devido a problemas diplomáticos. Mas, como diz o Dalai Lama, "onde há um grande dharma, sempre há um grande mara".

Não sei por que, sempre tive o bom *karma* e a sorte de encontrar-me com lamas excepcionais, como Bokar Rinpoche e o próprio Dalai Lama, que tiveram a maior deferência ao receber um desconhecido do outro lado do mundo, demontraram grande afeto e me dedicaram horas de conversa e troca de opiniões.

**_Como é um casamento como o seu, em que marido e mulher são lamas?_**

É algo muito agradável, uma vez que temos um objetivo comum que transcende o meramente mundano ou social. Ainda que tenhamos diferenças de opinião, até quando fazemos os programas de estudo, o objetivo comum que perseguimos é o que conta. Por outro lado, o caminho espiritual é muito solitário, lama Rinchen é minha companheira espiritual, falamos um idioma similar, por mais que tenhamos nossas próprias opiniões. No momento de nossas práticas, fazemos tudo separados mas, ao mesmo tempo, significa

62 Tibetan Institute of Performing Arts – TIPA: http://bit.ly/kGqU9c.

63 A íntegra da matéria publicada pela *Time Asian Magazine* está disponível em http://ti.me/ljZzDx.

que estamos nos dedicando à mesma coisa. Talvez, se fosse apenas um de nós a se dedicar às práticas, se não houvesse esta comunhão, isso poderia causar certo desconforto ao outro, e levar ao desânimo. Penso que é muito positivo seguirmos juntos no aprendizado do caminho do dharma e em nossa união há algo mais forte que a pura atração, que é o ideal comum.

**Abril, 2010**

## Marisa Escasany

Buenos Aires

Arquiteta, empresária e produtora de programas de TV de conteúdo cultural e espiritual. Estudou arte, desenho, literatura e línguas em Florença, na Itália, onde residiu durante um ano. Realizou estudos de física na Faculdade de Ciências Exatas da Universidade de Buenos Aires, onde também se graduou em Arquitetura. É responsável por várias edificações tanto em seu país quanto no exterior. Em 1994 criou o Holograma, um programa de televisão dedicado a difundir e compartilhar com o público o pensamento de vanguarda. O programa foi ao ar durante mais de dez anos consecutivos, com transmissão para toda a América Latina de fala hispânica. Durante esse tempo, realizou inúmeras entrevistas com destacados cientistas e líderes espirituais, incluindo vários ganhadores de prêmios Nobel, e organizou conferências e debates na Argentina com personalidades de vanguarda. Holograma foi declarado de interesse legislativo, cultural e educativo pelo Senado argentino e indicado três vezes ao prêmio Martín Fierro, como melhor programa cultural.

"Meus vínculos com o pensamento budista e o Tibete nascem, em realidade, de um profundo interesse pessoal pelos ensinamentos da filosofia budista como uma valiosa ferramenta para compreender o mundo em que vivemos, nosso lugar nele e como evoluir como indivíduos. Por ter realizado no *Holograma* vários programas sobre o pensamento de Sua Santidade o Dalai Lama, surgiu minha conexão e vínculo com o escritório de Sua Santidade em Nova York e com o Sr. Tsewang Phuntso, em particular, representante do Dalai Lama para a América Latina."

***Aloma Sellanes Zibechi - Por que decidiu fazer um ciclo sobre o Dalai Lama em seu programa de TV?***

**Marisa Escasany** - Considero Sua Santidade o Dalai Lama uma das personalidades significativas do século XX e, até agora, do XXI. Seu pensamento e sua dimensão são um exemplo para a humanidade. Sua mensagem está impregnada de todos os mais altos valores humanos: bondade, compaixão, amor ao próximo. As primeiras aparições de Sua Santidade no *Holograma* remontam a 1994, quando transmitimos a série *Arte, Ciência e Espiritualidade em uma Economia em Transformação*, um simpósio realizado em Amsterdã, em 1991, do qual participaram cientistas, artistas, economistas e líderes espirituais, destacando a presença de Sua Santidade, no primeiro dos painéis, junto ao físico quântico e filósofo David Bohm e o artista Robert Rauschemberg.

Em 1996, transmitimos a série *Transformações*, em que um importante grupo de filósofos, cientistas e líderes espirituais falavam sobre as grandes transformações que vêm acontecendo no mundo, principalmente a busca de renovados impulsos espirituais. Também nesta série destaca-se em especial a intervenção de Sua Santidade. Posteriormente fizemos um programa especial do *Holograma* sobre sua figura e pensamento, destacando os aspectos fundamentais de suas ideias, sua luta pela paz e crescente influência no Ocidente. Esta produção foi uma importante síntese informativa, através da qual o público tomou contato mais profundo com os principais aspectos da vida e obra de Sua Santidade o Dalai Lama.

A transcendência de sua personalidade fez com que *Holograma* lhe dedicasse um ciclo completo, a ele e ao Tibete, o que determinou a produção de uma programação especial durante dois meses e que representou uma divulgação sem precedentes sobre seu pensamento. O primeiro capítulo deste ciclo corresponde à obra *Coração do Tibete*, um retrato íntimo de Sua Santidade. Este programa revela como um homem simples e alegre passa de ideias de grande complexidade a temas sensíveis.

O que despertou maior interesse do público foram as imagens do Tibete obtidas secretamente, que mostram a brutal repressão de civis e monges desarmados nas ruas de Lhasa, nas mãos das tropas chinesas. Este ciclo incluiu também a conferência *Ressurgir das cinzas – Como superar a ira através da paciência*, realizada na cidade de Tucson, Arizona, Estados Unidos, que alcançou uma audiência amplamente satisfatória, além de vários comentários reiterando que se tratava do primeiro contato profundo com os ensinamentos de Sua Santidade o Dalai Lama.

Depois, transmitimos a conferência *As Quatro Nobre Verdades*, filmada em Londres, Inglaterra, no Barbican Hall, que mostra Sua Santidade no transcurso de dois memoráveis dias, em que apresenta uma grande parte dos ensinamentos budistas. Este evento é histórico, já que foi a primeira vez que Sua Santidade fez uma apresentação pública sobre estes ensinamentos no Ocidente. As transmissões desse ciclo dedicado ao Tibete se completaram com uma extensa análise do *Bardo Thodol* (*O Livro Tibetano dos Mortos*), com uma introdução produzida por nós e dois capítulos filmados nos Himalaias por uma equipe de canadenses, franceses e japoneses. O ciclo durou oito semanas.

É importante destacar que o pensamento do Dalai Lama, em particular, e do budismo tibetano, em geral, ocuparam mais de 80 horas de televisão. Posteriormente, transmitimos também uma entrevista que realizei com o Dalai Lama quando visitou Buenos Aires. O encontro foi ao ar em toda a América Latina através do *Holograma*, com enorme repercussão do público, que apreciou enormemente os conceitos e ensinamentos dados por Sua Santidade, além da grande estima geral por sua calidez e proximidade como ser humano.

Também foi transmitido o documentário *O Espírito do Tibete*, digirido por Matthieu Ricard, um olhar íntimo sobre a vida e o mundo de um dos mais reverenciados professores do século XX: Dilgo Khyentse Rinpoche, escritor, poeta e professor de meditação, que foi também professor de Sua Santidade.

***Dentro do ciclo que* Holograma *dedicou ao líder tibetano, quais foram os temas que mais comoveram a audiência?***

Na realidade, todos os programas que foram ao ar tiveram altos índices de audiência. O público televisivo está muito interessado na figura de Sua Santidade, em seu pensamento e na situação do Tibete. Todos os programas transmitidos foram muito apreciados. Provavelmente o tema que despertou maior interesse no público foi a transmissão do documentário *Ressurgir das Cinzas* que, como disse, trouxe a conferência de Sua Santidade a cinco mil pessoas em Tucson, no Arizona, sobre a superação da ira através da paciência. Ali registramos este importante ensinamento, inteiramente expressado nas palavras do próprio Dalai Lama. "O verdadeiro objetivo de nossa vida", afirma Sua Santidade, "é a felicidade".

O documentário fala de desejo positivo e negativo e sobre como, através da aprendizagem, podemos reduzir a raiva e o ódio e aumentar o amor e o perdão. Também se refere às emoções negativas que causam danos não só aos indivíduos, mas também à sociedade e ao futuro do planeta, sobre a possibilidade de mudar e se transformar, e a necessidade de que o indivíduo mude primeiro, para que possa mudar a sociedade. Também nesse documentário, o Dalai Lama ensina diversos métodos para manter a calma mental e nos diz como ele mesmo consegue isso em difíceis circunstâncias.

***A poucos meses da quarta visita de Sua Santidade à Argentina, acredita que, nas oportunidades anteriores, os meios de comunicação aproveitaram devidamente sua presença, no sentido de tornar totalmente conhecido seu pensamento?***

Alegra-me muito que Sua Santidade volte à Argentina, é uma honra para todos nós contar novamente com sua presença aqui no país. Em relação às visitas anteriores de Sua Santidade e sua presença nos meios de comunicação, creio que provavelmente poderia ter-se aproveitado melhor sua exposição na mídia se lhe tivessem permitido difundir mais sua mensagem, falar mais sobre o pensamento budista, a situação no Tibete e outros temas de interesse geral para as pessoas, em vez de ter usado esse tempo muitas vezes com comparações ou aspectos formais.

***Qual aspecto do pensamento do Dalai Lama que mais a impactou no ciclo realizado pelo* Holograma?**

O que mais me impacta em Sua Santidade o Dalai Lama como ser humano é sua enorme generosidade e compaixão ao escolher renascer entre nós para ajudar-nos a evoluir como seres humanos espirituais. Também me impacta o modo como – em situações extremas para ele e para seu povo, e apesar das graves agressões sofridas – se manteve incólume na aplicação de seu princípio de não-violência. Dentro do que pude apreender e compreender, prezo a totalidade de seu pensamento. Aprecio sua atitude reflexiva, sua vontade de transmitir conhecimento, sua simplicidade e proximidade com todos, sem distinção de raça, credo ou religião.

***O Dalai Lama é também um autor profícuo. Se tivesse de recomendar um livro escrito por ele, qual seria?***

Em sua enorme generosidade em transmitir conhecimento, Sua Santidade escreveu muitos livros, todos interessantes, instrutivos e escritos com a maior simplicidade, para que as pessoas possam compreender perfeitamente. Ele tem, sem dúvida, uma grande capacidade de colocar em termos cotidianos um conjunto de ensinamentos que, normalmente, são reconhecidos como complexos, e de oferecer conhecimentos práticos para melhorar as condições de vida das pessoas.

Quaisquer dos livros escritos por Sua Santidade são muito valiosos e todos recomendáveis. Como em toda indicação de leitura, depende da pessoa que vai ler e do momento em que se encontra. Dito isto, os livros que sugeriria são: *A arte da felicidade, Un buen corazón es la mejor religión*[64] e, para meditar, recomendaria *Os estágios da meditação*[65].

### *O que representou para a Sra. ter estado em Dharamsala?*

Por causa do projeto do documentário sobre vida, obra e ensinamentos do Dalai Lama, fui convidada por Sua Santidade para ir à Índia pois, sabedor do tipo de pensamento e temática do meu programa, queria que estivesse presente a uma conferência que ele realiza periodicamente em sua casa em Dharamsala, intitulada *Mind and Life* (mente e vida), na qual cientistas ocidentais se reúnem com os lamas e líderes espirituais para compartilhar e debater os avanços sobre o estudo da mente.

Estar em Dharamsala foi uma experiência única e interessantíssima. Minha estada lá, sob a orientação e com o apoio do Sr. Tsewang Phuntso, foi muito instrutiva e enriquecedora. Assistimos vários rituais, visitamos diversos monastérios, o centro de saúde, o centro educacional, o museu, a biblioteca e os arquivos de imagens sobre o Tibete e sua história. Participamos também da conferência do *Mind and Life Institute*. Foram feitas entrevistas preciosíssimas. Primeiro, com Sua Santidade o Dalai Lama, em sua residência particular. Depois, com o primeiro-ministro do governo tibetano no exílio, o professor Samdhong Rinpoche; com um dos assessores espirituais de Sua Santidade, o venerável Geshe Lhakdor; com a irmã do Dalai Lama, a Sra. Jetsun Pema, que organizou o centro educacional; com Dr. Pema Dorjee, que dirige o centro de saúde, e com Matthieu Ricard, cientista ocidental que escolheu ser monge budista.

Dharamsala mostra, sobretudo, como Sua Santidade o Dalai Lama teve de organizar um sistema de vida, um lar, sistemas de educação e de saúde e acolhimento afetivo para todos e cada um dos membros de seu povo que chegavam até ali, o exílio, fugindo da brutal repressão que sofriam no Tibete. São também grandes e constantes os esforços e o trabalho realizados naquele lugar para manter e preservar a cultura tibetana e seu conhecimento espiritual, com o objetivo de conservar este baluarte através do tempo e poder preservá-lo como um valioso legado para toda a humanidade.

**Março, 2011**

64 Lama, Dalai. *Un buen corazón es la mejor religión*. Buenos Aires: Troquel, 1995.

65 Lama, Dalai: *Stages of meditation*. New York: Snow Lion Publication, 2003. Edição brasileira: *Os estágios da meditação*. São Paulo: Rocco, 2001.

## Miguel Grinberg

Buenos Aires, 1937

Jornalista, poeta e escritor da chamada geração 60 de seu país. Bacharel em Sistemas pela Universidade de Nova York, teve como mentor o futurista John McHale. Em 1962, fundou a Nueva Solidariedad, uma associação de poetas de toda a América. Publicou as revistas Eco Contemporáneo e Mutantia, fundou redes ecológicas em várias latitudes, desenvolveu o conceito de multiversidade. Criou a dinâmica meditativa Holodinâmica e, somando traduções, edições e obras pessoais, publicou mais de 50 livros. Traduziu Thomas Merton, Mahatma Gandhi, o Dalai Lama, Jalaluddin Rumi, Padmasambhava, Joseph Campbell, Mestre Eckhart, William Blake, entre outros. Sua obras mais recentes são *Cómo vino a la mano*, *El poder de la oración*, *Celebración de la vida intensa*, *Desarrollo intuitivo*, *Somos la gente que estábamos esperando*, *Ternura: deleite supremo* e *Poesía y libertad*.

"Surgi na vida cultural da Argentina entre fins dos anos 1950 e início dos 1960, quando levei a questão do Tibete invadido a um dos cafés literários que frequentava. Era uma época muito politizada, de grandes turbulências nacionais. No âmbito internacional, dois temas políticos eram frequentes: a guerra da Argélia e a revolução cubana. Entretanto 1959 foi um ano muito peculiar não apenas por causa da revolução cubana, mas também por conta do recrudescimento da ocupação chinesa do Tibete. Entre os jovens intelectuais, a recepção ao tema tibetano não foi auspiciosa, porque era visto como muito distante e desconhecido. Além disso, não havia fontes de informação suficientes. Isso me inquietou, sobretudo por causa do meu espírito libertário, porque já então pretendia me tornar uma referência no jornalismo e, como jornalista, deveria saber o que o que era e onde ficava esse mundo.

Nessa mesma época, comecei uma correspondência amistosa com o poeta norte-americano Allen Ginsberg por afinidade poética e de geração e, afinal, porque nós da América do Sul e eles, lá nos Estados Unidos, desembocamos no que depois passou a chamar-se contracultura. Na época, ele se sentia completamente atraído pelo hinduísmo e obsecado pela Índia, para onde viajou e onde viveu durante algum tempo –

sobretudo depois da morte de seu amigo e companheiro de geração, o escritor Jack Kerouac –, posteriormente, estabeleceu relações com Chögyam Trungpa Rinpoche, lama tibetano que emigrou no grande êxodo do Dalai Lama. Trungpa aportou, inicialmente, na Grã-Bretanha, onde descobriu a ausência de uma ponte entra a tradição britânica e a tibetana. Por isso e para chegar ao seu público, fez cursos de religiões comparadas, e depois se radicou nos Estados Unidos, na cidade de Boulder, no Colorado, que tem a particularidade de estar rodeada pelas montanhas Rochosas – não são os Himalaias, mas têm fortes reminiscências montanhosas: por alguma razão, nas encostas destas montanhas vive grande parte da comunidade tibetana dos Estados Unidos.

Trungpa fundou o instituto Naropa, com propósito duplo: um laico, como centro de estudos, que convidava pessoas de vanguarda para ensinar não só religiões comparadas, mas também antropologia, sociologia e cultura geral; e outro devocional, o *Vajradhatu*, ligado aos monges e a um templo. Meu amigo Ginsberg foi quem possibilitou meu primeiro contato sem reservas com o tibetano, já que um sino já tocava em minha alma, mas nunca havia tido acesso a ele. Trungpa, que era uma pessoa polêmica mas bastante flexível e inspirada, aceitou a proposta de abrir uma escola de poética, chamada Escola de Poética Desencarnada Jack Kerouac, em homenagem ao escritor falecido em 1969.

Ocasionalmente visitava Ginsberg. Certo dia, falei-lhe de minhas inquietações espirituais e da busca infrutífera por uma prática meditativa que me satisfizesse. Ele me disse que fosse, no dia seguinte, ao instituto Naropa e perguntasse por uma senhora, cujo nome não gravei. Esta senhora foi quem me iniciou nas técnicas tibetanas de meditação. Obviamente também participei de outras atividades do instituto, não as devocionais, mas as culturais, a ponto de, com o passar dos anos, tornar-me professor em um curso de verão da escola de poética, em 1990. Mantive relação muito próxima com o Naropa, e mais ainda com a editora que fundaram, Shambhala, que foi a editora de Ken Wilber entre outros. O espectro temático da editora Shambhala é bastante amplo, seu catálogo é impressionante, e muitos dos materiais que adquiri para preparar meu livro sobre Padmasambhava e avançar em meus estudos são edições deles.

Tudo isto me inseriu num marco de referência, no qual minha intuitiva vocação para a não-violência, o desejo de incorporar a prática da meditação à minha vida cotidiana e a própria problemática do Tibete foram satisfeitos pelo contato com uma comunidade engajada que foi, ao mesmo tempo, fonte de sabedoria. Foi assim que indubitavelmente na primeira etapa li todos os livros de Chögyam Trungpa, mas acabei desembocando no "chefe", que é o Dalai Lama. Tive, então, a possibilidade de ser testemunha de sua presença, por causa da minha militância ecológica, na conferência ECO 92, no Rio de Janeiro. Para mim foi crucial a noite de vigília ecumênica, quando vi o abraço do

Dalai Lama no monsenhor Dom Hélder Câmara, além de testemunhar todo o contexto espiritual que havia nesse momento específico da ECO 92, ao mesmo tempo em que, nas reuniões políticas, só se ouviam discursos ocos e abstratos.

Tudo isso produziu em mim um imenso impacto motivacional para buscar uma oportunidade de escrever um livro que divulgasse o pensamento do Dalai Lama. De certa forma, foi uma resposta ao desprezo dos grupos ultracatólicos de Buenos Aires que fizeram com ele uma reunião ecumênica na Catedral Metropolitana, o que me causou profundo mal-estar, pois pareceu injusta, leviana e anômala, em sua acepção mais exata. Eu já vinha desenvolvendo minha prática meditativa, e a levei como uma atividade paralela à de escritor e jornalista, porque cinco anos depois – lapso de tempo calculado por minha mestra do Instituto Naropa – me senti habilitado a compartilhar a prática de meditação tibetana, não como uma dinâmica de iniciação ou ritualismo, mas simplesmente transmitir o que havia aprendido e orientar as pessoas que estivessem verdadeiramente interessadas. Além disso, fiz uma cópia do livro *Meditação em Ação*, de Chögyam Trungpa, e passei a presentear cada participante, o que continuo fazendo. Assim, no melhor estilo panfletário, trabalho disseminando as técnicas tibetanas de meditação desde 1981, num sentido vital e cotidiano.

Em nossos países, quando se fala de espiritualidade, o instinto anticlerical dos sulamericanos faz com que, imediatamente, se pense na igreja católica e haja um rechaço automático a tudo o que soe como misticismo, ou ao uso da palavra divino ou sagrado, termos bastante comuns no Oriente, já que as pessoas nascem imersas em uma cultura mística, coisa que por aqui não é frequente, ou não era. Agora a situação mudou muito, e depois do surgimento da *New Age*, as livrarias têm seções de orientalismo, esoterismo, autoajuda. O que mais me atraiu no budismo tibetano foi, primeiro, a declaração do Dalai Lama quanto a não crer que tenhamos de ir em direção a uma religião única universal, mas que a diversidade é importante, e que todas as religiões existentes são caminhos de acesso ao mesmo significado supremo, o que basicamente abrange o que chamamos verdade e o que podemos aspirar como significado da vida.

Olhando-me em retrospectiva, houve algo que me atraiu na iniciação que tive no Instituto Naropa, além do contexto laico, que foi, para mim, fundamental: na iniciação com as técnicas de respiração e concentração podia recorrer a imagens mentais que me inspiravam, como a do Buda. Sabia que, com isso, não iria caminhar sobre as águas, nem curar os doentes de lepra, mas o sinal que percebi ali e me seduziu completamente foi poder estabelecer uma excelente relação amistosa com quem realmente sou. Apoiei-me nisso e no pacotinho de livros de Trungpa, que não são exemplares de doutrina, mas enfatizam o próprio esforço. Não se trata da vinda de um santo, ou da encarnação de

Deus ou do avatar que serve o prato de sopa mágica ou misteriosa para que alguém se eleve, se ilumine e alcance a trancendência infinita.

Com o tempo, além de absorver os estudos de budismo tibetano, fui acompanhando a problemática política da região. Agora, de vez em quando, entro em blogs de temas políticos, onde posto 'pílulas' sobre a situação ou, geralmente, fragmentos de livros do Dalai Lama que vão sendo traduzidos. Faço isso a título pessoal, como uma contribuição ao esclarecimento, já que não sou membro de nenhuma organização budista ou tibetana. Estou convencido da possibilidade de se criar uma massa crítica em relação ao Tibete, sem exércitos nem violência, mas algo inscrito em uma realidade geopolítica. A problemática do Tibete está relacionada a libertação nacional, dentro do que tradicionalmente se entende por libertação nacional: de um lado, um poder dominador, invasor e, de outro, a necessidade de preservar uma cultura e uma tradição. De todo modo, a mim interessa prioritariamente o trabalho espiritual, em especial porque estamos imersos em um processo evolutivo. Não se trata de uma reivindicação geográfica territorial e, com isso, os tibetanos ficariam satisfeitos, porque eles têm outra missão na vida: colocar a transcendência da vida no contexto cotidiano, e sou absolutamente solidário a isso. Toda a questão da transcendência cósmica e o privilégio de sermos humanos enfatizado pelo budismo, e pelo tibetano ainda mais, como possibilidade de experimentar a iluminação e a liberação, é um presente do universo, presente este que procuro aproveitar e compartilhar ao ensinar as técnicas meditativas que aprendi no Naropa.

Destaco os três pontos que são a razão de ser tibetana: a bondade amorosa para com todos os seres, não como palavra de ordem, mas como posição cognitiva e exercício cotidiano, o que o Dalai Lama chama de compaixão, não no sentido de pena e, sim, como paixão compartilhada. Depois, algo que pratiquei por toda a vida: a não-violência, uma vez que, além dos livros que escrevi sobre o Dalai Lama, publiquei cinco sobre Mahatma Gandhi e estive por um momento muito próximo do monge norte-americano Thomas Merton, que era totalmente solidário a ela. Sinto-me parte de uma tradição espiritual nesta parte do mundo que se chama Ocidente. E, consequentemente, o terceiro ponto: a energia que permeia tudo isso, que é um impulso de paz e tolerância em um mundo que não é pacífico e é pateticamente intolerante – o Tibete invadido por outra cultura é um enorme desafio às consciências democráticas.

Não imaginei que, com os anos, acabaria em um painel, na cidade de Buenos Aires, em que estaria com o Dalai Lama debatendo a questão da espiritualidade e da saúde, temas com que trabalho habitualmente e pelos quais tive alguns reconhecimentos como indivíduo que atua com responsabilidade neste campo. Talvez, de repente, esta entrevista tenha me dado um clique: por que o universo me presenteia com esta entrevista? Por que me apresenta o desafio de explicar, em um livro, por que, vivendo na América do Sul, filho de imigrantes judeus europeus, estou interessado em budismo tibetano? Interessa-me o budismo tibetano porque considero a necessidade de contribuir para tornar pública esta questão que nos ocupa, de acordo com minha natureza de comunicador social.

Sinto que o Dalai Lama, pessoalmente, e o atual drama tibetano estão colocando à humanidade e à classe política internacional um desafio ético sem precedentes, no sentido de que não promovem o terrorismo suicida, forma de protesto em alguns territórios ocupados hoje em dia, nem promovem sabotagem, porque estariam sabotando a si mesmos – trabalham pela recuperação do próprio país, fato pelo qual o Dalai Lama passa mais tempo no exterior do que na Índia. Este é um desafio para a humanidade, e me alegra que possamos falar disso, abrindo caminhos para que esta questão seja difundida em nossa região porque, para muita gente, ainda continua a ser um fenômeno alheio e distante."

***Aloma Sellanes Zibechi - Como pessoa ligada diretamente ao tema ecológico, qual a sua perspectiva do que acontece com o ecossistema tibetano?***

**Miguel Grinberg** - A região onde fica o Tibete tem grande importância planetária, seja do ponto de vista das energias sagradas – que experimentam a infelicidade de um suposto "progresso" levado pela ocupação chinesa –, seja pela dupla violação do equilíbrio natural. De um lado, converter o Tibete em um depósito de resíduos tóxicos – que não significa apenas a contaminação de um determinado lugar, mas a indefectível dispersão dos elementos naturais pelo ar e pela água e a consequente contaminação do solo. De outro, a exploração dos recursos minerais, que significa primordialmente a destruição da paisagem e, em segunda instância, a liberação de uma quantidade de elementos tóxicos e venenosos que afetam as pessoas da região, a flora, a fauna e todos os elementos que sustentam a vida em cada uma de suas manifestações.

Não tenho elementos detalhados sobre o impacto ecológico da ocupação chinesa, mas estou plenamente consciente de que um dos reservatórios históricos e naturais de genuína potencialidade vital está sendo atropelado. Quanto aos rios que nascem no planalto tibetano e alimentam quase metade da população mundial, por exemplo, os chineses demonstraram que, depois da construção da monumental represa de Três Gargantas, irão represar tudo o que puderem. E, de algum modo, estão fazendo algo pior, com a redução da presença tibetana através do traslado maciço de chineses han, que vão convertendo os tibetanos em minoria para neutralizar sua realidade cotidiana. Isto também é genocídio, genocídio cultural, é uma maneira de neutralizar ou de fazer desaparecer etnias e sabedorias ancestrais.

*O que é necessário para encontrar uma solução para o conflito?*

Creio que o caminho apontado pelo Dalai Lama é o único viável: não buscar o confronto, reivindicar o respeito à integridade histórica e cultural da nação tibetana e o fim de todo tipo de depredação, ecológica, econômica e social. Considerando que os chineses acreditam no que dizem os historiadores atuais – que em 2050 serão uma potência mundial –, desgraçadamente estão fazendo tudo o que fizeram todas as potências mundiais desde os gregos e romanos, seguidos pelos britânicos e franceses. Aparentemente esta é uma demanda desigual, mas não creio que isto possa se manter com o mesmo grau de impunidade atual, mesmo que todo mundo queira ser amigo da China. Da China depende o equilíbrio do dólar, todas as corporações transnacionais usam a mão de obra barata da China, todas as grandes marcas da Europa e dos Estados Unidos são montadas lá. Não há dúvidas de que o mundo caminha na direção do apocalipse ecológico e temos alguns poucos alertas que nos previnem do perigo – uma das poucas luzes dispersas pelo planeta é o Dalai Lama, mas sua mensagem permanece circunscrita pela imprensa internacional ao terreno do exótico. Mas não é exótico, é o futuro de todos nós.

***Qual foi a sua motivação ao escrever* El poder de la compasión *e* Credo tibetano del morir y del renacer?**

Quando o Dalai Lama visitou Buenos Aires pela segunda vez, quis dar minha contribuição, e como estava vinculado à editora Longseller, que tinha uma coleção de clássicos de bolso, propus uma série de livros de autores que, pessoalmente, considerava interessante divulgar no campo da não-violência. Os três autores que propus foram aprovados: Mahatma Gandhi, Thomas Merton e Dalai Lama. E foi assim que escrevi *Poder de la compasión*, fazendo uma seleção do que o Dalai Lama havia dito ou escrito sobre o tema. Mas ainda me sentia insatisfeito, porque achei que haveria algo mais a fazer. Como leitor do grandioso *Livro Tibetano dos Mortos*, me incomodava muito que, em qualquer das traduções que conhecia – duas em espanhol e duas em inglês –, as versões eram assinadas pelos tradutores, e nenhuma mencionava Padmasambhava, que é o autor.

Foi quando encontrei um livro, da editora Shambhala, do maior especialista ocidental sobre o Tibete, Robert Thurman, e pensei em fazer uma edição poetizada do *Livro Tibetano dos Mortos*, não com este título, mas trazendo para o castelhano os termos tradicionais que aparecem e, inclusive, traduzindo o nome das deidades, porque têm quinze sílabas e as pessoas não podem tratá-las com a mesma familiaridade com que tratam São Francisco de Assis ou Santo Agostinho. Tiv2e o prazer de reproduzir e comentar a bandeira tibetana ao final do livro. E entendi que seu título deveria ser *Credo tibetano del morir y del renacer*, porque o renascer se dá na medida em que toda energia depositada durante o lapso de uma vida continua brilhando, talvez como emanação, como sustenta Padmasambhava, em função de situações, pessoas e lugares que podem estar em um futuro distante.

Por exemplo, às vezes sinto a presença de meu pai, e de repente me olho no espelho e o vejo, e penso que acontecerá o mesmo com meus filhos. Sinto que o budismo tibetano ensina este tipo de transcendência cósmica, que é fundamental para que a vida neste planeta deixe de ser o supermercado que é hoje, e seja verdadeiramente um templo. Este livro canta o sagrado da existência, não para viver em outro mundo – no céu, na eternidade –, mas para encontrar a eternidade em cada segundo do dia.

**Abril, 2010**

## Tommy Heinrich

**Buenos Aires, 1962**

Engenheiro agrônomo, montanhista e fotógrafo. Viveu nos Estados Unidos, a partir de onde viajou por todo o mundo, unindo montanhismo com fotografia. Suas fotos foram publicadas em muitas revistas e catálogos dos Estados Unidos, Europa e Argentina. Foi contratado pelas redes CBS, Discovery, CNN, Dish Network, canais 4 da Suécia e 13 da Argentina, para realizar documentários sobre expedições ao monte Everest, entre outros. Fotografou para a National Geographic o monte Nanga Parbat, no Paquistão. Foi o primeiro argentino a alcançar o pico do Everest. Foi condecorado pela República Argentina com o grau de comendador, recebendo a Orden a los Servicios Dintinguidos en el Mérito Civil e o Condor Dorado Honoris Causa. Atualmente é convidado para conferências em corporações nacionais e internacionais. Vive hoje em Buenos Aires com sua esposa Victoria e seu filho Liam.

"Meu vínculo com o Tibete nasceu no monte Everest. Em 1993, fui ao Nepal pela primeira vez para escalar o monte Cholatse, na região do Everest, e honestamente não conhecia muito sobre a situação tibetana, nem prestei muita atenção. Voltei ao Everest em 1995, fiquei três meses e, desde o início, encontrava tibetanos em Katmandu, sobretudo na montanha. Foi quando comecei a aprender mais sobre a situação em si. Três anos mais tarde, em 1998, ao voltar ao Everest, conheci Lhawang Dhondup, um tibetano que havia sido contratado para nos ajudar na organização da subida. Tornamo-nos amigos – ele vivia em São Francisco, nos Estados Unidos, onde eu também morava na época e, além de estarmos juntos na montanha, éramos praticamente vizinhos, o que contribuiu para fortalecer nossa amizade. Através de Lhawang e seus amigos, me inteirava cada vez mais sobre a situação dos tibetanos. Em 2002, fiquei seis meses no Nepal e fui convidado por um grupo de sherpas[66] para assistir ao *Kalachackra* em Bodhgaya[67], na Índia, onde passei um mês inteiro com eles, e me aprofundei na situação tibetana."

66 Sherpa, do sânscrito, povo do Leste. Habitantes dos Himalaias, famosos por servir como guias aos expedicionários.

67 Bodhgaya: cidade da Índia onde, segundo a tradição budista, Siddharta Gautama atingiu a iluminação.

***Aloma Sellanes Zibechi - Como é escalar a montanha mais alta do mundo?***

**Tommy Heinrich** - É um desafio interessante, foi um sonho que acalentei durante anos, muito além de simplesmente chegar ao topo. Era um objetivo pessoal, não tão importante por ser a montanha mais alta do mundo, mas eu queria e precisava subir além de oito mil metros, e todos os montes assim estão nos Himalaias. Foi muito diferente do que imaginei: fui ao monte Everest para escalá-lo e acabei conhecendo mais sobre as pessoas, sua cultura e também sobre mim mesmo, como acontece cada vez que subo uma montanha, mas creio que ali aprendi muito mais do ponto de vista humano e cultural.

***Como é a atitude de um tibetano no momento de escalar o Everest, já que é uma montanha sagrada para eles?***

Sempre se faz uma *puja*[68] antes de subir a montanha e cerimônias antes de escalar qualquer outra, não apenas o Everest. Lhawang contou que cada vez que sobem qualquer montanha, fazem *pujas* e suas orações diárias, inclusive durante o dia. Ele levava sempre seu livro e, a qualquer momento, sentava-se para ler e pedir permissão à montanha para ingressar em seu reino. Creio que isto é o que mais mudou em minha forma de ver o montanhismo – no Ocidente, não pedíamos permissão às montanhas, e quando ocorria era como uma brincadeira: ao nos aproximarmos da montanha, dizíamos: "Montanha, não viemos conquistá-la, mas queremos que nos revele seus segredos".

Fui conhecendo Lhawang e os sherpas, que são budistas tibetanos, e realmente incorporei esta crença de forma genuína, verdadeira. Eu também precisava da *puja*, e quando vou a outras montanhas sempre levo minhas bandeiras de orações e já não subo sem pedir- lhes permissão. Isso surge a partir desta crença que tem muito sentido não só para mim, mas também para aqueles que vivem nas montanhas. Quando se começa a viver o que se vive lá, a viver as montanhas, é inevitável se aproximar mais de Deus ou das crenças que as pessoas têm, em especial os budistas. Vê-se que rezam permanentemente enquanto escalam a montanha, e se estão em área de risco, se escuta o *Om Mani Padme Hum*[69] todo o tempo. Próximo a eles, se ouve o murmúrio constante da oração.

O que vi de mais notável entre os tibetanos é sua atitude totalmente afetuosa para com os outros, não percebi violência neles. Na verdade, acho que por isso foi tão fácil para os chineses conquistar o Tibete - os tibetanos não são agressivos. Fisicamente, por terem nascido em áreas altas, estão fisiologicamente adaptados à falta de oxigênio, e é muito mais fácil chegar a grandes altitudes. Para Lhawang e outros tibetanos com quem

68 Puja, do sânscrito, cerimônia de oferenda.

69 Om Mani Padme Hum, em sânscrito, mantra sagrado dos tibetanos. Encarna a compaixão e a bênção de todos os budas e bodhisattvas, e invoca especialmente a bênção de Avalokiteshvara, o Buda da Compaixão. [N. da T.]

estive, é muito mais simples chegar ao topo do Everest do que para mim. Estas são razões importantes pelas quais chamo Lhawang cada vez que me contratam para levar pessoas de outros países ao Aconcágua[70]. Sempre vamos juntos, e Lhawang é basicamente a única pessoa com quem trabalho aqui na Argentina. É alguém em quem confio cegamente, sinto que há poucas pessoas com as quais posso compartilhar uma barraca durante 20 ou 40 dias, e nos darmos bem como acontece desde o primeiro dia.

Creio que isso tem a ver com a atitude dos tibetanos, com sua forma muito peculiar de ser. Além disso, ele tem uma capacidade física notável, consegue carregar bagagem pesada e, se necessário, até uma pessoa, em qualquer altitude. E o faz com total naturalidade, como se estivesse caminhando em uma cidade ao nível do mar. Sempre sorridente e de bom humor. Conhecer Lhawang me permitiu entrar em contato com a comunidade tibetana que vive em São Francisco e compartilhar muitas coisas boas com eles, que sempre me receberam muito bem e muito calorosamente. Uma coisa interessante para mim é que nunca jogo futebol a não ser com eles, e realmente sinto prazer, porque não ficam com raiva quando alguém faz algo errado, ao contrário, se divertem, não existe concorrência desenfreada. Apoiar uns aos outros é o que interessa.

***Entre as fotos que fez dos tibetanos qual delas gostaria de destacar?***

Há uma que, para mim, resume bem o que vivem os tibetanos. Fiz uma foto de Lhawang quando estávamos descendo o monte Dhaulagiri, no Nepal, bem próximo à fronteira tibetana. Estávamos em meio a uma tormenta de vento, com Lhawang correndo pela montanha, e creio que pode-se estabelecer um paralelo com o que vive o Tibete: está constantemente sob uma tormenta, onde não quer estar e, no entanto, continua correndo, segue lutando à sua maneira, pacificamente e com muito respeito. Foi assim que agimos nessa subida: a montanha ou o clima disseram que não, estivemos a 50 metros do pico, mas tivemos de retroceder. Essa foto foi feita logo que começamos a descer, quando as condições eram realmente terríveis. Há outra imagem, com a qual presenteei o Dalai Lama, que fiz a poucos metros do topo do monte Everest, único lugar do Tibete onde estive. Nela se vê o sol se levantando do lado tibetano, nuvens bem abaixo de nós e, mais distante, o impressionante planalto.

***E qual foto do Tibete gostaria de fazer?***

Das pessoas. Do exílio. De como vivem hoje no Tibete também. Queria ver isso

70 Monte Aconcágua, a maior montanha das Américas, a 6.962 metros acima do nível médio do mar, localiza-se em Mendoza, Argentina.

refletido em uma foto, a partir do olhar, do profundo. Tenho muitas fotos de tibetanos. Mas ainda não tenho essa imagem, que refletiria o que quero transmitir. Passei duas celebrações de ***losar***[71] em Katmandu e me envolvi muito com a comunidade tibetana, tenho muitas imagens, mas ainda falta essa. Um retrato de grande impacto que, com o olhar, transmita como vivem os tibetanos hoje.

Em 2001, tive uma experiência ao registrar determinados momentos com a câmera. Nos Estados Unidos, fui convidado por Gerry Laidlaw, fundadora da Green Tara Foundation[72], para fazer uma viagem com o objetivo de ajudar os anciãos tibetanos, aos quais a fundação se dedica. Fomos juntos a Pokhara e a Jampoling para ajudar na construção do asilo mantido por ela. Antes de regressar aos EUA, Gerry pediu-me que comprasse, com o dinheiro da fundação, algumas coisas que os anciãos estavam pedindo. Quando vi a lista, havia um televisor e um reprodutor de DVD, o que me pareceu bastante supérfluo, já que lhes faltavam outras coisas, como comida e roupas.

Transportamos o televisor e o DVD ***player*** de Katmandu a Pokhara e dali até o asilo – o que não foi fácil. Tivemos de subir e descer colinas, cruzar pontes bastante precárias, o que mobilizou três ou quatro pessoas durante várias horas. Quando chegamos e instalamos os equipamentos, fiquei extremamente comovido com o que vi, e entendi o motivo do pedido: sentaram-se todos para assistir aos ensinamentos do Dalai Lama. Ao observá-los, me dei conta de que era o melhor que podiam receber. Essas pessoas não podem caminhar ou não podem ir ver o Dalai Lama, e esta era a única maneira de estarem próximas dele. Os anciãos nunca tinham visto televisão, e foi muito comovente vê-los chorar enquanto viam e ouviam os ensinamentos do Dalai Lama. Fiquei com eles o resto do dia, observando-os, fazendo algumas fotos também, mas, principalmente, senti que era preciso guardar a câmera e viver aquele momento. Senti que havia dado um bom propósito a toda a viagem. Outro trabalho dessa fundação é o patrocínio dos estudos de crianças órfãs ou que tenham perdido um dos pais. Isso continua até agora e há mais de uma dúzia de crianças patrocinadas pela fundação, que nem é muito grande.

Depois disso, fui mergulhando cada vez mais na cultura tibetana. Não me considero budista. Como diz Lhawang, o budismo virou moda e, no Ocidente, muitas vezes é tido como algo que dá status, mas não tem validade. Não pretendo ser budista, mas trato de aprender com eles e creio que toda religião, toda filosofia ou crença tem aspectos positivos, com os quais podemos aprender. Basicamente minha aproximação com o budismo se deu por uma questão de amizade. Na Índia, durante o ***Kalachakra***, estive com Matthieu Ricard, um dos tradutores do Dalai Lama, com quem fui a uma grande

71 Losar, em tibetano, ano novo tibetano.

72 The Green Tara Foundation: http://bit.ly/jcZ9FO.

tenda onde eram exibidas centenas de imagens do que as pessoas estavam vivendo no Tibete, das torturas, do tratamento que recebem por parte dos chineses, o que dá outra perspectiva ao tema – dá-se conta da magnitude que tem, que não é uma mentira. Como fotógrafo, posso dizer que essas fotos foram feitas em película, não eram digitais nem alteradas, foram tiradas com câmeras não profissionais, eram cópias de má qualidade, testemunhos fidedignos e reais, cruéis. Foi então que a situação me angustiou ainda mais e senti a impotência diante da submissão das nações do mundo às pressões da China que, embora reais, não devem ter a importância que eles pretendem.

***Em 2008, a tocha olímpica chegou a Buenos Aires precedida de protestos em Londres, Paris e São Francisco contra a política de direitos humanos da China. Em Buenos Aires, as manifestações não foram tão expressivas, mas um dos fatos mais significativos foi o Sr. empunhar a bandeira tibetana e correr pelas ruas, mais de 100 metros, antes da chegada ao Clube Hípico. Por que fez isso?***

Fiquei muito irritado naquele momento. De repente, estava parado em um lugar onde não imaginei que poderia chegar, e creio que por causa da máquina fotográfica os policiais me confundiram com um jornalista, o que não era minha intenção. Antes disso, Lhawang havia me enviado um email de São Francisco, dizendo que tinha participado de uma manifestação dois ou três dias antes, na passagem da tocha por lá. Falou que a segurança tinha sido bastante rigorosa e soube por ele que ela passaria por Buenos Aires. No momento em que vi chegar a delegação com todas as bandeiras dos patrocinadores (entre elas a da Coca-Cola, que me chamou muita atenção) e a chinesa, pensei: falta uma bandeira, a tibetana. Fui impulsivo e, sem pensar, agarrei a bandeira tibetana e saí correndo, até que fui golpeado por um monte de policiais e fui cercado por chineses, que também vieram para cima de mim. Senti a agressão, não reagi e, quando percebi os golpes, protegi a câmera e a bandeira.

Fiquei detido por três horas em uma delegacia, e os policiais que ali estavam estranharam o motivo da minha detenção. Quando fui solto, recuperei também a bandeira. Para ser honesto, me senti bem correndo aqueles metros com a bandeira tibetana desfraldada. Fiz isso pela indignação diante da prepotência dos chineses que estavam reunidos para a chegada da tocha sabendo o que se passa a milhares de quilômetros de distância, com os tibetanos e seu país ocupado.

**Março, 2010**

# BRASIL

## Haroldo Castro

Roma, 1952

Fotógrafo, jornalista, produtor e diretor de documentários, e estrategista de comunicação. Fundador e presidente do Clube de Viajologia, que reconhece a viagem como uma escola dinâmica, em que o conhecimento é acumulado através do contato direto com outras culturas. Colabora com as revistas Época, Planeta, Terra da Gente e Galileu. Foi vice-presidente de comunicação da ONG Conservation International (Washington, EUA), onde trabalhou por 16 anos. Dirigiu cerca de 50 documentários voltados a gerar consciência sobre biodiversidade, e seus programas ganharam mais de 50 prêmios nos Estados Unidos, Europa e América Latina. Em 1999, criou um prêmio de reportagem sobre biodiversidade, para reconhecer os esforços dos profissionais de imprensa. Seu trabalho o levou a visitar e documentar mais de 150 países.

"Conheci o budismo tibetano há muitos anos, por volta de 1970, e sempre tive a imagem de que eram muitos os iniciados no Himalaia e que a cultura tibetana tinha a espiritualidade muito presente em seu cotidiano. Li um pouco, entre os anos 1970 e 1980, e morei nos Estados Unidos durante duas décadas. Trabalhei com comunicação ambiental para uma ONG que se dedicava à conservação da natureza e da biodiversidade, mas, como o meio americano, principalmente em Washington, é muito materialista, voltado à produção e aos resultados, no final de 2006 tomei a decisão de parar, e decidi fazer de 2007 um ano sabático.

Em 1974 ou 1975, viajei da França até a Índia, fiz reportagens, fotos (sempre presentes em minha vida), cheguei a ir ao Nepal, mas então era quase impossível passar para o Tibete. Ficou apenas o desejo em minha mente. Em 2007, quando decidi voltar ao jornalismo e à fotografia além de fazer um ano sabático, os dois primeiros países que decidir visitar foram o Tibete e a Mongólia. Por questões de agenda, fui antes à Mongólia, onde entrei em contato com o budismo tibetano, já que o país é intimamente ligado ao Tibete – a palavra *dalai*, por exemplo, vem do mongol. Fiquei na Mongólia durante um mês, e foi como mergulhar em sua cultura e vivenciar diretamente o budismo tibetano. Fiquei bastante interessado no renascimento do budismo na Mongólia depois de sete décadas de governo soviético. Escrevi, visitei os principais monastérios, fiz uma reportagem sobre as arcas sagradas da Mongólia, publicada pela revista *Época*[73], uma história sobre os tesouros budistas que estavam escondidos desde 1938 sob as areias do deserto de Gobi. Um lama budista os escondeu da destruição promovida pelo exército soviético que devastou o monastério. Quando estava no deserto de Gobi, vivi um momento muito místico, muito mágico no contato com essa cultura, essa terra, e foi criado um vínculo.

Depois, fui ao Tibete, onde fiz outra reportagem para a *Época*[74], que foi bastante oportuna, porque saiu em janeiro de 2008, dois meses antes do levante ocorrido em março. As coisas estavam se fermentando, foi tudo muito intenso e eu viajava sozinho, o que é quase impossível no Tibete – para ter mais controle da situação, os chineses querem que se viaje em grupo, e, claro, era quase impossível sair de Lhasa, mas eu queria conhecer outros lugares e falei com muitas pessoas. Percebi a forte opressão do povo, o genocídio cultural que estava acontecendo, principalmente a invasão dos chineses através do novo trem. A cada dia, chegavam milhares de chineses; metade ficava e a outra metade, na verdade de turistas, voltava. Mas, hoje em dia, no centro de Lhasa são vistos muito mais chineses do que tibetanos."

***Aloma Sellanes Zibechi - Foi possível manter um diálogo aberto com os tibetanos?***

**Haroldo Castro** - Sim, totalmente. Utilizei outros nomes, não publiquei fotos que pudessem ser usadas contra eles, mas pude conversar bastante, apesar da pouca fluência dos monges no inglês. Eles têm muita vontade de falar sobre o que está acontecendo em seu país. Todos são muito doces e, ao mesmo tempo, diretos, não têm medo de dizer o que acontece. Nos monastérios conversei com lamas, conversei com comerciantes, com turistas que falavam inglês e, quando sentiam confiança, começavam a contar tudo, não tive problemas para fotografar o que os tibetanos estão sofrendo. Basicamente é o genocídio cultural ao qual o Dalai Lama se refere. O guia de turismo contou que ficou quatro semanas na prisão porque teria uma foto sua com o Dalai Lama em um de seus livros, que acabou caindo no chão quando visitava o Potala e alguém o delatou. Tudo isto me marcou muito e, para protegê-lo, troquei o nome do guia no artigo que escrevi para a revista em que trabalho, quando voltei ao Brasil.

Depois dessa experiência, em 2007, resolvi conhecer outros países que pudessem me trazer mais informações sobre o budismo tibetano e por isso fui ao Butão, em 2008.

73 A íntegra da reportagem *As arcas sagradas da Mongólia* está disponível em http://glo.bo/lX7k3S.

74 A íntegra da reportagem *Tibete, paraíso e inferno* está disponível em http://glo.bo/l2dohn.

A viagem foi algo muito interessante, o lado positivo, um país que busca a felicidade, passando pelo índice de Felicidade Interna Bruta[75]. É extremamente positivo que o rei tenha chegado a essa conclusão. O Butão pode ser um país pobre materialmente, mas é rico espiritualmente por ter o budismo em sua base, e que eles chamam de butanês, mas tem a mesma essência do tibetano. Estive também em Ladakh, na Índia, país democrático que sempre apoiou a questão cultural dos tibetanos. Ladakh é conhecida como o pequeno Tibete por sua clara conexão com o país, o que me fez pensar que o Tibete livre está ali. Em março de 2008, estava no Nepal e fiz uma entrevista fantástica com um jovem de 29 anos que é a reencarnação do mentor do Panchen Lama anterior, certamente assassinado pelos chineses. Segui esse jovem por três dias, enquanto a polícia nepalesa reprimia com violência os monges e ativistas tibetanos em Katmandu. As reportagens realizadas foram publicadas na revista *Época*, que tem uma tiragem de 450 mil exemplares e dois milhões de leitores semanais, e causou grande repercussão. A história mais interessante foi a entrevista com esse tulku. Eu lhe perguntei se não tinha medo de ser assassinado pela polícia chinesa. E ele respondeu: "Eles já me mataram uma vez, e voltei"[76].

***Já esteve com o Dalai Lama?***

Encontrei-o duas vezes, mas não em uma audiência particular: em 1992, na conferência ECO 92, no Rio de Janeiro, e em 1996, em Washington. Não consegui conversar com ele, nem tive oportunidade para uma entrevista.

***Qual seria a primeira pergunta que faria ao Dalai Lama?***

A mesma que fiz a muitos tibetanos, focando principalmente a dificuldade e a força bélica dos chineses: como ele veria isso dentro de dez anos? Encontrei muitos jovens em Paris, por exemplo, onde estive em março de 2009, e o que mais me interessou foi ver a grande força que têm, e afirmam: "Vamos conquistar a independência, vamos ser livres". Imagino que no coração de cada tibetano exista esta chama que não se apaga de maneira alguma, eles têm uma força que não é comum. Não sei se muitos grupos políticos ou culturais chegariam a ter tanta força.

***Para você, de onde vem esta força? Da religião?***

Creio que da filosofia, a filosofia positiva, que procura encontrar solução para as

75 Felicidade Interna Bruta: índice estabelecido pelo rei butanês Jigme Singye Wangchuk, na década de 1960. É considerado mais importante que o Produto Interno Bruto, e se baseia no acompanhamento estrito das normas budistas.

76 A íntegra da matéria *A segunda geração do ativismo tibetano* está disponível em http://glo.bo/myz9jx.

barreiras que se apresentam. Todo tibetano é um entusiasta de sua cultura e de seu futuro, e creio que isto é ainda mais forte até nas segunda e terceira gerações, que não nasceram no Tibete. Exemplo disto é um jovem que encontrei no Nepal e que nunca pôs os pés no Tibete. Os que crescem fora do Tibete têm uma força ainda maior que a de seus pais e avós, e muitos deles me disseram: "Quero voltar, quero beber a água do meu país". Isto é algo que está neles, na alma.

***Como homem profundamente envolvido com as questões ambientais, a ponto de ter sido um dos primeiros a fazer uma incursão no jornalismo ambientalista, qual a importância do Tibete do ponto de vista ecológico?***

A maior importância é a água. A principal fonte dos rios que alimentam a Ásia está nos Himalaias e os chineses sabem muito bem disso, sabem exatamente que a água é um produto cada vez mais raro, a água potável é um produto cada vez mais escasso. Dizem que o Tibete é pobre, mas não, não é pobre, tem uma agricultura a quatro mil metros de altitude onde, ainda que nem todas as culturas sejam possíveis, há cereais que se adaptaram, como a cevada, por exemplo. O subsolo é muito rico, os minérios são uma questão estratégica: o que há de ferro no Tibete equivale a 20% do consumo chinês, e a China importa ferro do Brasil. É muito difícil pensar que os chineses irão devolver essas terras a seus donos por condescendência. Eles têm a maior ditadura do mundo e, naturalmente, fazem o que querem em seu território ainda que, historicamente, não seja deles – o invadiram na década de 1950, e todos se calaram naquele momento. Somente El Salvador apresentou uma moção sobre o tema na ONU, mas todos os grandes ficaram caladinhos e, hoje em dia, é um *fait accompli*[77]. Quando os Estados Unidos tentam dizer algo, os chineses respondem que não é assunto deles, que é um tema doméstico, e a pergunta é: o que vai acontecer nos próximos dez anos? Sempre vejo os tibetanos muito otimistas, e eu também, mas a realidade é muito mais dura, e a obstinação do governo chinês é cem mil vezes maior que qualquer outra coisa. É um erro tático, eles perderam muitíssimo, tiveram a oportunidade de fazer um gesto antes dos Jogos Olímpicos, foram estúpidos, faltou estratégia, diplomacia. Na realidade, perderam uma oportunidade junto aos meios de comunicação, na opinião pública internacional, e ficaram exatamente como são, um governo repressivo que está cometendo um genocídio cultural no Tibete.

***O que buscam os brasileiros que ouvem as palavras do Dalai Lama quando ele chega ao seu país?***

77 Fait accompli, do francês, fato consumado.

É difícil generalizar, é um país de 190 milhões de habitantes. Várias dezenas de milhões nem ouviram falar do Dalai Lama. Nos grandes centros urbanos, nas classes média e média alta há conhecimento, o brasileiro tem um conhecimento geral que é bem maior que o do povo norte-americano, que está mais centrado nos próprios Estados Unidos e seu cotidiano. O brasileiro de hoje tem grande acesso à informação, somos um grande país em termos de internet – em números relativos, podemos ser poucos, mas em absolutos, somos muitos. Entre as dezenas de milhões de brasileiros que conhecem o Dalai Lama, sua imagem é muito positiva.

O segundo ponto é que, no Brasil, há uma espiritualidade e um misticismo naturais muito grandes, o brasileiro tem uma curiosidade espiritual e se permite conhecer outras coisas, e o interesse por nomes como Dalai Lama ou Tibete fazem o brasileiro sonhar, buscar, saber um pouco mais. Segundo o censo, há meio milhão de budistas, ainda que nem todos tibetanos. Há muitos budistas japoneses por conta de toda a influência japonesa, além de budistas coreanos e chineses. Com este número de budistas, é quase impossível que não se conheça o Dalai Lama. Creio que a grande população, aliada a esta abertura ao conhecimento ao menos nas classes média e média alta, e sobretudo na alta (o Brasil tem dezenas de religiões que se mesclaram, as que vieram da África e se amalgamaram aqui, além das tradições indígenas, como a ayahuasca), faz com que seja natural em um povo tão aberto, curioso e entusiasta, sentir interesse pelo tema tibetano.

Quando escrevi os artigos sobre o Tibete, por exemplo, todos os comentários foram favoráveis ao país, à exceção de um chinês que postou do Canadá e, sem dúvida, falava em nome do governo chinês. Diria que em meu país há uma simpatia pelo Tibete e, sim, há muitos templos de budismo tibetano no Rio Grande do Sul e em São Paulo, por exemplo, e há monges brasileiros totalmente envolvidos com a causa. Há muita gente interessada no Brasil.

***Considerando o comentário sobre o chinês que lhe escreveu do Canadá, houve outros problemas com seus artigos?***

Não. Achei que a embaixada enviaria uma carta à revista, mas não aconteceu, não contestaram e creio que a política é de 'deixar passar' para evitar polêmica – esta é uma estratégia de relacionamento com os meios de comunicação: ao contestar, a polêmica aumenta, é melhor deixar passar. Nunca recebi uma ameaça, além do que, tudo o que escrevi é verdadeiro, o governo chinês sabe, não manipulei documentos secretos, é a voz do povo. Assim, contestar não me parece possível. Fui como turista e, só depois, me dei conta da importância da situação e a descrevi, mas estava em meu ano sabático, fui perguntando, perguntando e percebi a realidade. Não creio estar na lista negra dos chineses.

Para mim, o grande problema da China não serão os tibetanos ou os uigures[78]. O grande problema serão eles mesmos, porque estão lidando com os filhos de uma geração que não teve nada, mas agora têm muito, viajam, podem obter coisas que antes não era possível e, em determinado momento, assim como o capitalismo americano teve crises, o capitalismo chinês também as terá. Depois da grande crise financeira houve um número alto de falências. Outro problema gravíssimo é a pirâmide etária. Um casal jovem que trabalha tem de cuidar de suas mães e pais e de seus quatro avós, porque eles estão velhos e já não trabalham. Estamos falando de oito avós e quatro pais e, como não há sistema social ou irmãos que possam cuidar por causa do processo de filhos únicos, este também é um grande calcanhar de Aquiles.

Por último, se me permite, quero dizer que gostaria muito de voltar ao Tibete, sobretudo se for a um Tibete livre. Sou daqueles que não compram produtos chineses. Não sou budista, mas tenho profundo respeito e afinidade com a filosofia budista e quero deixar claro que não me considero um perito em temas tibetanos. Sou um jornalista, um fotógrafo que, em meu ano sabático, teve a oportunidade ou a sorte de ir à Mongólia e ao Tibete, e foi um significativo chamado à minha atenção. Já nutria grande simpatia por eles e, como jornalista, procuro informar o público sobre a injustiça que ocorre, como também sobre a beleza da filosofia budista, que tem enorme valor.

**Outubro, 2009**

78 Uigur é uma das 55 etnias minoritárias da China. A dinastia Qing (manchu) os incorporou a seu império no século XVIII. Entre 1933 e 1949, os uigures declararam a independência da República do Turquistão do Leste, independência que perderam para a República Popular da China (RPC) em 1949. Atualmente, vivem na região autônoma de Xinjiang, pertencente à RPC.

## Lama Padma Samten

Alfredo Aveline, Porto Alegre, 1949

Físico. Professor do Departamento de Física da Universidade Federal do Rio Grande do Sul entre 1969 e 1994. Atuou nas áreas de Física Quântica, Filosofia, Energia Nuclear, fontes alternativas de energia, proteção ambiental e movimento comunitário. Depois de entrar em contato com o budismo, em 1982, fundou o Centro de Estudos Budistas Bodisatva, em 1986. Colaborou com a visita do Dalai Lama ao Brasil em 1992. Aluno de Chagdud Rinpoche, foi ordenado lama da linhagem Nyingma em 1996. Sua principal atividade é promover uma educação budista como forma de superar o sofrimento e alcançar a felicidade. Para isso fundou entidades como o Instituto Caminho do Meio, o Centro de Estudos Budistas Darmata, entre outras. É pai de cinco filhos e tem três netos.

"Ainda que não tenha visitado o Tibete nesta vida, através de meu mestre Chagdud Rinpoche e outros grandes mestres dos quais tive a bênção de receber a irradiação de sua presença, e especialmente de Sua Santidade o Dalai Lama, pude ver um pouco da manifestação viva desta cultura tão profunda. Hoje reconheço que a cultura tibetana possui uma riqueza única. Não vejo a possibilidade de êxito na implantação de uma civilização contemporânea viável, sustentável, sem a incorporação de elementos essenciais da visão budista filtrados através da cultura tibetana. A essência da cultura tibetana dialoga perfeitamente com todas as manifestações da cultura ocidental globalizada, a desafia e potencializa o que de melhor ela manifesta, e oferece soluções viáveis e reais para seus problemas. Sinto-me comprometido a ajudá-la e preservá-la, tanto na forma quanto na essência."

***Aloma Sellanes Zibechi - Mesmo com as referências ao dharma feitas ao longo deste livro, seria interessante que o Sr. nos desse sua definição sobre ele.***

**Lama Padma Samten** - Temos hoje no Ocidente a presença de manifestações culturais que validam suas certezas através de tradições de verdades reveladas e da ciência. A ciência clássica tem por base a noção de que o surgimento e a manifestação da realidade se dão pela ação de elementos constitutivos fundamentais, presentes desde a origem primordial de um todo. Essencialmente das leis fundamentais que levam à estruturação da matéria e do mundo.

As tradições de verdades reveladas levam à noção de um agente supremo construtor do mundo e de tudo o que nele surge. A tradição budista se baseia no dharma. A compreensão do dharma é uma terceira via. O Buda revelou o dharma através da experiência de silenciar a realidade. A partir deste silêncio, o Buda entende o surgimento da realidade como inseparável da mente que a concebe. Vê esta realidade surgindo de modo coemergente, ao mesmo tempo como algo interno e externo.

Assim, surge com o Buda uma noção de que a realidade que nos circunda não é externa, mas uma experiência. Isto adquire uma radicalidade que está perfeitamente expressa nos textos Prajnaparamita[79], onde somos convidados a observar que uma aparência fixa das coisas é construída pela própria ação interna da mente que observa o mundo, incluindo todas as formas, estruturas mentais e consciências, tenham elas surgido como se fossem internas ou externas. Esta radicalidade permite a visão de uma presença mental incessante que é livre de aparências e, ao mesmo tempo, potencializadora das aparências. Ao olhar o mundo com esses olhos, surge o dharma do Buda, aquele que vê o mundo em sua gênese incessante e interminável e, portanto, cura os sofrimentos causados pela obsessão de visões parciais, propósitos, mundos, vida e morte.

O conhecimento budista, o dharma, vê as coisas, o surgimento e o desaparecimento delas, a mente que as produz e as dissolve. Assim, por esta vertente, contribui poderosamente para a remoção de pressupostos, paradigmas, obsessões em nossa forma de pensar e fazer. Contribui decisivamente para a superação das tragédias e a construção de visões de mundo melhores. Deste modo, o dharma dialoga com a ciência e com as tradições de verdades reveladas, e ajuda que todos dialoguem entre si. Em nosso tempo, a noção de responsabilidade universal brota como uma expressão do dharma, que nos leva à construção de uma cultura de lucidez, felicidade e paz inseparáveis.

***Que lugar o budismo ocupa no Brasil? Conhece alguma estatística sobre a quantidade de praticantes budistas em seu país?***

79 Prajanaparamita: escrituras do budismo Mahayana conhecidas como a "Perfeição da Sabedoria".

O número de praticantes budistas, ainda que pareça crescer rapidamente, é irrelevante se comparado a outras tradições. Paradoxalmente, segundo estudos estatísticos, o número parece estar decrescendo em função de imigrantes orientais estarem se transferindo progressivamente para outras religiões. O aspecto mais positivo é que, no Brasil, o budismo surge como um movimento de elevação de consciência. Surge não tanto em forma de grupos religiosos budistas organizados, mas individualmente na consciência das pessoas e na inspiração de ação e visão de grupos variados, de educadores, psicólogos e cientistas, a empresários e gestores de empresas.

Creio que, em grande parte, isso se deve à ação de Sua Santidade o Dalai Lama que produziu uma intensa simpatia pelo tema em suas três visitas ao Brasil, e também através de seus inúmeros títulos publicados em língua portuguesa. Vejo as pessoas assumindo valores budistas e integrando-os à noção de uma modernidade emergente, em harmonia com visões procedentes da ecologia, da cultura de paz, da sustentabilidade, do amor, do sentido da vida e da responsabilidade universal.

***O que o levou a criar vários centros de dharma no Brasil?***

Essencialmente a percepção de que o dharma do Buda é de grande valia para a vida das pessoas, traz felicidade e dá sentido às suas vidas. A expansão das atividades foi o resultado prático disto. O Centro de Estudos Budistas Bodisatva (CEBB), que criei junto com vários amigos e praticantes em 1986, foi o principal instrumento de ação. Mais recentemente, incluímos outros instrumentos institucionais para a ação da sangha, entre eles o Instituto Caminho do Meio, hoje reconhecido pelo Ministério da Justiça do Brasil como uma organização social e cultural de interesse público (OSCIP).

Há também a escola para crianças onde desenvolvemos e aplicamos uma abordagem baseada diretamente na perspectiva da responsabilidade universal e as cinco sabedorias dos cinco Diani Budas. Hoje, o CEBB tem núcleos em 30 cidades, e dois deles ficam em áreas rurais, onde os integrantes da sangha vivem, estudam, fazem retiros e organizam suas ações de dharma no mundo. Estamos implantando agora em Viamão, Rio Grande do Sul, o Centro Cultural Caminho do Meio, como um instrumento de cultura de paz e responsabilidade universal. Aspiramos ampliar nossa participação no movimento de preservação da cultura tibetana, tanto no que se refere aos textos e à sabedoria antiga e contemporânea, quanto à arte tibetana em suas variadas expressões.

***Como os brasileiros veem a atividade que o Sr. realiza?***

De maneira geral, creio que a entendem e apreciam.

Muitos se juntam de modos diferentes às atividades e, cuidadosamente, procuro fazer com que todos se sintam beneficiados.

***No Brasil, e especificamente em São Paulo, existem muitos habitantes de origem chinesa. Eles se interessam pelo dharma e a prática budista?***

Não tenho muito contato com eles. Creio que, geralmente, passam por um período em que buscam entrar e serem aceitos pela cultura local que os rodeia. Só depois, especialmente os mais jovens, despertam e buscam, como qualquer outra pessoa, aprofundar sua visão e superar as dificuldades. Há também o fato de os mais velhos trazerem consigo visões culturais que hoje são questionadas, e o budismo pode ser parte disso e tomado como algo obsoleto. A influência de Sua Santidade o Dalai Lama renovou a fé e a expressão religiosa, dando novo sentido de vida aos budistas étnicos.

Quando há este renascimento espiritual, os praticantes mais antigos e seus filhos e netos se tornam pessoas extraordinariamente devotas e capazes de grandes ações de proteção do dharma e das várias expressões budistas genuínas. Há importantes exemplos disso.

**Junho, 2010**

## Leo Matos

Belo Horizonte, MG

Psicólogo. Formado em Psicologia pela Universidade de Copenhague e é conferencista em países de todos os continentes. Capacitou profissionais em saúde mental em Psicologia Transpessoal no Brasil e na Finlândia. Viveu sete anos com lamas tibetanos, integrando a psicologia budista tibetana com a psicologia ocidental. Estruturou a técnica Day Dream Catarsis (Catarse do sonho diurno), técnica especial que trabalha com memórias de vidas passadas, e um novo método para facilitar a experiência psicológica da morte e renascimento do ego. Desenvolveu a técnica da Terapia de arte transpessoal da mandala. É autor do livro *Body and Mind: Practical ways to attain the perfect psychological equilibrium* (*Corpo e mente: práticas para atingir o equilíbrio psicológico perfeito*[80]). Realizou inúmeras pesquisas e tem mais de 40 artigos publicados em revistas profissionais de diferentes países.

"Em 1970, trabalhava no Departamento para o Estudo de Estados Alterados de Consciência, no laboratório de Psicologia da Universidade de Copenhague, e fui enviado à Índia para representar a universidade no Congresso Mundial de Ioga Científica. Cheguei à Índia dois meses antes do encontro, com o intuito de visitar várias instituições científicas e ashrams[81] por todo o país. Entre outros lugares, fiquei algum tempo no ashram do Swami Muktananda[82], onde tive conversas interessantes com Ram Dass[83], que também se hospedava lá naquela ocasião. Certa manhã, depois de me explicar sua teoria sobre os chakras e as várias escolas de psicologia ocidental, pedi sugestões sobre lugares para visitar na Índia relacionados à investigação científica sobre estados alterados de consciência. "Conhece os tibetanos?", me perguntou. Respondi que não, sem muito interesse. Para mim o Tibete era apenas uma terra de

80 Matos, Leo. *Corpo e mente: práticas para atingir o equilíbrio psicológico perfeito*. Petrópolis: Vozes, 1994.

81 Ashram: comunidade espiritual hinduista, onde os discípulos convivem com seus mestres e realizam práticas espirituais, orações e meditação.

82 Swami Muktananda é considerado um dos principais gurus contemporâneos e propulsor da meditação na América do Norte.

83 Ram Dass (Dr. Richard Albert): controvertido psicólogo norte-americano que se converteu em mestre espiritual depois de viajar à Índia.

neve envolta em uma nuvem de mistério, em cima de montanhas inalcançáveis. "Vá a Sarnath, lugar sagrado para os budistas, onde o Buda deu seu primeiro sermão depois de ter atingido a iluminação", sugeriu.

No trem, antes de chegar a Benares (hoje Varanasi), já tinha em mente uma imagem de como seriam os tibetanos. Esperava que, como refugiados em uma terra pobre, em uma condição miserável como mendigos e infelizes na Índia, não me seriam de grande ajuda. Para minha surpresa, a imagem pré-fabricada se estilhaçou em mil pedaços quando encontrei essa gente impressionante. Fiquei perplexo com a amabilidade, a hospitalidade e a aparente felicidade deste povo "indigente" que vinha das altas montanhas de sua terra nativa para viver em extrema pobreza no calor das planícies indianas.

Todos os que conheci – crianças famintas na rua brincando com um cachorro magro, a velha senhora mostrando seu único tesouro remanescente do Tibete, um lindo tapete tibetano, os risonhos monges comendo felizes na cantina e os lamas no monastério –, todos exibiam uma mente feliz, mesmo tendo perdido tudo o que deixaram para trás: seu próprio país, suas posses, amigos, família. Comecei a me perguntar que tipo de psicologia praticavam esses tibetanos que lhes permitiam ser felizes e fortes em meio ao desastre. Decidi descobrir por mim mesmo, e nos anos seguintes constatei que os tibetanos usam técnicas de uma antiga e sofisticada escola de psicologia transpessoal, que hoje é conhecida como psicologia budista tibetana.

No Congresso Mundial de Ioga Científica tive a estimulante companhia de cientistas ocidentais, hippies, alguns iogues indianos e lamas tibetanos muito interessantes. Em uma das conferências, um lama tibetano realizou uma maravilhosa cerimônia tântrica para um público ao redor de 200 pessoas. Não entendi a cerimônia e apenas desfrutei de sua beleza. O lama cantou com uma voz grave e tocou alguns misteriosos instrumentos musicais rituais. As duas horas da cerimônia me levaram a um elevado estado de consciência extraordinariamente agradável. Mais tarde, compartilhei esta impressionante experiência com alguns dos que estavam na mesma sala em que foi realizado o ritual tântrico. Todos eles afirmaram ter experimentado um incomum e elevado estado de consciência, facilitado pelo lama.

Na época, estava cada vez mais intrigado com a possibilidade de usar as técnicas transpessoais que poderiam ser integradas ao meu trabalho e à minha vida. Ao retornar à Dinamarca, na primavera de 1972, realizei uma pesquisa para verificar a possibilidade de usar técnicas de meditação como alternativa ao uso de medicamentos. Para isso, visitei várias escolas de meditação na Dinamarca, nas quais encontrei ex-dependentes de drogas que passaram a praticar ioga e meditação. Nessas escolas, eu mesmo tentei várias técnicas de ioga e meditação. Rapidamente descobri que algumas delas me levavam a um estado alterado de consciência e outras, inclusive, a um estado transpessoal de consciência.

Entre as muitas escolas que encontrei, a mais adequada a meu gosto e educação ocidental foi a que utilizava as técnicas desenvolvidas pelo budismo tibetano. Passei assim a usá-las para meu crescimento psicológico e transpessoal e, aos poucos, integrei algumas delas à minha prática psicoterápica com resultados proveitosos. Usar técnicas de meditação transpessoal em minha vida aumentou em grande medida minha capacidade de trabalho, inspiração e, acima de tudo, um sentimento de paz interior e alegria.

Em meu trabalho como terapeuta transpessoal, logo descobri que este tipo de terapia produz não só alívio e cura para os próprios problemas mentais, mas facilita o crescimento espiritual. Descobri também que a terapia transpessoal era muito mais eficaz quando o crescimento psicológico produzido era mútuo, ou seja, que ambos, paciente e terapeuta experimentavam os resultados concretos da sessão transpessoal."

***Aloma Sellanes Zibechi - O Sr. poderia falar sobre o que é a psicologia budista no seu ponto de vista?***

**Leo Matos** - As raízes da psicologia budista tibetana são tão antigas quanto a humanidade, e seu princípio básico e meta são a transformação individual para uma consciência cósmica mais ampla. A psicologia budista tibetana é um abrangente sistema para compreender e trabalhar com a vida dentro de um arcabouço de referência intelectual, existencial, pessoal e transpessoal. Vida, aqui, não se refere necessariamente só à vida humana e animal, mas a tudo o que existe.

A história da psicologia tibetana teve início quando, há 2.500 anos, o Buda começou a sistematizar a doutrina que se converteu em uma fina combinação de filosofia, psicologia, religião e um modo prático de tratar a vida. O budismo tibetano, que é um amplo sistema elaborado de psicologia, foi introduzido no Tibete no século VII pelo sábio indiano Padmasambhava, que integrou pedagogicamente várias técnicas usadas pelos xamãs do bon, antiga religião do Tibete, ao levar o budismo ao país. Com o passar dos anos e dos séculos, os tibetanos demonstraram assombrosa dedicação e diligência na exploração e prática do budismo, melhorando sua eficácia no objetivo final da iluminação e budeidade.

O budismo tibetano opera com ferramentas básicas: sabedoria (em tibetano, ***sherab***) e meios hábeis (em tibetano, ***thab***). Isto significa usar a correta visão ou a correta percepção tanto interior quanto exterior, e um método eficiente para chegar ao seu objetivo, a iluminação. Parece-me que foi este sistema específico de exploração interior e exterior que levou os tibetanos, de um estado de barbárie, a converterem-se em um dos povos mais civilizados do planeta. Depois da invasão chinesa, em meados do século XX, e quando Sua Santidade o Dalai Lama e milhares de lamas e tibetanos foram forçados a fugir de sua pátria, a psicologia budista tibetana se estendeu ao Ocidente. Especialmente dentro da escola da psicologia transpessoal, seus métodos efetivos têm trazido grandes benefícios para aliviar o sofrimento e facilitar o crescimento espiritual.

Aqui o principal princípio é o da replicabilidade. Diz-se que quando o Buda ensinava sua doutrina, sempre aconselhava seus ouvintes a não crer nele simplesmente porque era o Buda, mas que checassem seus métodos por si mesmos, e que só depois disso poderiam saber se acreditavam ou não. A psicologia budista tibetana é um enfoque da vida e da morte que enfatiza o conhecimento empírico. Seus métodos de observação se ocupam da relação do indivíduo consigo mesmo e com o ambiente, o mundo interior e exterior como são. Os modelos apresentados pela física subatômica moderna, especialmente o modelo relativista quântico, estão próximos do antigo modelo da psicologia budista tibetana. É interessante notar que esta, que se move especialmente no contexto tântrico, apresenta outra dimensão além da descoberta pela física moderna, a dimensão do vazio.

No Ocidente, lidamos com duas realidades específicas: a realidade da separação, a visão cartesiano-newtoniana, e a realidade da unidade dinâmica, a visão dada pela física moderna. Os tibetanos trabalham com as duas, mais a realidade da vacuidade. A psicologia budista tibetana existe dentro do contexto Vajrayana ou prática tântrica, e esta utiliza os sentidos para transcender os sentidos da consciência. Entre as muitas técnicas para transcender o sentido da consciência podemos enumerar as várias formas de meditação, desde os estados de meditação analítica aos rituais extremamente elaborados que envolvem dança, tempo especial, lugares especiais e diferentes objetos simbólicos; o uso de mantras, mandalas feitas com areia colorida; concentração no som interno supersutil etc.

Quando o ser humano recupera sua consciência pura de ser uno com o todo, ele mesmo transcende e descobre pela experiência que não é um ser isolado com um ego protetor se movimentando em um imenso oceano, onde necessita se proteger para não ser ferido, destruído e morto, mas um ser inteiro que continua mantendo sua individualidade. Automaticamente ele desenvolve a compaixão – que não é pena e não é amor possessivo nem apego, compaixão é amar sem discriminação. Um bom exemplo do que é compaixão me foi dado por Ram Dass. Ele comparou-a ao sol brilhando. O sol brilha livremente, sem discriminação alguma. O sol brilha abertamente para todos, portanto, é um estado compassivo de consciência em que o indivíduo sente que é tudo e uno com tudo. Neste estado, a pessoa se torna consciente da responsabilidade universal, que não é apenas responsável por si mesmo, sua família, amigos e país; é responsável por todos, em todos os lugares. Neste sentido, ela se torna consciente de que tudo o que fizer com sua mente, corpo e palavra afetará o universo inteiro. Torna-se cuidadosa para não prejudicar ninguém, porque agora sabe que o que faz ao universo ao seu redor, está fazendo a si mesma, e atua compassivamente. O modelo humano do budismo tibetano é o da figura plena de compaixão do bodhisattva, o ser completamente liberado, completamente livre para fazer parte do jogo cósmico e social. Segundo o budismo, ele é o ser que, por suas obras, liberou a si mesmo da ilusão, da visão errônea do mundo. Agora, está liberado, porém, comprometeu-se a não entrar no nirvana até que o último ser seja liberado do samsara, e se dedicará a ajudar todos os seres a alcançar um estado de felicidade ilimitada, o equivalente ao nirvana.

***Poderia explicar o que é a técnica* Catarse do sonho diurno *concebida pelo Sr.?***

É uma técnica terapêutica em que o paciente, em curto espaço de tempo, mergulhará nas partes mais profundas de seu inconsciente, tomando contato com o inconsciente coletivo e transpessoal, encontrando vários arquétipos e, pouco a pouco, permite a emergência de "memórias de vidas passadas" – as aspas são necessárias porque, infelizmente, é difícil verificar se uma recordação ou visão do paciente é uma lembrança de vida passada. Neste sentido, posso ver cinco possibilidades: a primeira é uma recordação de uma vida passada; a segunda, uma fantasia produzida pelo sujeito como em um sonho, no sentido de representar e resolver simbolicamente um problema específico; a terceira, um lado de sua personalidade; a quarta é uma experiência de *deja vu*; e, a quinta, algo que ainda não sabemos o que é. A técnica tem demonstrado ser o método de cura mais efetivo e poderoso, especialmente em casos severos de depressão, situações limites e tendências suicidas.

No momento de iniciar a sessão, peço à pessoa que se recoste, feche os olhos e, usando técnicas psicológicas específicas, facilito que chegue a um profundo estado de relaxamento. Em seguida, peço ao paciente que entre em contato com o material (por exemplo, um sonho, um sintoma físico ou psicológico, uma alucinação, obsessão ou qualquer tipo de medo) que trouxe para a sessão e deixe que qualquer imagem venha à sua mente como se estivesse sonhando. Ele começa por descrever este "sonho diurno" no tempo presente, sem julgar ou fazer qualquer interpretação. Posso, então, fazer perguntas específicas ou conduzi-lo, se necessário. Esta tem demonstrado ser uma técnica extremamente compensadora, no sentido de que o paciente entra em contato com lembranças inconscientes perdidas, partes perdidas de sonhos e "recordações de vidas passadas" rapidamente e sem um mínimo de resistência. Além de trazer material perdido do inconsciente com agilidade, este enfoque provou ser uma técnica de cura rápida e poderosa. A razão pela qual denominei esta técnica de sonho diurno deve-se ao fato de que o paciente entra em um estado da mente que permite a emergência de imagens espontâneas que parecem um sonho noturno. Como isto é feito deliberadamente com um propósito terapêutico em qualquer momento do dia, com plena aceitação do paciente e totalmente consciente, no controle desta operação, denominei sonho diurno. A palavra catarse foi agregada porque o processo em si tem um poderoso resultado catártico terapêutico. E, como em muitos casos de sonhos noturnos, é em si mesma uma mensagem, e mais importante que um processo psicoterapêutico. A diferença básica de outras técnicas terapêuticas é que a catarse do sonho diurno pode ser usada para completar um sonho, permitindo que o paciente se mova no âmbito perinatal e transpessoal do inconsciente. Além de poder ser usada como uma técnica para trabalhar com sintomas físicos e/ou psicológicos que o indivíduo pode levar para a terapia, facilitando que a pessoa mergulhe nas partes mais profundas de seu inconsciente, alcançando o nível perinatal e transpessoal de seu inconsciente. Aos poucos, isso oferece à pessoa uma rápida solução para seu problema, ao mesmo tempo em que facilita seu crescimento espiritual.

***O Sr. trabalhou também com outra técnica, chamada* terapia de arte transpessoal da mandala. *Quais são as características desta terapia?***

Sabemos que as mandalas têm sido utilizadas pela humanidade desde tempos imemoriais como instrumento ritual para facilitar que o indivíduo e o grupo entrem em um estado alterado de consciência. Joan Kellog, que se interessou por todo tipo de mandala durante toda sua vida, desenvolveu um teste muito interessante. Ela me introduziu nas interpretações dessa prova em 1976 e tenho aplicado, observado e pesquisado o teste na Europa, Ásia, Austrália e Américas do Norte e do Sul nos últimos 19 anos. A técnica de Kellog demonstrou ser uma prova que abrange as dimensões psicodinâmica, perinatal e transpessoal do ser, e pude observar que meus pacientes eram enormemente beneficiados ao desenhar a mandala. Criar uma mandala funcionava como uma magnífica técnica de autoterapia. Descobri que desenhar uma mandala usando as instruções dadas por Joan Kellog era como facilitar que o paciente tivesse um sonho acordado. E, como em um sonho, a mandala era uma mensagem do inconsciente, assim como uma forma deste mesmo inconsciente tentar realizar um processo psicoterapêutico.

Integrando o teste da mandala com a técnica do sonho catártico diurno e outras abordagens transpessoais, desenvolvi o método da terapia de arte transpessoal da mandala. Este método permite, através do uso da mandala, explorar os espaços mais profundos de seu próprio inconsciente para solucionar vários problemas, aumentar a criatividade e facilitar o crescimento espiritual. Com esta técnica, a pessoa aprende a desenhar sua própria mandala, que mostrará seu passado, presente e o futuro potencial. Esta mandala é como uma fotografia holográfica do inconsciente do indivíduo e torna possível saber onde estão as raízes de seus problemas. Geralmente, quando uma pessoa cria sua mandala pessoal, ela não consegue ver imediatamente que figuras surgirão. Ela pode ver formas e cores que, de início, talvez pareçam incompreensíveis. Com o tempo, a pessoa começa a descobrir cores específicas, formas, paisagens e várias figuras que podem ser significativas para ela. Assim, é possível entender e compreender a mensagem da mandala. Do ponto de vista terapêutico, não é importante se aquela é uma recordação autêntica de uma "vida passada" ou se tudo é produto da imaginação do paciente. O que é realmente importante é o resultado da sessão de terapia. Em vários casos em que trabalhei em minha prática clínica durante as últimas duas décadas, todos os pacientes terminaram essa experiência com uma sensação de paz. É importante enfatizar, no entanto, que é de extrema importância que o terapeuta use as técnicas adequadas e, sobretudo, que facilite ao paciente integrar as experiências transpessoais com o nível pessoal de realidade.

Creio que o mais importante na terapia transpessoal é poder integrá-la a nossa vida cotidiana, o que nos levará a um estado elevado de consciência, dando-nos uma sensação de paz e poder. O processo de integração é um processo de transformação. As imagens, emoções e memórias dolorosas, por exemplo, aquelas experiências negativas de um passado distante, são transformadas em energia positiva. A pessoa adquire poder para continuar sua viagem pelas profundezas de seu inconsciente, com o objetivo final de integrá-lo ao consciente. O ritual psicológico de morte e renascimento do ego foi praticado há milênios por culturas antigas como forma de preparar o indivíduo para a morte. Em tais culturas, aprender a morrer é considerado um aspecto indispensável e integral da arte de viver. Esta técnica que é praticada até nossos dias, dentro de um quadro de referência xamânico e tântrico, supostamente resulta em iluminação espiritual e na possibilidade de que o iniciado viva o resto de sua vida de forma plena e significativa. Adaptei essa antiga técnica do budismo tibetano ao contexto psicoterapêutico ocidental. Ela demonstrou ser extremamente útil para trabalhar com o medo e a morte, problemas transpessoais relacionados a "vidas passadas", experiências traumáticas, traumas de abuso físico, depressão e suicídio. No idioma tibetano, mandala significa "círculo" e, certamente, é um círculo mágico que facilita a integração do nível pessoal com o transpessoal, uma reintegração que leva a pessoa a um espaço de magia, alegria, força e compaixão.

**Maio, 2011**

## Lia Diskin

Buenos Aires, 1950

Mora no Brasil desde os primeiros anos da década de 1970. Jornalista, com especialização em Crítica Literária pelo Instituto Superior de Jornalismo José Hernandes, de Buenos Aires. É cofundadora da Associação Palas Athena, centro de estudos filosóficos. Conferencista internacional, participou da mesa redonda que marcou o primeiro Dia Internacional da Não-violência na ONU, em 2007. Membro da World Wildlife Fund (WWF). Criadora do Projeto Gandhi e a Não-violência, realizado em conjunto com a Polícia Militar do Estado de São Paulo. Autora e coautora de livros sobre filosofia e educação. Entre outros prêmios e distinções, recebeu o diploma de reconhecimento por sua contribuição na área de direitos humanos e cultura de paz da UNESCO. Conselheira para assuntos latinoamericanos do Comitê Internacional Pró-Tibete e responsável pelas visitas do Dalai Lama ao Brasil.

"Tudo começou quando era adolescente, em uma visita ao padre Ismael Quiles, sacerdote jesuíta e diretor do Departamento de Estudos Orientais da Universidade de El Salvador, em Buenos Aires. Ao chegar em seu gabinete, a porta estava entreaberta, chamei-o e, como não respondia, olhei para ver se estava ali. Vestido ao estilo da época, com um longo hábito negro, silhueta frágil e delgada, cabelos brancos e semblante impassível, estava sentado em posição de lótus sobre um pequeno tapete. Era uma imagem surreal, absolutamente improvável. Fiquei em silêncio por um longo período, esperando que algo acontecesse. Subitamente abriu os olhos e me olhou com um sorriso amplo e generoso. Um cristão meditando. Eram os últimos anos da década de 1960, época em que outro cristão, o trapista Thomas Merton, se encontrou com Sua Santidade o Dalai Lama, já refugiado na Índia, para conversar sobre a universalidade da vida espiritual para a qual confluem todos os credos, independente de suas denominações.

Esta radical experiência me levou, em 1986, a Dharamsala – a pequena Lhasa – para estudar Nagarjuna, o célebre filósofo e fundador da escola Madhyamika, também conhecida como Caminho do Meio, que influenciou todo o budismo Mahayana. Ali encontrei não só mestres para orientar minhas inquietudes filosóficas, como também uma comunidade inteira que fazia da teoria e da reflexão uma práxis viva, pulsante e generosa, que abriu suas portas de maneira irrestrita a uma jovem estrangeira que era constantemente convidada a tomar o café da manhã e almoçar em casas de famílias com geshes[84] e lamas, a meditar no Tsuglag Khang – templo central localizado em frente à residência de Sua Santidade o Dalai Lama – ou no monastério de Nechung, onde vivem os monges anciãos dedicados a constante meditação e práticas oraculares.

Foi assim que Dharamsala despertou em mim outro foco de interesse: o repertório de valores que a cultura tibetana oferece aos seus membros para promover neles um temperamento amigável, confiável, sem afetações e, sobretudo, sem ressentimentos.

Em setembro de 1949, a China ocupou o Leste do Tibete e, um ano mais tarde, anexou a cidade de Chamdo. Durante quase uma década, o Dalai Lama e seus tutores mantiveram conversações junto ao governo central de Beijing, a fim de recuperar sua independência. Nada foi conseguido e, ao contrário, a presença militar dos invasores acabou por alcançar Lhasa, o que provocou a fuga de Sua Santidade, junto com 80 mil tibetanos, rumo à Índia, em 1959, onde o primeiro-ministro Jawaharlal Nehru lhes ofereceu asilo político.

Em 25 de agosto de 1966, a chamada Revolução Cultural chegou ao Tibete, causando o extermínio de um milhão de tibetanos. Seis mil monastérios e templos foram devastados – convertidos em estábulos, acampamentos para militares, instalações para armazenar produtos e depósitos de máquinas. Relíquias, livros com textos sagrados, imagens litúrgicas e obras de arte foram sistematicamente profanadas, queimadas, saqueadas ou vendidas no mercado internacional. O objetivo era não deixar rastros do que outrora manifestara a singularidade de um povo devotado ao budismo, a costumes simples e com fortes vínculos familiares.

Depois de tamanho sofrimento, de haver perdido parentes, amigos, seus lares, sua própria pátria, de ver suas crenças ultrajadas e sua cultura vilipendiada, como era possível não abrigar sentimentos de hostilidade, rancor, amargura e depressão? Assim nasceu minha vinculação ao Tibete: por admiração a uma cultura que é capaz de sustentar suas convicções no poder da compaixão e da paz, ainda que nas situações mais adversas, no limite do insuportável."

84 Geshe: máximo título acadêmico em estudos budistas.

***Aloma Sellanes Zibechi* - O que é a Associação Palas Athena, da qual é cofundadora, e de que modo está relacionada à cultura tibetana?**

**Lia Diskin** - Passados seis meses de intensos estudos e meditação na Biblioteca de Obras e Arquivos Tibetanos de Dharamsala, localizada no mesmo lugar onde estão as repartições da administração central tibetana no exílio, e onde tive a felicidade de ver e analisar dezenas de documentários sobre o Tibete pré e pós-invasão no Departamento de Informações Internacionais, dirigido na época por Lodi Gyari (hoje porta-voz de Sua Santidade o Dalai Lama), que pacientemente me oferecia ajuda para compreender a história de seu povo, voltei a São Paulo e às minhas funções na Associação Palas Athena. A Associação é um centro de estudos filosóficos cuja missão é promover a convivência humana desenvolvendo ações educativas por meio da aproximação das culturas e da articulação dos saberes.

Basilio Pawlowicz, meu marido, e eu a fundamos com o propósito de promover o diálogo intercultural e interreligioso, entendendo que a diversidade, longe de ser uma ameaça à própria identidade, é uma fonte de riqueza para ampliar a percepção do humano e seu potencial criador. Deste modo, oferecemos cursos regulares sobre filosofia ocidental, oriental, ameríndia e africana; ética e visões de mundo; sobre as diferentes expressões e práticas que se desenvolveram sobre o Sagrado no transcurso da história; dinâmicas de convivência através do cultivo da empatia e da qualificação da escuta.

Além dos cursos regulares, mantemos programas sócio-educativos junto a diversos órgãos das Nações Unidas (UNESCO, PNUD, UNICEF) dirigidos a professores da rede pública de ensino, profissionais da saúde, do meio ambiente, da justiça e da assistência social. A partir das Semanas Gandhi, realizadas anualmente há três décadas durante o mês de outubro, das Semanas Martin Luther King, no mês de abril, e do Comitê da Cultura de Paz, criamos uma grande rede social com dezenas de organizações não governamentais e movimentos ambientalistas e de base popular em todo o território brasileiro.

Desta forma, foi natural para a Associação Palas Athena iniciar um processo de difusão da cultura tibetana, sua história e religiosidade através de conferências, documentários, seminários, exposições, mesas redondas que lotavam auditórios e espaços acadêmicos, pois havia apenas dois centros de budismo tibetano no Brasil àquela época, com atividades restritas à prática meditativa. Em 1987, publicamos na revista *Thot* a entrevista que Sua Santidade o Dalai Lama me concedeu dias antes de minha partida de Dharamsala. Um ano mais tarde, editamos em português seu livro autobiográfico *Minha terra e meu povo*[85], para o qual enviou um prefácio especial. Poucos meses se passaram, e um novo

85 Lama, Sua Santidade o Dalai. *Minha terra e meu povo. A autobiografia de Sua Santidade o Dalai Lama.* São Paulo: Palas Athena Editora, 1998.

livro de sua autoria entrou no circuito: ***Bondade, amor e compaixão***[86], publicado pela Editora Pensamento, cujo proprietário solicitou a mim que fizesse a revisão final. Desde então, os livros de Sua Santidade não pararam de ser traduzidos para o português, muitos deles tornando-se best-sellers e recebendo resenhas significativas em jornais e revistas de grande circulação. Regressei a Dharamsala em 1990, no primeiro encontro de ocidentais em apoio ao Tibete. Ali, conheci os pioneiros que trabalharam arduamente para que a opinião pública e as vias diplomáticas internacionais soubessem o que realmente estava acontecendo no teto do mundo. Entre eles estavam Michael van Walt van Praag, John Avedon e Richard Gere. Conheci também os tradutores de Sua Santidade, Dr. Alex Berzin e Prof. Dr. José Ignacio Cabezón, que vieram ao Brasil convidados pela Associação Palas Athena para realizar conferências públicas e seminários em centros acadêmicos.

Em outubro de 1991, junto com a Pontifícia Universidade Católica de São Paulo, a Associação organizou a Primeira Semana de Cultura Oriental, na qual o Tibete teve papel de destaque, tanto pela afluência de público quanto pela exposição de ***thangkas*** tibetanas que encantaram os jovens universitários, pouco familiarizados com a arte e a tradição religiosa desta cultura. Naquele ano também recebemos a visita de Lodi Gyari e Rinchen Dharlo, este último, responsável pelo escritório do Tibete em Nova York, para preparar a primeira visita de Sua Santidade o Dalai Lama ao Brasil, que se concretizou em junho de 1992, durante os eventos da Conferência das Nações Unidas sobre Meio Ambiente e Desenvolvimento – a ECO 92 –, que congregou milhares de delegados do mundo todo na cidade do Rio de Janeiro. A presença de Sua Santidade foi catalizadora do interesse da imprensa local e internacional. O público se aglomerava para vê-lo e ouvi-lo. Religiosos de todas as crenças acudiram à memorável celebração interreligiosa no aterro do Flamengo, que foi precedida de uma noite de vigília pela paz. Até os dias de hoje, essa congregação de vocações espirituais é lembrada com reverência pelos brasileiros.

Outro acontecimento memorável se deu em junho de 1995, com a turnê que organizamos em várias cidades com os monges Drepung Loseling, apresentando o programa ***Tibete, Música Ritual e Dança Sagrada***. Nessa ocasião, realizamos sessões de documentários durante uma semana no Centro Cultural São Paulo, onde também foi montada a primeira ***mandala***[87] de areia, aberta ao público, por monges que se revezavam a cada três horas. A emoção tomou conta dos visitantes que, em profundo silêncio, miravam a concentração dos monges artistas.

O venerável professor Samdhong Rinpoche, na época presidente da Câmara dos Deputados do governo tibetano no exílio, chegou ao Brasil em dezembro de 1997,

86 Lama, Dalai. *Bondade, amor e compaixão*. São Paulo: Pensamento, 2006.

87 Mandala, do sânscrito, círculo. Ferramenta para a meditação. Sua construção leva vários dias e é de singular beleza, mas, pouco antes de ser concluída, é destruída, como símbolo da impermanência.

quando participou de uma conferência histórica no auditório da Faculdade de Direito da Universidade de São Paulo. Na mesa de honra, ele esteve acompanhado do Prof. Dr. Dalmo de Abreu Dallari, vice-presidente da Comissão Internacional de Juristas, ativo participante do documento *Tibet: Human Rights and the Rule of Law*[88] (*Tibete: Direitos Humanos e o Estado de Direito*).

Samdhong Rinpoche nos iluminou com sua abordagem sobre o compromisso com a verdade e a não-violência (*satyagraha*), que Gandhi forjou como o instrumento político-libertário mais eficiente para promover mudanças sociais estruturais no século XX. Suas palavras sempre destacaram a necessidade de sustentar princípios, não importa em qual atividade se esteja envolvido e, portanto, seu discurso é absolutamente universal. Com a presença dele, articulamos a segunda visita de Sua Santidade ao Brasil, concretizada em abril de 1999, quando o tema central foi *Valores humanos e sua prática cotidiana*, dirigido especialmente a educadores que vieram de todo o território nacional e, inclusive, de outros países. Recebemos delegações da Alemanha, Argentina, Canadá, Estados Unidos, México e Uruguai. Para formalizar os preparativos para a terceira visita de Sua Santidade, em 2005, a Sra. Jetsun Pema deu várias e comoventes palestras públicas sobre sua larga experiência pedagógica e assistencial à frente das Tibetan Children's Villages[89] (aldeias de crianças tibetanas). Entre suas palestras, destaca-se a que foi dada no auditório da sede da Prefeitura de São Paulo, que reuniu autoridades do setor de educação, assistência social, direitos humanos, justiça e sistemas de reeducação de jovens em litígio com a lei e privados de liberdade.

A terceira visita de Sua Santidade ocorreu em abril de 2006, com foco sobre o diálogo entre ciência e espiritualidade, do qual participaram os mais destacados pesquisadores e professores da Universidade Federal de São Paulo – a Escola Paulista de Medicina. Durante um dia inteiro, dividido em dois painéis, foram debatidos com Sua Santidade os novos aportes das ciências cognitivas e as neurociências e suas convergências com o sábio legado do budismo, especialmente com as práticas meditativas. O próprio reitor da universidade abriu as sessões diante de um auditório com mais de 3.000 participantes.

***A Associação Palas Athena atua junto à Universidade Federal de São Paulo para trazer médicos tibetanos ao Brasil. Poderia contar como se dá esta experiência?***

Durante a última visita de Sua Santidade, foi preparada uma carta de intenções para estabelecer um convênio de intercâmbio entre pesquisadores brasileiros da Universidade Federal de São Paulo e o Instituto de Medicina e Astrologia Tibetana (TMAI, na sigla

88 A íntegra do documento em português está disponível em http://bit.ly/rpS3qc e, em inglês, em http://bit.ly/n6ARLM.

89 Site da Tibetan Children's Village: http://bit.ly/sWmgE.

em inglês), com sede em Dharamsala, na Índia. Graças ao apoio constante de Tsewang Phuntso, representante para a América Latina do escritório do Tibete em Nova York, que esteve conosco nas articulações para definir o convênio com a universidade, em 2008 o acordo foi firmado pelas autoridades competentes, entrando em vigência e possibilitando um encontro de conhecimentos que, sem dúvida, trará benefícios para todos. O convênio visa promover e fomentar programas de intercâmbio para estudantes, professores e pesquisadores, assim como a colaboração no planejamento e realização de pesquisas de interesse recíproco no âmbito da saúde.

Com esse mesmo espírito de aproximar conhecimentos que se consolidaram na vida dos povos – o que atende também à proposta explícita da Organização Mundial de Saúde em suas *Estratégias da OMS sobre Medicina Tradicional 2002-2005*[90] –, a Associação Palas Athena organizou, junto com a Universidade Federal de São Paulo, o 1° Simpósio de Medicinas Tradicionais e Práticas Contemplativas, em setembro de 2008. Entre os convidados internacionais, estava o Dr. Pema Dorjee, médico e professor do Instituto Tibetano de Medicina e Astrologia, e, entre os brasileiros, o Prof. Dr. Leo Matos, um dos primeiros brasileiros a viver na comunidade tibetana no exílio e estudar os efeitos da meditação no equilíbrio psicofísico. O simpósio despertou grande interesse junto à medicina tradicional tibetana, o que levou ao convite, no ano seguinte, do Dr. Namgyal Tsering para ministrar um curso de especialização acadêmica de três dias na mesma universidade. Meses mais tarde, recebemos a visita de Geshe Lhakdor, que deu uma palestra pública no auditório da mesma universidade sobre o tema *Ciência e espiritualidade – convergências para um novo espaço de conhecimento*. Em reunião com representantes do Departamento de Relações Internacionais, foram iniciados os protocolos acadêmicos para estabelecer um novo convênio, desta vez com a Biblioteca de Obras e Arquivos Tibetanos, que ele dirige em Dharamsala. Esta iniciativa já foi aprovada por ambas as instituições e entrará em vigor este ano.

Em setembro de 2010 será realizado o 2° Simpósio de Medicinas Tradicionais e Práticas Contemplativas em Saúde, para o qual está confirmada a presença do Dr. Dawa, ex-diretor do TMAI.

***Quais são os pontos convergentes entre a medicina tibetana e a ocidental, e também entre os médicos tibetanos e os ocidentais?***

Acredito que a medicina tibetana oferece um espectro mais amplo sobre o conceito de saúde e bem-estar do que o encontrado na medicina convencional, posto que são

90 A íntegra, em português, do documento da OMS encontra-se disponível em http://bit.ly/qfnNXp.

contempladas tanto as necessidades físicas quanto as emocionais e espirituais. Em tempos como os que vivemos, quando a vida nas grandes cidades provoca estresse crônico, ansiedade, superexcitação dos sentidos, irritabilidade e depressão, penso que o repertório de cura tradicional tibetano pode trazer aportes significativos. Mas, como não sou médica nem profissional da área de saúde, não me sinto apta a responder satisfatoriamente esta pergunta.

***O Dalai Lama disse em mais de uma oportunidade – em especial em encontros com jovens – que o XX foi um século de destruição, de violência, e que o século XXI teria de ser de paz, de harmonia. À luz do que foi a primeira década do século, estas palavras são algo mais que o desejo de um líder religioso comprometido com a paz? Têm respaldo?***

Sim, têm respaldo. O século XX foi o mais violento da história da humanidade. As duas grandes guerras mundiais e as ideologias totalitárias mataram 111 milhões de pessoas, provocaram desesperança, humilhação e vergonha a toda uma geração, com consequências, sem dúvida, para a seguinte. Ainda temos feridas abertas, pois o individualismo, o consumo desenfreado, os índices de alcoolismo e o crescente uso de drogas não são nada além do resultado da perda do sentido da vida ante a constatação da barbárie a que podem levar o racismo, os nacionalismos extremistas, os fundamentalismos religiosos, a discriminação e a ignorância dos princípios fundamentais de convivência respeitosa.

Entretanto, nos anos 1960, começaram a emergir estudos e programas acadêmicos sobre as origens biológicas e culturais da violência. Gene Sharp e Johan Galtung foram os primeiros teóricos que trabalharam neste campo. A UNESCO organizou importantes foros e, mais recentemente, Boris Cyrulnik, Humberto Maturana, Francisco Varela, Riane Eisler, Edgar Morin, Xesus Jares, entre outros, afirmaram que não podemos desculpar nossa violência atribuindo-a a uma herança animal ou genética. No mundo selvagem, o que encontramos é a agressividade, mecanismo que assegura a sobrevivência. A violência é verificada em algumas espécies – nos chimpanzés, por exemplo, mas com raras incidências.

Há um repertório de novos conhecimentos em curso: no campo jurídico, encontramos a justiça restaurativa, a mediação, a negociação e a criação de círculos de busca de consenso. Na educação, temos a educação para a paz, os jogos cooperativos, a alfabetização emocional. Na economia, propostas de microcrédito, de investimentos verdes, de orçamento participativo. As redes sociais se multiplicam e os grupos ambientalistas rompem as fronteiras nacionais, raciais, partidárias e religiosas. No próprio âmbito espiritual, são cada vez mais frequentes os diálogos e cerimônias interreligiosas.

Portanto, não nos faltam instrumentos teóricos para avançar em direção a um mundo mais confiável e amistoso. Contudo é necessário investir em políticas públicas e práticas cidadãs para enraizar esses conhecimentos em comportamentos comprometidos com o cultivo do respeito, da solidariedade e da compaixão. E a participação de cada um de nós é fundamental, independentemente de ser tibetano, uruguaio ou francês. Como diz Sua Santidade o Dalai Lama, todos somos iguais na aspiração à felicidade e em querer evitar o sofrimento.

***Que semelhanças e que diferenças poderiam ser estabelecidas entre o Mahatma Gandhi e o Dalai Lama?***

Creio que a semelhança entre ambos está no compromisso irredutível com a não-violência, a fidelidade à própria tradição espiritual que lhes deu origem e ao trabalho incessante sobre si mesmos. São gigantes que se autoburilaram, fizeram de sua própria condição humana uma obra de arte. Daí a admiração universal que despertam.

Sobre as diferenças, de fato, são várias. Gandhi teve tempo para se formar: estudou em Londres, passou quase 25 anos na África do Sul testando suas ideias junto à comunidade indiana que vivia discriminada e em permanente ameaça. Quando retornou à Índia para encabeçar o movimento de independência da coroa britânica, tinha 46 anos. A própria Índia, apesar de colônia, era reconhecida internacionalmente, com longa história de mudanças culturais.

Sua Santidade teve de assumir as negociações com as autoridades chinesas em plena adolescência. Chegou à Índia como refugiado aos 24 anos, e o Tibete, tanto pela inacessibilidade geográfica quanto por seu isolamento, não havia cultivado relações diplomáticas suficientemente fortes com o resto do mundo para receber seu apoio frente a invação da República Popular da China.

***Acredita que os tibetanos estão devidamente capacitados para assumir um governo por si mesmos, caso o governo da China conceda a autonomia tão reclamada por eles?***

Sem dúvida. Cada povo sabe o que é melhor para si. A descolonização da América Latina é um exemplo mais que evidente. E a África também o será, à medida que ganhe confiança em seus recursos morais e espirituais que foram devastados durante séculos.

***Que opinião têm os brasileiros sobre sua ativa vinculação com a causa tibetana?***

Nasci na Argentina, em Buenos Aires, e vivo no Brasil há 37 anos. Construí meus sonhos nesta terra, que sempre me acolheu com grande respeito e estima. Os brasileiros são muito sensíveis à causa tibetana, que desperta admiração e simpatia. Atualmente, há mais de 30 centros de dharma de linhagem tibetana aqui, além de algumas representações de bon. Penso que este seja um sinal auspicioso, se considerarmos que sua implantação ocorreu nos últimos 20 anos. Já há vários lamas e monges brasileiros ordenados, e alguns deles conhecem o idioma tibetano. O que nos falta são restaurantes de comida tibetana, portanto, se conhecer algum bom cozinheiro...

**Junho, 2010**

## Ronaldo Fraga

Rio de Janeiro, 1950

Engenheiro mecânico. Realizou programas de desenvolvimento de dirigentes na Fundação Dom Cabral. Presidente da Zollern North America LP, Houston, Texas. Estudou ioga e meditação na Índia e no Nepal. Vice-presidente do Comitê Brasileiro de Apoio ao Tibete.

"Em 1975, já como praticante de ioga e em busca de aprofundamento espiritual, fui para a Índia, onde pretendia permanecer algum tempo em um *ashram* hinduísta para aprender a meditar e buscar respostas para antigas perguntas. Até então, sentia-me insatisfeito com a compreensão católica sobre o temor a Deus, de como ele teria criado todas as coisas, de uma vida eterna depois da morte, da quebra na sequência de acontecimentos e encadeamento de fenômenos no momento da morte, entre tantas outras coisas. Foram muitas as oportunidades que se apresentaram para caminhar pela senda budista. Neguei-me em várias ocasiões, apesar de, continuamente, mostrar-se evidente como a melhor opção para meu desenvolvimento espiritual. Olhando para trás, houve muitos episódios que foram elos de uma cadeia de *karma* e sincronicidade. Finalmente me rendi, e fiz inscrição no curso de novembro do monastério de Kopan com o lama Yeshe e o lama Zopa Rinpoche. Nunca mais perdi o contato com o budismo tibetano e, paralelamente, não pude deixar de me comover com a causa deste povo tão pacífico e tão sacrificado."

***Aloma Sellanes Zibechi - Por que o budismo?***

**Ronaldo Fraga** - Porque de todas as grandes religiões e filosofias que conheci, o dharma de Buda é o que apresenta o sistema mais completo, coerente, representativo e orientador para a conduta pessoal e espiritual do praticante. Especialmente significativa é a atribuição de responsabilidade ao próprio ser senciente sobre os caminhos que seu *karma* lhe oferecerá, a valorização da liberdade como fator que contribui preponderantemente para a floração das infinitas sementes cármicas impressas em nosso contínuo mental. Além disso, o budismo Mahayana enfatiza a motivação de liberar todos os seres da roda do *samsara*[91] como causa única da busca pela iluminação.

***Por que criou no Brasil um grupo de apoio ao Tibete, um país tão distante, com cultura tão diferente?***

Em um mundo sem dúvida cada vez mais globalizado como o que vivemos, tomamos conhecimento de fenômenos e fatos em todo o planeta. A opinião pública passa a ter um peso maior sobre as ações de governos nacionais e internacionais nos diversos níveis. Há maior pressão sobre a valorização de princípios básicos da humanidade, tais como a liberdade de ir e vir, de manifestação de opinião, democracia etc.

Os valores humanos e espirituais desenvolvidos e mantidos no Tibete têm validade universal. Divulgar a causa tibetana no Brasil pode nos ajudar a lembrar o quanto a compaixão, a sabedoria e a ética são importantes na formação de nossa nação, tão grande e carente destes princípios. Por outro lado, o volume de informações que disputa a atenção do cidadão comum em nossos tempos é enorme. A internet, com todos os seus novos canais de difusão de notícias e resultados imediatos, pode deixar o indivíduo receptor de tanta informação confuso e superficial. O grupo de apoio seria também uma forma de tentar priorizar a qualidade da mensagem que procuramos transmitir. Uma forma de gerar informação selecionada e focada nos assuntos do Tibete, atendendo àqueles que buscam informações além das oferecidas pelos grandes meios de comunicação.

***Os grupos de apoio ao Tibete somam hoje mais de 160 ao redor do mundo, mas seu maior contingente está na Europa e nos Estados Unidos. Como se dá a relação com estes grupos do hemisfério Norte?***

O Comitê Brasileiro de Apoio ao Tibete tem estado bem menos ativo do que gostaríamos. Por isto, os contatos internacionais também se restringiram. Certamente

91 Samsara, do sânscrito, ciclo de nascimento e reencarnação que só se interrompe quando as emoções negativas são vencidas e se chega à iluminação.

os países com maior exposição internacional, onde muitas vezes se concentram colônias de refugiados tibetanos, têm suas necessidades básicas satisfeitas e podem se dedicar a causas nobres com mais tempo e empenho. Os grupos de apoio são fontes de informação e inspiração.

***Em sua opinião, por que os políticos são tão reticentes quanto ao envolvimento com a questão tibetana?***

A China tornou-se um país economicamente muito poderoso e a atitude de seu governo é extremamente agressiva em relação a qualquer iniciativa de apoio ao Tibete, seja de governos ou de políticos. Ainda que Sua Santidade o Dalai Lama tenha posição muito clara quanto a pedir autonomia dentro dos termos da Constituição da China, as autoridades chinesas não acreditam nisso e, ao mesmo tempo, quando o Dalai Lama viaja com propósitos exclusivamente religiosos, os políticos que expressam intenção de recebê-lo sofrem fortíssimas pressões para que não o façam. Os interesses econômicos falam mais alto que os princípios.

***O Sr. acredita que algum governo tomará a iniciativa de reconhecer o governo tibetano no exílio?***

Seria uma grata surpresa. Mas não tenho esta expectativa, inclusive porque não é isto o que o governo tibetano no exílio pede.

***Qual é a sua expectativa sobre uma resolução favorável para este conflito em um futuro próximo?***

Creio que seria necessária uma grande mudança na atitude do governo da China. Tenho a convicção de que, se dependesse dos tibetanos, o conflito seria resolvido satisfatoriamente com a concessão da autonomia e o retorno de Sua Santidade o Dalai Lama a Lhasa. Entretanto, os sinais visivelmente emitidos pelas autoridades chinesas não alimentam minhas esperanças. Seria lamentável perder a oportunidade de resolver essa questão enquanto o Dalai Lama ainda está vivo, o único líder capaz de reunir a maioria do povo tibetano em torno de uma solução pacífica. Depois de sua morte, as consequências dessa crise são imprevisíveis.

***Exite um forte sentimento antiamericano na América Latina, e a China é vista com uma potência que compete com os Estados Unidos. Este fato pode condicionar o apoio***

***à questão tibetana?***

Muitos erros na política internacional dos Estados Unidos, especialmente na América Latina, motivaram o desenvolvimento de um forte sentimento antiamericano, principalmente seu apoio a ditadores de direita que criaram redes de corrupção e práticas contra os direitos humanos. Na época da Guerra Fria, China e União Soviética faziam um contraponto ao poder norte-americano e apoiavam movimentos de esquerda, muitos grupos armados de guerrilha urbana e camponesa, que, com o tempo, foram se amoldando aos procedimentos democráticos e ganhando poder. Assim foi em muitos de nossos países. Alguns governantes se inclinam à defesa ideológica da China, apesar de o país ser mais um capitalismo de Estado que um regime marxista tradicional. Encontramos pouco apoio do público em geral à causa tibetana porque lhe parece muito distante, e dos políticos, por uma mistura de ideologia e interesse comercial. Nossa luta é muito difícil, mas a questão é preciosa e justifica a manutenção dos esforços, mesmo com as contínuas frustrações.

**Junho, 2010**

## Segyu Rinpoche

Rio de Janeiro, 1950

Licenciado em Engenharia elétrica pela Universidade Federal do Rio de Janeiro. Em 1983, mudou-se para os Estados Unidos e, pouco depois, foi reconhecido pelo 98º Gaden Tri Rinpoche como mestre e titular de uma famosa linhagem do budismo tibetano conhecida como Segyu. Teve mestres como Kyabje Lati Rinpoche (1922-2010), importante mestre do budismo tibetano e antigo abade do famoso monastério de Gaden Tibete Shartse. Em 2002, deu início ao projeto Juniper, focado na aproximação da prática budista às características ocidentais.

"Quando estava com cinco ou seis anos, tive visões de um iogue nas alturas. Muito tempo depois, soube que esta imagem correspondia à do lama Tsongkhapa, um dos maiores mestres do budismo tibetano. Lembro também que quando houve a fuga do Dalai Lama para a Índia, meu pai fez um comentário negativo sobre essa decisão, porque representava o abandono de seu povo, o que motivou um acalorado comentário de minha parte, não isento de raiva. Saí em defesa de Sua Santidade e de sua decisão de refugiar-se na Índia - foi como se tivesse feito uma conexão mental com ele. Depois de realizar estudos de cura, ao mesmo tempo em que prosseguia minha carreira na engenharia, meu mestre aconselhou-me a ir aos Estados Unidos entrar em contato com a filosofia tibetana. Assim, em 1982 mudei-me para Berkeley, na Califórnia, não só para estabelecer esse contato mas também para estudar em minha área específica, a da engenharia informática.

Estudei também psicologia transpessoal, que é uma mistura das tradições espirituais com a psicologia clássica. Durante um ano e meio, estudei com o lama Kungar no Centro Sakya, e meu encontro com ele foi realmente muito especial. Apresentei-me dizendo que vinha do Brasil, onde realizava curas e contei-lhe sobre meu grande interesse em conhecer a tradição tibetana. Ele me acolheu e disse que me integraria ao centro, mas só esteve nas duas primeiras vezes que participei. Depois me disseram que ele havia viajado ao Tibete para levar seu pai – ex-ministro de Finanças do XIII Dalai Lama – para os Estados Unidos. Quando voltou, depois de seis meses, trouxe presentes para todos os auxiliares e – inesperadamente, para mim, dado nosso brevíssimo contato – me entregou um pôster de um lama, dizendo que era o meu mestre. O pôster era de Tsongkhapa, o mesmo das minhas visões durante a infância, e fundador da escola Gelug, enquanto o centro em que eu estava era da escola Sakya, o que não representou um problema. Quando lhe perguntei por que havia me trazido aquele pôster, disse-me que tinha ido ao monastério Sakya de Shigatsé, onde viu uma pintura de Tsongkhapa e, ao observá-la, viu minha imagem.

Pouco depois, tive um sonho em que curava um lama que tinha um problema em um dedo do pé. Nesta época, convidaram o lama Lati Rinpoche a vir ao centro falar sobre medicina tibetana e, ao vê-lo, o reconheci como o lama de meu sonho. Assim que pude, perguntei-lhe se havia tido problemas em algum dos pés, ao que respondeu afirmativamente: uma pequena infecção em um dedo, já recuperado. Ele tornou-se meu mestre-raiz. Tudo o que aprendi e o que aconteceu depois foi graças a ele. A princípio, quando Lati Rinpoche sugeriu que me tornasse monge, recusei, pois tenho uma filha e estava desenvolvendo um projeto de cura de acordo com a tradição brasileira, e não me sentia apto a desenvolver minhas habilidades dentro de uma cultura desconhecida. Só muitos anos depois, em 1997, fui ordenado monge, quando também fui reconhecido como a reencarnação de um abade tibetano do mosteiro de Segyu."

***Aloma Sellanes Zibechi - O Sr. sempre se refere à sua condição de curador. A cura é uma atividade que leva muitas pessoas à desconfiança, há uma rejeição imediata, certamente por causa de atos inescrupulosos de pessoas que realizam tal atividade com propósitos espúrios. Poderia explicar como tem aplicado as técnicas de cura e quais pontos de contato existem entre essa prática que o Sr. incorporou no Brasil e as práticas médicas tibetanas?***

**Segyu Rinpoche** - Entendo a suscetibilidade e controvérsia sobre a cura. A separação e a falta de comunicação entre a ciência e a religião fazem com que fique, de um lado, a ciência dura que só presta atenção às descobertas científicas e, de outro, a medicina popular ou intuitiva, praticada pelos anciãos dessas tradições. A cura ioga é uma disciplina mental que cultiva a cura, a recuperação e o bem-estar sustentável em si mesmo e nos demais. Chegou até nós a partir das linhagens espirituais indo-tibetanas, que datam de milhares de anos. Com sua concentração na melhoria da própria energia e vitalidade, é um complemento ideal para a orientação técnica da medicina moderna. A cura ioga pode ter um impacto surpreendente em nossas vidas, reduzindo o estresse e a agitação, melhorando nossa capacidade de cura e recuperação, e abrindo a porta a um profundo compromisso com uma disciplina espiritual ancestral.

O termo *ioga* significa união ou unir juntos. Tendemos a pensar na ioga como um sistema de posturas usadas para o exercício e a tranquilidade, mas, na verdade, ela tem um significado muito mais amplo, que engloba uma rica gama de disciplinas físicas e mentais espirituais. Como disciplina mental, por exemplo, a ioga é um meio para energizar o corpo e a mente, através da conexão de união com uma profunda fonte de energia e visão que nos fortalece.

Para a cura ioga é fundamental a ideia de que o corpo e a mente compreendem um complexo sistema de energia, com grande influência no modo como funcionamos, sentimos e interagimos com o mundo que nos rodeia. Quando a energia flui bem dentro de nós, temos uma forte sensação de vitalidade e bem-estar. Sentimos positivamente nossa vida, o mundo e nossas relações, e irradiamos uma qualidade positiva que pode contagiar outras pessoas. É como se o vento que sopra às nossas costas nos desse propulsão.

***O Sr. mencionou o momento em que tomou refúgio – como budista, refúgio no Buda, no dharma e na sangha. Poderia explicar um pouco mais o que significa tomar refúgio?***

O refúgio é uma resolução pessoal e um compromisso com a volta às fontes que, verdadeiramente, podem melhorar o bem-estar e fortalecer a mente. Essas fontes incluem o potencial da própria mente, o treinamento e o caminho que conduz à realização desse potencial, e da inspiração e orientação dos mestres e da comunidade que apoia nossos esforços. O potencial da mente abrange nossa capacidade para a serenidade interior, a visão profunda e o compromisso com o mundo, com uma profunda preocupação com os demais. O caminho que conduz à realização deste potencial é a rica tradição de textos, as instruções e métodos desenvolvidos ao longo de séculos por mestres e discípulos, que continuam florescendo e evoluindo com novos descobrimentos e aprendizagem. Os mestres e a comunidade que apoiam nossos esforços incluem os orientadores e amigos que nos ensinam e estimulam, junto com os muitos mestres e adeptos do passado, nos quais podemos nos inspirar. Assumir um compromisso interior de confiar nessas fontes é como se acoplar a uma fonte de energia que leva nossos esforços do meramente intelectual ao movimento ativo.

Nós podemos tomar esse refúgio de diferentes maneiras. Pode ser simples como nossa própria intenção interior e compromisso de participar dessas fontes de desenvolvimento interior, ou pode ser um compromisso mais formal ou uma recitação quando começamos uma meditação. De qualquer maneira, tomar refúgio nessas fontes de desenvolvimento interior – o potencial da mente, o caminho que nos guia ali e os mestres e amigos que nos orientam e apoiam – fortalecerá nosso progresso.

O refúgio nessas fontes não implica um retiro ou renúncia ao mundo, mas representa uma mudança mental ou movimento da vontade. Nós também participamos de nosso cotidiano, mas a atitude diante dele começa a mudar. Tornamo-nos menos dependentes dos esforços externos que podem não ser tão úteis, nossa experiência ganha firmeza e começamos a captar as coisas como elas são, sem falsa esperança ou fantasia. Isso nos move ao que poderíamos descrever como o fruto da formação budista: a participação no mundo, dirigida não por padrões de desejo, agressão e autoexpansão, mas para um profundo manancial de alegria, sabedoria e atenção. O refúgio é o meio através do qual nos orientamos nesta direção.

***O que é o projeto Juniper?***

Em 1979, em Londres, o Dalai Lama teve um encontro com monges e monjas ocidentais em que expressou sua satisfação de que estivessem ali, mas enfatizou a necessidade de que continuassem trabalhando em seus países, que não abandonassem sua própria cultura. Posso dizer que destas palavras do Dalai Lama surgiu Juniper: com base no respeito à essência dos preceitos budistas, procuro dar a eles um entendimento melhor para nós, ocidentais.

Juniper foi inspirado na floresta do Tibete, porque foi ali que Atisha introduziu o budismo no Tibete, e foi nessa floresta que o lama Tsongkhapa compôs *Lam rin chenmo*, o caminho da iluminação. Juniper busca manter a essência do budismo, mas adaptando-a à nossa cultura moderna. Desta forma, entendo que sigo cabalmente as palavras de Sua Santidade quanto à forma de fazer o budismo chegar aos ocidentais.

**Julho, 2009**

# CHILE

## Ana-María Clasing

Santiago, 1948

Doutora em Medicina alternativa (Heilpraktiker), título outorgado pela HP Schule für Naturheilkunde GMBH, de Munique, Alemanha. Realizou estudos de Anatomofisiologia e Promoção da saúde na Faculdade de Medicina da Universidade do Chile. Pedagoga em inglês para os ensinos médio e superior. Diplomada no curso Estudo das Religiões pela Universidade Adolfo Ibáñez, de Santiago do Chile. Estudou budismo na Biblioteca de Obras e Arquivos Tibetanos em Dharamsala, Índia. Participou de cursos sobre medicina tibetana no Instituto Tibetano de Medicina e Astrologia Men-Tsee-Khang, de Dharamsala. Recebeu iniciações e ensinamentos de Sua Santidade o XIV Dalai Lama, de Sua Santidade o XVII Karmapa e de Sua Santidade Chetsang Drikung Rinpoche. Contribuiu para a formação do Instituto Thomsaling para monjas budistas. Tradutora para o espanhol de textos budistas e autora do livro Tíbet, país y cultura.

"O primeiro registro que tenho na memória sobre o Tibete remonta à minha infância, quando ouvi pelo rádio, junto com minha mãe, a notícia da fuga do Dalai Lama para Índia em meio à ocupação chinesa. De modo singular, a palavra "lama" ficou impregnada em mim. Perguntava-me o que seriam os lamas que ficavam escondidos meditando. Mais tarde, já na universidade, meu interesse pelos diferentes caminhos espirituais também fez com que me questionasse sobre o budismo, aquele que os lamas do Tibete praticavam (na verdade, minha tese em Educação teve o título *A fé no mundo de hoje*). Muito tempo depois, em 1996, com a vinda de alguns lamas tibetanos ao Chile, tive a oportunidade de conhecê-los mais de perto, ouvir suas conferências e ensinamentos.

Em 1998, assisti aos ensinamentos do Dalai Lama em Madison, Wisconsin, EUA. Até aquele momento, só tinha visto Sua Santidade pela televisão quando ainda vivia na Alemanha e os meios de comunicação costumavam noticiar algumas de suas visitas à Europa. Os ensinamentos que deu em Madison foram *As etapas da meditação*, de *Kamalashila*, um clássico budista, e a iniciação de Avalokiteshvara dos mil braços. Recebi estes ensinamentos e, embora não possa falar hoje de coincidências, naquele momento achei mera casualidade estar tão perto do Dalai Lama, a ponto de ele ter segurado minhas mãos quando estava no meio de um grupo de tibetanos.

Esse fato me sensibilizou demais, e fez com que experimentasse uma catarse, cuja origem não conseguia entender, assim como os ataques de choro sucessivos a cada vez que o via. Voltei ao Chile motivada e com firme intenção de fazer uma pereguinação à Índia, aos lugares relacionados ao Buda: Lumbini, onde nasceu; Bodhgaya, onde chegou à iluminação; Sarnath, onde deu seu primeiro sermão sobre as Quatro Nobres Verdades; e, finalizando, onde vive o Dalai Lama, a quem senti como alguém realmente muito especial, e tinha ouvido que ele seria chamado de o Buda vivo. Assim, na companhia de meu marido, realizei a peregrinação por todos esses lugares sagrados. A viagem foi extenuante, mas também extremamente interessante, já que submergimos na Índia profunda.

Ao chegar a Dharamsala, entretanto, a paisagem mudou e, surpreendentemente, parecia que estávamos em um povoado muito parecido ao que se via no Tibete: monges em seus hábitos de cor grená por todas as partes e construções tipicamente tibetanas. Dharamsala é conhecida como a *pequena Lhasa*. Decidi ficar por causa das aulas de budismo ministradas na Biblioteca Central, e também porque estava justamente acontecendo um curso sobre medicina tibetana para estrangeiros, em inglês. O fluxo de tibetanos que fugia do Tibete era grande e suas necessidades também, era preciso acomodá-los na Índia e oferecer-lhes orientações para seu desenvolvimento no exílio.

Fiquei mais quatro meses em Dharamsala – foi uma experiência fascinante, que hoje recordo e guardo como um tesouro. Desde a chegada, o desejo e a intenção de conhecer o Dalai Lama e ter um encontro pessoal com ele não me davam trégua. Naquele momento, realmente não tinha a dimensão do significado de conseguir uma audiência com um líder espiritual de sua relevância, além do que era necessário ter um propósito bem definido para pedir uma audiência. Ignorando tudo isso, fui a um determinado escritório e solicitei o encontro. Lembro que o Sr. Luthong, funcionário do escritório, recebeu-me com um grande sorriso e disse que seria muito difícil, mas perguntou sobre minhas experiências no budismo. Expliquei-lhe que vinha do Chile e que meu contato com o budismo havia sido mínimo. Deixei meus dados e saí um tanto triste, porque começava a compreender que não seria fácil conhecer este Buda vivo. Alguns dias depois, um jovem tibetano apareceu na pensão onde estava hospedada para informar que tinha uma reunião agendada com o secretário de Sua Santidade, o Sr. Tsering Tethong. Minha surpresa foi enorme!

Ansiosa, compareci ao encontro e fui amavelmente recebida por ele, que quis saber sobre minha experiência com o budismo. Depois de responder suas perguntas, falou sobre o verdadeiro propósito do budismo, orientando-me sobre o cuidado com ensinamentos errados ou interpretados de maneira forçada que poderiam ser difundidos especialmente em países onde não era suficientemente conhecido. Falou-me de práticas budistas contrárias aos ensinamentos do dharma, e que era muito difícil para nós, no Chile, conhecer estas divergências, por razões óbvias. Atordoada com tanta informação, recebi do secretário alguns livros sobre as diversas correntes e práticas, reafirmando que o interesse de Sua Santidade o Dalai Lama era manter os ensinamentos do dharma o mais puros, intocáveis e claros. Assim, desta forma contundente e inesperada, comecei a estudar temas como linhagens e práticas, li os livros e entendi do que se tratava.

Depois do encontro com o Sr. Tethong, senti que as esperanças de conseguir a audiência com Sua Santidade se desvaneceram por completo. Para minha surpresa, uns dois meses depois, enquanto assistia aos ensinamentos de um alto tantra dados por Sua Santidade, o mesmo funcionário do escritório do governo se aproximou e disse-me, ao ouvido: "Sua solicitação foi concedida". Lembro deste momento, mas não consigo descrevê-lo adequadamente. Experimentei uma alegria imensa, mas senti que poderia ser um obstáculo o fato de não pertencer a nenhum centro budista e era, portanto, totalmente carente de formalidades. Com este sentimento ambíguo, fui para a audiência com minha mochila. Tive de deixá-la na entrada junto com a máquina fotográfica. Perguntaram-me se havia trazido um kata, a echarpe branca usada para saudar e receber as bênçãos de um grande mestre – respondi que não, ou seja, não tinha a mínima ideia do que significava esse encontro. Sentia-me um pouco incomodada, porque via outras pessoas que conheciam perfeitamente as exigências e estavam em um ponto muito alto de devoção, enquanto eu, não, não pensava em nada místico para fazer. Finalmente, me emprestaram um kata e o secretário, vestido com uma chuba[92], levou-me a uma sala onde estava Sua Santidade o Dalai Lama.

Ele me recebeu com uma familiaridade assombrosa, como se fosse uma sobrinha que não via há tempos, abriu os braços e pegou em minhas mãos. Seu secretário falou-lhe de minha procedência, o que despertou seu interesse sobre os rumos do budismo em meu país. A esta altura, já havia perdido a capacidade de expressão e o impacto me dificultava a articulação das palavras. Recordo sua voz falando com seu assistente para que tirasse uma foto (algo que meu ego desejava ardentemente, mas que imaginava não poder, já que tinha deixado a câmera na entrada). Depois, me abraçou, colocou um pequeno Buda sobre sua cabeça, e, em seguida, sobre a minha e me entregou. É muito difícil traduzir em palavras o que senti naquele momento. Sei apenas que esse encontro e sua lembrança são minha primeira motivação para sentar em meditação. Ao terminar, saí da sala, peguei a mochila e comecei a andar por um caminho estreito, com uma grande comoção e

92 Chuba: vestimenta tradicional tibetana.

sentindo-me profundamente transformada. A emoção foi tão grande que custei a voltar à normalidade. O impacto de estar com o Dalai Lama foi profundo, algo que só pude compreender ao longo dos estudos sobre o dharma. Esta experiência foi guardada como um tesouro, e a mantive em segredo até agora.

Hoje qualifico esse encontro como a causa primeira de minha posterior incursão na questão do Tibete e no estudo profundo do dharma. Em Dharamsala, com a informação obtida do Ministério da Educação do governo no exílio, consegui ensinar inglês a alguns jovens tibetanos recém-chegados que já tinham algum conhecimento prévio do idioma. Tive, assim, a oportunidade de conhecer jovens refugiados que chegavam do Tibete e desejavam iniciar uma vida no Ocidente. Suas experiências e relatos foram, sem dúvida, uma grande motivação para envolver-me também na causa tibetana."

***Aloma Sellanes Zibechi - Que outro fato marcou sua estada em Dharamsala nessa primeira visita?***

**Ana-María Clasing** - Naquele mesmo ano, conheci a Aldeia de Crianças Tibetanas (TVC, na sigla em inglês) através de uma criança de sete anos, Karma Lekshey, que lá vivia. Ele perdeu sua mãe no Tibete quando tinha um ano de idade. Seu pai quis que tivesse acesso a educação e, atravessando os Himalaias, levou-o até Dharamsala e voltou ao Tibete. Conheci a história de Karma Lekshey, sentimos grande afeto um pelo outro e decidi patrociná-lo. Passávamos todos os fins de semana juntos, íamos ao cinema, tomar sorvete, comprar brinquedos – vivíamos uma relação de mãe e filho, e fomos nos apegando. Esta relação próxima que construímos persiste até hoje.

Entre 1998 e 2002, fui todos os anos a Dharamsala, principalmente para ver o pequeno Karma Lekshey, e ficava durante três meses ou mais. Chegava de surpresa e ia esperá-lo na saída da aula. Como em qualquer parte do mundo, as crianças saíam atropeladamente e, de repente, aparecia Karma, vinha na minha direção e nos dávamos um forte abraço... muito forte. Ele não sentia vergonha de demonstrar seus sentimentos diante de seus colegas, e me dei conta de que, de alguma forma, ele se sentia privilegiado entre os outros por ter uma mãe. As experiências vividas com esse menino e alguns de seus amiguinhos foram, para mim, muito gratificantes e educativas. Quando vivemos comodamente com nossas famílias, certos de que nossos pais cuidam de nós e nos enchem de presentes, impressiona o tremendo valor que essas crianças dão a uma mãe, ainda que não seja a biológica. Entendo que crianças nestas circunstâncias há em toda parte, especialmente nos países da América Latina, mas tocou-me muito viver tão de perto a situação dos tibetanos exilados. As razões eram desconhecidas para mim.

Através de Karma Lekshey conheci muito sobre os tibetanos, especialmente as crianças sem família e o fantástico trabalho que o governo do Dalai Lama faz por elas no exílio. Essas aldeias lhes possibilitam um lar que, mesmo em condições precárias, cumprem o objetivo de educá-las para uma vida plena, sem perder seu idioma e cultura. As crianças vivem em grupos de 30 em cada casa, relacionam-se como irmãos e irmãs e têm uma mãe adotiva que cuida delas. Chama a atenção a responsabilidade com que elas se organizam para cozinhar, limpar e ajudarem-se mutuamente nas tarefas escolares. A formação que recebem é muito boa, estudam três idiomas: inglês, híndi e tibetano – além de aprenderem sobre Shakespeare, por exemplo. Sua educação é baseada nos princípios budistas de responsabilidade, autosuficiência, amor e solidariedade.

Estas aldeias integram lares, escolas e centros de capacitação vocacional, e oferecem a possibilidade delas continuarem seus estudos em universidades do Sul da Índia ou optar por bolsas no estrangeiro. As TCV, para mim, são mais um reflexo da perseverança impregnada nos tibetanos, que lutam para manter seu idioma e sua cultura e, de alguma maneira, desejam mostrar ao mundo seu esforço por merecer sua pátria.

Karma Lekshey, hoje com 19 anos, escolheu a vida monástica e está no mosteiro de Sera, no Sul da Índia. Tem sido excelente aluno, a ponto de ganhar uma bolsa na universidade, mas sua inclinação religiosa prevaleceu. Durante sua estada nas TVC de Dharamsala, foi aluno modelo nas escolas Montessori[93] e, aos nove anos, recebeu convite da Itália para cantar em um coro de crianças junto com o tenor Luciano Pavarotti. Aos 17 anos, participou da equipe de futebol que representou o Tibete em um amistoso com a Suécia. Ainda hoje, como monge, me escreve falando de seu entusiasmo pelo próximo campeonato mundial de futebol. Nossa relação continua maravilhosa. Penso que só o dharma me dará uma explicação sobre esta experiência.

***A Sra. esteve em Dharamsala em 2008, depois dos levantes em Lhasa que se espalharam pelo Tibete, e depois em 2009, quando os ecos daquele movimento já não estavam tão próximos. O que percebeu de especial em 2009?***

Voltei a Dharamsala em 2007, depois de uma longa viagem pelo Tibete, onde fiz uma peregrinação ao monte Kailash[94]. Em 2008, fui a Nova Délhi e a Dharamsala, em uma viagem relacionada principalmente à questão tibetana. Naquele momento, havia muita efervescência, reuniões para decidir quais caminhos tomar depois dos levantes, discussões sobre a possibilidade de manter a reivindicação por uma autonomia genuína

93 Escolas Montessori: escolas que seguem o método de educação Montessori, criado pela Dra. Maria Montessori no início do século XX, que rompeu com as regras estritas da época, privilegiando o respeito pela criança como ser sensível e estimulando a educação para o amor.

94 Monte Kailash: monte do Tibete, sagrado para budistas e hinduístas.

ou a demanda por independência – era, enfim, outra dinâmica. Em 2009, voltei a Dharamsala em viagem de retiro, percorri as TCVs e fiquei na mesma pensão em que estive em 1998. Observando as crianças, experimentei um sentimento de grande nostalgia, recordando tempos de um Tibete em exílio com mais força, mais unidade, mais alegria, porque a esperança de voltar estava muito latente.

Em 2009, tudo parecia estar mais quieto, mais turvo, notei que havia um sofrimento gerado pelas falsas expectativas surgidas no ano anterior. O mundo não havia respondido de forma categórica aos desejos dos tibetanos. Não é fácil ver tibetanos chorarem, são hábeis na hora de esconder suas emoções. Durante minha estada, em 2009, também assisti aulas sobre o dharma na Biblioteca Central e me dei conta da grande quantidade de alunos tibetanos, muitos com o objetivo de aprender inglês e voltar ao Tibete, na expectativa de conseguir um trabalho melhor lá. O exílio não pode dar a eles tudo o que esperam, a Índia é generosa e o governo tibetano no exílio também, mas percebi que as expectativas de muitos jovens são maiores do que o que lhes pode ser oferecido, o que não permite que construam suas vidas.

***A Sra. mencionou que os tibetanos são hábeis na hora de ocultar suas emoções. Isso não faz com que seja muito difícil conhecê-los realmente?***

Essa habilidade parece responder ao fato de que, ainda que a raiva e o ódio queimem por dentro, seus princípios budistas ditam que devem sempre lutar contra as emoções negativas. Como estrangeira, é difícil entender de maneira completa o que os tibetanos pensam e sentem realmente sobre sua situação no Tibete. É natural, creio que querem resolver seus problemas entre si. Refiro-me, principalmente, às pessoas nas ruas e ao tibetano no exílio. Quanto ao governo tibetano, sempre deixou claro seu desejo de liberdade, seja através da autonomia hoje, ou da independência, no passado. A clareza e seriedade do Dalai Lama em relação à situação do Tibete tem sido a garantia para que os estrangeiros apoiem a questão tibetana. E, voltando às emoções, penso haver uma espécie de solidariedade, talvez um pouco exagerada; sementes de compaixão que levam os tibetanos a não compartilhar sua dor.

***Qual a sua percepção sobre os tibetanos que vivem no Tibete?***

No Tibete, a situação dos tibetanos é clara, tem muitos jovens que não recebem educação. Vimos isso em muitos lugares, por exemplo, moças de 15 ou 16 anos trabalham como garçonetes em restaurantes, mas não são preparadas para isso, não têm qualquer tipo de capacitação e, portanto, também não conseguem fazer de seu trabalho uma profissão. Muitas são analfabetas, criadas no idioma tibetano em casa e muito grandes para ir às escolas chinesas, e têm de sustentar a família. Isto acontece em pequenos povoados do Oeste do Tibete, como Saga ou Tingri, onde a vida nômade prevalecia. Hoje, entretanto, os nômades devem tornar-se cidadãos urbanos e seus filhos jovens, também.

**Abril, 2010**

## Fernando Salinas Manfredini

Santiago, 1956

Engenheiro civil industrial pela Faculdade de Ciências Físicas e Matemáticas da Universidade do Chile. Mestre em Finanças pela Faculdade de Economia e Administração da Universidade do Chile. Mestre em Filosofia pela Faculdade de Filosofia e Humanidades da mesma universidade, com especialização em Epistemologia e Filosofia da mente. Foi professor da Universidade do Chile em diversas cadeiras da área de Pesquisa operacional e Organização industrial. Autor do livro ***El fluir de la conciencia*** e coautor da antologia ***Sábado por la mañana***. Foi secretário-executivo do comitê organizador da visita de Sua Santidade o Dalai Lama ao Chile, em 2006. É diretor-geral da organização cosmética Levinia Manfredini – Dermik, com sede em Santiago do Chile.

"Minha vinculação nasce a partir do budismo, de minha participação em um centro budista tibetano. Tinha uma noção histórica sobre o Tibete e conhecia seus problemas, nas não estava profundamente inteirado dos detalhes. À medida que fui me aproximando deste centro budista, dei-me conta de que o problema do Tibete era mais trágico do que os meios de comunicação mostravam."

***Aloma Sellanes Zibechi - Por que se aproximou do budismo?***

**Fernando Salinas Manfredini** - Principalmente por um interesse filosófico. Embora seja engenheiro por formação, estudei filosofia na Universidade do Chile, onde só se estuda filosofia clássica ocidental. Depois, li alguns textos de filosofia oriental e me interessei em continuar estudos mais profundos nesta área. Foi assim que me aproximei do centro budista Choe Khor Ling, de Santiago, onde o lama tibetano Gendun Yarphal ensinava filosofia budista. Isto aconteceu no início, depois fiquei interessado por outras práticas budistas, como a meditação, mas meu viés sempre foi mais filosófico que religioso.

***Em qual etapa de sua vida ocorreu esta aproximação?***

A primeira etapa foi aos 35 anos, e bastante teórica, quando li muitos livros sobre o budismo, e se estendeu por uns dez anos, nos quais o interesse sobre budismo e outras filosofias orientais, como o taoísmo, também teve viés intelectual. Pouco a pouco fui mergulhando no budismo, e diria que a experiência mais transcendental ocorreu quando Sua Santidade o Dalai Lama veio ao Chile, em 1999. Sua palestra, que não foi de caráter filosófico, mas espiritual, me impressionou muito. Ali conheci também o lama Gendun Yarphal, que depois se estabeleceu no Chile.

***Por que trazer o Dalai Lama?***

Frequentava aulas de filosofia budista com o lama Gendun todas as quintas-feiras e, ao final, o levava até sua casa, no centro de Santiago. Em 2002, em uma noite rotineira, perguntei se acreditava que o Dalai Lama voltaria ao Chile, ao que respondeu: "Você pode trazê-lo". Fiquei surpreso. Ele explicou que, para trazer Sua Santidade o Dalai Lama era necessário ser um empreendedor com experiência organizacional. O lama Gendun enviou uma carta a Dharamsala solicitando a visita de Sua Santidade, e foi formada uma comissão organizadora, da qual fui secretário executivo. À medida que realizávamos reuniões com o Sr. Tsewang Phuntso, do escritório do Tibete em Nova York e representante para a América Latina, comecei a dar-me conta de que isso transcendia o centro Choe Kor Ling, e que deveríamos conciliar nossos objetivos aos de todos os centros budistas do país.

Neste contexto, iniciamos o planejamento, formamos uma boa equipe de trabalho e, finalmente, alcançamos o objetivo. Queríamos algo mais que uma visita protocolar e conseguimos com um seminário chamado ***Exploração da mente e da ciência no budismo***, para o qual convidamos neurocientistas importantes como Alan Walace e Antoine Lutz. Além disso, um dos fundadores do ***Mind and Life Institute***, o Sr. Adam Engle, quando soube do seminário em homenagem ao cientista chileno Francisco Varela, veio por iniciativa própria. Sua Santidade manifestou sua satisfação com o seminário e, especialmente, pela homenagem, já que de alguma forma Francisco Varela foi o ponto de união entre a filosofia budista e a ciência ocidental. Foi Varela que se aproximou do Dalai Lama e ofereceu esse contato, que finalmente desembocou em uma sequência de encontros com renomados cientistas em Dharamsala e, posteriormente, nos livros *Un puente para dos miradas* e *Dormir, soñar, morir*.

Creio que esta foi a marca registrada dessa viagem: a vinculação com o mundo científico, o reconhecimento da grande contribuição de Francisco Varela à humanidade ao aproximar as duas grande visões - a científica e a budista. A morte prematura de Francisco Varela realmente foi uma grande perda, pessoa muito estimada e criativa. Deixou iniciado um novo campo da neurociência: a neurofenomenologia, que pretende vincular todo o conceito filosófico da fenomenologia ao sistema nervoso. Outros cientistas continuaram nese caminho de pesquisa - oxalá frutifiquem! Varela influenciou muito toda uma geração, foi um cientista visionário, para além da ciência. Ler seus livros sobre o conhecimento humano, junto aos de outros cientistas e pensadores chilenos, como Humberto Maturana, nos motiva a percorrer os temas da neurociência. Pessoalmente, foi Varela quem me motivou para o fascinante e inconcluso estudo das relações entre a neurociência, a filosofia ocidental e o budismo.

***Engenheiro civil, filósofo, budista, empresário. Qual o peso do budismo em sua atividade empresarial?***

Certamente sinto que a influência do budismo em minha atividade empresarial tem sido fundamental, especialmente sob a perspectiva que o budismo tem sobre a percepção imediata da realidade. Segundo o budismo, a realidade percebida não é mais que uma designação da mente e, portanto, é necessário desprender-se dos apegos. Este conceito pode ser aplicado ao empreendimento empresarial, sem dar uma dimensão essencial ou transcendental a coisas que pertencem ao cotidiano. Esta perspectiva dada pelo budismo tem feito com que possa trabalhar sem tanta influência do imediatismo.

***Há pouco tempo o Chile sofreu um dos terremotos mais devastadores de sua história. Qual é a sua perspectiva, como budista, de um desastre natural que afeta tanta gente?***

Quando se toma o budismo como filosofia, com o tempo, muitas coisas são reinterpretadas, e tenho feito isto em minha vida e na de meu país do ponto de vista cármico. Creio que isto está relacionado ao *karma*, compreendendo que não se refere ao bem ou ao mal, mas à lei de causa e efeito no plano moral. No Chile, nos defrontamos com a necessidade de enfretar permanentemente os desastres naturais, são como parte de nosso *karma*. Vivemos isto há gerações e aceitamos. Alguém poderia pensar que neste país não se pode viver porque sempre há terremotos, entretanto vivemos aqui normalmente, salvo nesses momentos quando há emergências. Mesmo com a conotação negativa deste terremoto, como as mortes e a perda de bens materiais, afloram coisas positivas como a solidariedade e o repensar sobre as coisas importantes da vida.

O terremoto realmente tira o chão dos pés de modo eloquente, literalmente porque nos sentimos impotentes diante da força da natureza, tão pequenos e, na constatação desta fragilidade, somos levados à reflexão sobre as coisas importantes da vida. O cotidiano, às vezes, nos distrai e faz crer que há coisas valiosas em si mesmas e, ao refletir sobre isto do ponto de vista budista, nos damos conta de que, em si mesmo, nada tem importância real, tudo é impermanente. Creio que se um evento infeliz como esse tem algum benefício seria do ponto de vista da reflexão, tanto no nível individual quanto do país. Tenho muitos familiares que vivem na área do epicentro desse terremoto e vi como a devastação, a perda de tudo, foram extremamente complicadas, mas eles demonstraram a capacidade de resistir e voltar a lutar. Minha tia, de 80 anos, perdeu tudo, sua casa, seu comércio, mas ainda assim, e apesar da idade, continua lutando. Isto me mostra que, quando o ser humano perde coisas materiais, com o tempo acontece uma reavaliação de si mesmo, do essencial.

***Suas filhas, de 19 e 21 anos, seguem alguma orientação religiosa ou filosófica?***

Minha filha mais velha tem uma tendência ao budismo, e ultimamente manifestou interesse em participar de um centro budista. A mais nova já esteve ligada ao catolicismo, mas agora me dá a impressão de que não tem mais certeza disso. É natural que elas estejam confusas, porque seus avós maternos são católicos, a avó paterna era ateia, a mãe se identifica com a visão xamânica e eu, budista. É uma mistura de visões bastante complexa, antagônica até, mas o importante é que elas sabem claramente que a religião é uma opção interna, espiritual e não hereditária, obrigatória. É uma busca que nasce e se satisfaz a partir de si mesmo, e creio que elas têm as ferramentas para encontrá-la, no devido tempo.

A religião tem um componente cultural muito poderoso no aspecto doutrinário. Sei que nem todos os religiosos concordam comigo, e muitos deles acreditam na existência de uma única verdade. Entretanto, para mim, o componente cultural pode ser constatado, por exemplo, no fato de que no mundo árabe todos sejam muçulmanos ou, no Tibete, todos sejam budistas: é uma herança cultural. O que não é cultural é a necessidade espiritual, que é comum a todos, ou quase todos, os seres humanos, mas obviamente esta necessidade espiritual de explicar a existência humana acaba se encarnando na cultura do país ou da região.

Ainda que a religião tenha fundamentos que ultrapassam as questões culturais, o fato de que alguém professe uma determinada religião tem forte componente cultural. A discussão sobre o tema da verdade absoluta expõe um problema que ainda não foi resolvido, mas acho que irá se resolver ao longo do tempo. Através dos modernos meios de comunicação, podemos apreciar a multiplicidade de manifestações religiosas no mundo, e não pode ser – ao menos é este o meu sentimento – que uma seja a verdadeira e todas as outras estejam equivocadas. Todas têm uma visão particular sobre as mesmas inquietações e, talvez, nossa mente não tenha sido capaz, até agora, de visualizar o que há de comum entre todas elas.

**Abril, 2010**

## Humberto Barahona

Viña del Mar, 1949

Professor. Sua formação em Pedagogia sempre o vinculou à educação, primeiro no Ministério da Educação e, posteriormente, no Colégio de Professores do Chile. Desde sua juventude, interessou-se por filosofia e religião. Seus primeiros mestres foram Bhagavan Ramana e Maharaji. Em 1980, integrou um grupo de praticantes de budismo tibetano e, no ano seguinte, colaborou com a primeira visita de um monge ao Chile, o lama Tounsang. Promoveu e organizou a visita de vários mestres budistas ao Chile, de diferentes escolas tibetanas. Foi responsável pela primeira iniciativa de levar um lama para viver no Chile: o lama Shampa Rigzin. Foi gestor da fundação dos centros budistas Drikung Kagyu e Chagdud Gonpa no Chile. Esteve no Nepal, na Índia e Tailândia, onde visitou grande quantidade de monastérios. Criou o Instituto de Difusão Budista, uma escola de estudo e meditação não sectária. Fundou também o primeiro grupo de apoio ao Tibete do Chile, inspirado na luta não-violenta do Dalai Lama e seu povo. Organizou as duas primeiras visitas do líder tibetano a seu país.

"Desde a adolescência, ouvi falar sobre o Tibete e, na juventude, o budismo tibetano me interessou na época em que teve início sua introdução no Chile e em toda a América do Sul. Os vínculos se criaram praticamente desde o primeiro lama tibetano que foi convidado a vir à América Latina, em 1981. Depois, tive a oportunidade de organizar a visita de vários monges e mestres tibetanos, e as duas primeiras visitas de Sua Santidade o Dalai Lama a nosso país.

Envolvi-me ativamente na defesa dos direitos humanos e nacionais do povo tibetano depois de ler uma publicação da editora Dharma, da Espanha – *Cuadernos de Meditación Budista* –, em que Sua Santidade se referia à importância de sua contribuição espiritual e cultural para a humanidade, assinalando que "a ação é a prática". A partir daí, ajudei a difundir essa realidade no Chile em diversos campos, não apenas entre simpatizantes budistas, mas também entre gente de boa vontade e sensível aos direitos humanos em qualquer parte do mundo."

***Aloma Sellanes Zibechi - Em sua opinião, quais são os aspectos da cultura tibetana mais interessantes para os latino-americanos que se sentem atraídos por ela?***

**Humberto Barahona** - Sem dúvida, a espiritualidade e sincretismo com as crenças locais, como seu reconhecimento das forças da natureza. Na cultura latinoamericana, até hoje estão presentes as raízes ancestrais da concepção do universo e de nosso mundo. Isto faz com que o budismo tibetano, com suas características únicas, interprete o mundo natural e espiritual de nossa cultura.

***O Tibete sempre foi parte integrante da China?***

Não me parece. Tive a oportunidade de estudar a fundo a longa história daqueles povos e, em termos modernos, o Tibete era claramente uma nação independente antes da invasão militar chinesa. Mas, ainda que o Tibete tivesse sido dependente histórico da China, nenhum governo tem o direito de tentar destruir uma etnia e cultura próprias.

***Em sua opinião, por que as autoridades governamentais de um país poderoso como a China, que sobe cada vez mais degraus em seu intento de chegar a ser uma superpotência, sentem-se tão incomodadas ou nervosas diante da figura do Dalai Lama? Por que a advertência constante aos governos dos países visitados pelo líder tibetano para que não o recebam?***

Sua Santidade representa uma condição moral inatingível pela cúpula chinesa. Eles sabem que Sua Santidade mantém vivo o clamor pela liberdade do povo tibetano e que gente de todo o mundo acredita nele. A presença de Sua Santidade o Dalai Lama reunindo-se com líderes de todo o mundo desnuda o precário sistema chinês que procura se afirmar internacionalmente através de um desenvolvimento econômico que está longe das massas, mas abre o apetite dos interesses materialistas do Ocidente, que prefere ignorar as cadeias que aprisionam um povo que constitui mão de obra barata. A via da não-violência que inspira Sua Santidade não é um bom negócio para o Ocidente, mas as mentes mais avançadas podem perceber isso e dar seu apoio a uma causa legítima e indispensável à dignidade humana e para a nova ordem mundial tão esperada.

***Do ponto de vista geopolítico, que consequências acarreta, ou pode acarretar no futuro, o Tibete – país que já serviu como estado-tampão entre China e Índia – pertencer à República Popular da China? Para a estabilidade da região, seria mais benéfico um Tibete livre?***

Mesmo que seja um legítimo direito do povo tibetano, será muito difícil que o Tibete recupere sua condição de nação independente da China. Ainda que o povo chinês se livre das garras do totalitarismo comunista, uma China democrática provavelmente manterá seu controle sobre o Tibete. A humanidade avança para um mundo de associações cada vez mais amplas e profundas, e me parece que a riqueza espiritual e cultural do Tibete dará importante contribuição a uma China livre e, a partir deste contexto, a toda a humanidade. As raízes do pensamento e ética budistas na China são profundas e o totalitarismo comunista não poderá arrancá-las definitivamente da consciência do povo. Uma China livre e uma Índia democrática não deveriam enfrentar mais problemas do que aqueles com os quais qualquer vizinho se depara.

**Julho, 2010**

## Pablo Rosenblatt

Santiago, 1955

Biólogo, mestre em Belas Artes, com especialização em documentários científicos pela Universidade de York, no Canadá. No Chile, criou e dirigiu o Departamento de Vídeo e TV do Centro El Canelo de Nos, impulsionando a produção independente. Em 1992, fundou a produtora Imago Comunicação, com o objetivo de realizar documentários científicos. Produziu a série Enlaces, dirigida à divulgação da ciência e da tecnologia, uma das mais premiadas da televisão chilena na última década e, em Paris, ganhou o grande prêmio Júlio Verne. Realizou, ainda, um importante número de produções especiais, sendo a mais recente La Travesía de Darwin (2009), que obteve, como outras de suas produções, reconhecimentos e prêmios tanto no Chile quanto no exterior. É cofundador do Programa Eureka, da Fundação Ciencia para la Vida, que produz materiais educativos em ciência e tecnologia para o ensino médio e superior.

"Entrei em contato com o tema nos anos 1990, quando surgiram centros de meditação tibetana no Chile e duas amigas passaram a frequentá-los, despertando meu interesse pela filosofia budista, o que me levou à literatura correspondente, da qual destaco o *Livro tibetano do viver e do morrer*. Coincidentemente nessa época fui a Boston (EUA), onde me encontrei com o cientista chileno Francisco Varela, que já havia publicado um livro sobre conhecer a si mesmo, e isto também fez com que me interessasse em saber mais sobre o budismo tibetano."

***Aloma Sellanes Zibechi* - *Quem foi Francisco Varela?***

**Pablo Rosenblatt** - Francisco Varela foi um cientista chileno cuja vida e obra estão relacionadas à busca da compreensão sobre o funcionamento do sistema nervoso e suas qualidades essenciais que o tornam tão particular. Varela inicialmente alcançou reconhecimento internacional na década de 1970 como companheiro de trabalho do biólogo chileno Humberto Maturana, e foi cocriador do conceito de autopoiese[95]. Ao longo de sua carreira, explorou temas e conceitos da mente, da biologia, e buscou comprovar suas ideias originais que explicam muitos dos fenômenos da mente e da biologia, a consciência e a compreensão dos mundos interior e exterior dos indivíduos, com a teoria da autopoiese. Seus livros escritos com Maturana, *A árvore do conhecimento* e *De máquinas y seres vivos*, constituem as bases onde são encontradas suas principais ideias, que explorou durante toda a vida.

Quando a ciência ocidental já não era capaz de dar melhores explicações, buscou nas práticas budistas, em especial as de origem tibetana, novos caminhos para explorar a mente, o sistema nervoso e o fenômeno da consciência. Suas inquietações espirituais o levaram a tornar-se cofundador do *Mind and Life Institute*, onde iniciou um diálogo entre monges budistas liderados pelo Dalai Lama e um grupo de destacados cientistas ocidentais. Este instituto realiza uma série de encontros e diálogos que abriram novos horizontes para explorar a mente e seu funcionamento. Atualmente são realizadas pesquisas com monges em estado de meditação, na busca das áreas do cérebro que se relacionam com a felicidade. Nos últimos anos de vida, Varela dirigiu grande parte de seus estudos à pesquisa da consciência e do novo campo de explorações que havia criado junto com outros renomados cientistas: a neurofenomenologia. Nasceu em 1946 e faleceu aos 54 anos, em 2001.

***Como surgiu a ideia de entrevistar o Dalai Lama?***

Fazia um programa de TV que incluía renomados cientistas chilenos, e isso me deu a oportunidade de voltar a me encontrar com Francisco Varela, em 1994, 1995 e, mais tarde, em 1998 e 1999, quando conversamos mais sobre seu interesse no budismo tibetano. Ele foi discípulo de vários mestres, dedicou boa parte de sua vida à meditação e, nesse meio tempo, começou a ter problemas de saúde. Esse contato com ele reforçou meu interesse e me levou a acelerar as leituras sobre filosofia budista e a praticar a meditação. Dois anos depois, quando Varela morreu, decidimos desenvolver em nossa

95 Humberto R. Maturana e Francisco Varela definiram o conceito de autopoiese: "Os seres vivos se caracterizam por – literalmente – produzirem a si próprios de modo contínuo, o que indicamos quando chamamos a organização que os define de organização autopoiética". Em Maturana, Humberto R. e Varela, Francisco. *A árvore do conhecimento. As bases biológicas da compreensão humana*. São Paulo: Palas Athena Editora, 2004.

produtora um documentário sobre sua vida e, durante a pesquisa, surgiu a ideia de conhecer mais sobre a relação dele com o Dalai Lama, com quem fundou o *Mind and Life Institute*. Fui para Dharamsala para entrevistar o Dalai Lama e conhecer sua percepção sobre o que Francisco Varela havia significado. A primeira coisa que notei foi que o Dalai Lama estava consternado pela morte prematura de Francisco, homem de grande inteligência, com obra notável e muito próximo dele. O Dalai Lama sentia por ele um grande afeto, porque foi Francisco que estabeleceu a ponte entre o budismo tibetano e a ciência, procurando aprender com as técnicas dos tibetanos as formas de questionamento sobre o funcionamento da mente. Foi assim que ocorreram encontros significativos entre destacados cientistas ocidentais e grandes monges tibetanos, reconhecidos por suas profundas meditações. Desta forma, nutriram-se uns aos outros. E tudo teve sua gênese na relação entre o Dalai Lama e Francisco Varela, por isso o líder tibetano ficou muito triste com seu desaparecimento.

***Qual o legado da vida de Varela? Refiro-me concretamente à relação entre seu propósito de unir postulados científicos a práticas budistas e, em especial, em seu país.***

Talvez seu legado seja mais significativo sob o aspecto científico. Creio que Francisco deixou discípulos que agora estão incumbidos de diferentes pesquisas, e aos quais ele impregnou de toda a curiosidade pelo conhecimento, pela indagação sobre o ser humano do ponto de vista biológico, neuronal, sobre como se aprende, se conhece e reconhece, como se enfrenta a morte. Foi alguém que plantou muitas sementes como estas no Chile que, por ser seu país, ficou com muito dele, assim como também a França e outros lugares onde sua obra científica foi significativa. Não se pode separar a parte científica desse questionamento tão pessoal sobre como encontrar o sentido da vida, o porquê de estarmos aqui. Se isso transcende seus discípulos, não sei, é incerto porque é muito pessoal – e diria que não, que esse caminho espiritual de Francisco não é seguido por aqui. Não tenho certeza de que o mesmo acontece na França, porque, embora conheça seus discípulos lá, é apenas um conhecimento de laboratório.

É preciso considerar também que o caminho de Francisco está relacionado ao golpe militar, sua ida para o exílio, a chegada a Boulder, Colorado (EUA), onde há uma comunidade budista organizada, com gente que o impressionou do ponto de vista intelectual, descobriu pessoas com outros enfoques sobre a vida religiosa em comparação ao que conhecia em seu país, onde foi educado em colégio católico. Descobriu semelhanças entre certas explicações científicas e as budistas, e isto fez com iniciasse a investigação sobre o budismo. Seu legado está vivo, mas como morreu muito cedo, de algum modo isso ficou truncado, porque não conseguiu tomar forma, e o mesmo aconteceu com seu legado espiritual.

***Qual a sua percepção sobre Dharamsala?***

Percebi a tremenda dor do povo tibetano, mas também a força para encontrar um caminho de paz, de diálogo, de entendimento, para buscar vias para seguir vivendo como um povo, com suas próprias crenças. Foi comovente, e talvez tenha notado mais porque venho de uma família judia com toda a história de perseguição, e também no Chile tivemos uma ditadura terrível – ou seja, minha história pessoal me torna sensível às vicissitudes do Tibete. Além disso, foi importante, para mim, descobrir a riqueza deste povo do ponto de vista cultural, musical, médico. Tenho muito interesse em medicina, gostaria de fazer um documentário sobre a medicina tibetana, penso que tem um conhecimento muito interessante e seria bom divulgá-lo. Porque não é uma coisa de bruxos, há um marco de conhecimento sobre o qual estão baseadas certas práticas medicinais que funcionam, e isto me impressionou, assim como o hospital de medicina tradicional ao lado da medicina tibetana e conversar com médicos italianos em um e médicos tibetanos em outro: representou o encontro de dois mundos.

***Para quando planeja o documentário sobre a vida de Francisco Varela?***

Para 2011, quando se completam dez anos de sua morte. Entre outras coisas, veremos Francisco contando sua experiência como cientista e, sobretudo, como cientista conectado ao budismo tibetano. Talvez, ao escutar seu testemunho, alguns julgamentos sobre o tema se dissolvam.

**Abril, 2010**

## Paz García Fernández

Temico, 1968

Trabalhadora social, tem atuado na área da inclusão social de pessoas em situação de alta vulnerabilidade, como crianças de rua, jovens em conflito com a Justiça e pessoas com necessidades especiais. Sua formação em práticas meditativas inclui mais de uma década de estudo da filosofia budista com destacados mestres e lamas na Índia, Nepal e Chile, junto de uma profunda formação em meditação Vajrayana. Colaborou para o desenvolvimento do budismo na América do Sul com traduções de ensinamentos e textos do dharma. É presidente do Centro de Meditação Budista Drikung Kagyu de Santiago do Chile. Tem autorização para ensinar budismo e dirigir práticas de meditação tântrica.

"Meu vínculo com o Tibete se deu através do budismo, do budismo tibetano, por meio dos ensinamentos que recebi de meu mestre-raiz, o venerável Khenpo Phuntsok Tenzin Rinpoche, que não é tibetano de nascimento – é do Norte da Índia, de Ladakh. Esta região dos Himalaias acolheu de forma autêntica este tipo de budismo conhecido como Vajrayana ou tântrico. Na verdade, depois da invasão chinesa ao Tibete, é o lugar onde este tipo de budismo melhor se preserva.

O budismo Vajrayana é transmitido por uma linhagem ininterrupta, ou seja, todo mestre que o transmitiu a mim recebeu de mestres cuja linhagem vem do Tibete, e o que é transmitido não vem apenas pelo intelecto, mas ocorre de maneira energética, e esta transmissão provém de outros mestres tibetanos. Assim, é a eles que devemos todo o nosso reconhecimento, graças à sua generosidade e gratidão tivemos a possibilidade de receber o dharma, e o dharma transforma a vida – há um antes e um depois do dharma. E se este dharma provém de mestres que são como pais, não é possível se dissociar quando algo ocorre com eles. Assim, a conexão com o Tibete vem pelo dharma, e o ensinamento está impregnado do contexto cultural onde se desenvolveu.

Vinda de família católica, foi o budismo que respondeu a todos os questionamentos existenciais que tinha. Na juventude, meu comportamento era bastante superficial e condicionado por distrações mundanas, um caminho para fugir dos questionamentos fundamentais da vida. Nasci em um contexto social no qual, se a cultura latino-americana é machista, a do Sul do Chile é ultramachista, com poucas oportunidades para as mulheres, segundo minha limitada percepção naquele momento. Pessoalmente, percebia isto como uma opressão à condição feminina, com papéis preestabelecidos que determinavam fortemente as opções de vida, como um modelo extremamente condicionado que dizia o que a mulher deveria ser e com o qual não me identificava. Sentia que não me enquadrava nas expectativas e, quando não se sente adequado às expectativas de sua cultura, de sua família e entorno, sem dúvida surge um conflito, e as respostas que tinha à disposição nesta cultura conservadora não me satisfaziam.

Fui encontrá-las na Índia, no que o budismo chama de conexão cármica, porque fiquei maravilhada ao entrar em um monastério e encontrar-me com um monge budista. Quando retornei ao Chile, aos 27 anos, encontrei um centro de meditação e, dali em diante, me envolvi, assumindo um compromisso total com a temática budista. Tomei refúgio imediatamente, comecei a praticar, em pouco tempo já estava na direção do centro e, há alguns anos, tenho o privilégio de dirigir o Centro de Meditação Drikung Kagyu, ao qual pertenço. Desde o início, meu compromisso foi integral, tanto que, mantendo minha carreira profissional e minha família, toda minha energia foi posta no estudo do dharma."

***Aloma Sellanes Zibechi - Ao assumir um compromisso tão completo, ocorreu-lhe ser monja?***

**Paz Garcia Fernández** - Sim, sim, claro. Quando encontrei o budismo, estava casada. Conectei-me ao budismo tibetano por ser um budismo tântrico, um caminho que apreende todos os sentidos e paixões, e os transforma, diferentemente das escolas tradicionais, onde práticas como o ascetismo e a austeridade são centrais. Para mim fazia sentido, porque sou uma mulher profundamente apaixonada por tudo, pela ideologia, pelo compromisso, pela paixão sexual e, claro, tive por muito tempo a ideia de tornar-me monja. Fiquei maravilhada com o papel que este caminho confere ao feminino, assegurando um lugar importante. A mulher representa a sabedoria, e todo o tema sexual está bem integrado, além do aspecto sensual, que não é negado ou renunciado, mas sim integrado, transformado em um ponto de vista puro e sem apego. Quanto ao celibato e aos votos, é possível no budismo tibatano escolher quais tomar ou não. Há monges que fazem os votos completos, mas isto não é excludente, eu poderia ser uma praticante, uma ioguini[96] – na verdade me identificaria

96 Ioguini, do sânscrito, mulher praticante do tantra, com o objetivo de alcançar a visão superior ou realidade última. Ioga, do sânscrito, união. Sistema de treinamento do corpo e do espírito que utiliza exercícios de respiração e meditação.

assim –, mas não seria necessário fazer o voto de celibato ou os votos associados ao ascetismo. Muitas vezes, quis seguir esse caminho, porém, mais que me tornar monja, quis me aprofundar no retiro de três anos, três meses e três dias. Adiei porque era um desafio enorme, incompatível com o desenvolvimento de uma carreira profissional ou uma vida de casada em família – mas tenho, cá comigo, que em algum momento isso acontecerá. Creio que o método que o budismo propõe é fantástico, fundamental, libertador, e a maneira de alcançar a liberação é percorrendo o caminho. Sinto que não tenho feito com a devida profundidade, mas está em meus planos fazer, dedicar mais tempo, e tive a oportunidade de abrir um espaço de três meses para ir à Índia e fazer retiros longos, de aprofundamento.

***Não podem ser feitos em seu país? É necessário fazer uma viagem tão longa e cara?***

Sim, esta é a função dos centros de meditação, gerar os espaços aqui para retiros, onde as pessoas possam fazer seu treinamento espiritual. Obviamente nem todos têm a possibilidade de viajar. Ainda que, para mim, seja fundamental o contato com os mestres, não significa que este seja o único caminho.

***A Sra. sente que aquele é o seu lugar?***

Isso acontecia antes com maior intensidade. Era brutal tentar entender por que nasci aqui, neste contexto tão diferente do que procurava, mas agora me dou conta – e o tantra me ensinou – que tudo tem um sentido, que tudo está bem como está, que sou eu quem tem de quebrar a resistência e sentir-me bem onde estou. Vou lá e me nutro, mas entendo que tenho de incorporar aquilo a mim, à minha realidade. Nasci em um meio, em um contexto, e tenho de aplicar isso aqui, em meu trabalho, na família, e não acho que a ideia seja me isolar, porque estaria fugindo de mim mesma novamente. Creio, sim, no que diz o Dalai Lama sobre isolar-se por um tempo para aprender e aprofundar as práticas, mas logo é preciso voltar ao seu próprio ambiente. De fato, em algum momento de minha vida, terei de voltar ao Sul, com mais sabedoria e um processo de transformação realizado. Talvez seja encantador me estabelecer por lá, pode ser que, modificando minha percepção, já não pareça que este meio limitante tenha sido o fator propulsor para sair daqui.

***Poderia explicar o que é o tantra?***

Consiste basicamente na purificação de todas as percepções baseadas na dualidade, na fragmentação das coisas, em que os outros ficam fora de mim, eu sou diferente do resto, pego o que quero e repudio o que não gosto – o que, no budismo, é conhecido como apego ou identificação com a ilusão da existência intrínseca de si mesmo e dos fenômenos. O que o tantra faz é unificar, porém não artificialmente, e isso se dá quando se consegue realizar a unicidade da existência e dos fenômenos na mente. Isto passa pela purificação das emoções perturbadoras que nos tornam fragmentados: o desejo, a raiva e a ignorância.

O tantra é um processo mental interno, não tem muito a ver com normas externas, por isso, o praticante tântrico (o iogue ou a ioguine) não está preso às formas e, ainda mais, despreza os convencionalismos ou as formalidades. Não é necessário usar hábito ou fazer votos de jejum, por exemplo, sempre e quando se tenha a pureza interna da não dualidade – o que é uma meta dificílima, praticamente estar iluminado. O tantra, por outro lado, convida a utilizar tudo que esteja à mão, diferentemente de outros caminhos budistas, nos quais há coisas a ser eliminadas, como, por exemplo, não manter contatos ou comer guloseimas, para não estimular as faculdades sensoriais. O tantra, ao contrário, o convida a se expor, a estimular tudo isso, a brincar com o fogo sem se queimar. Eu brinco com a comida ou com a paixão erótica, mas sempre e quando não haja apego ou aversão. Dificílimo! Por isso, é tão importante a presença de alguém que o oriente, do mestre, dos retiros, porque é muito fácil que isto se banalize e se vá ao raciocínio extremo da dualidade: posso me drogar ou ter uma conduta muito inadequada porque tudo é permitido. Este é o grande risco do tantra, por isso se diz que é uma faca de dois gumes, se não há ética e uma boa orientação. Ao invés de se purificar, a pessoa se perde ainda mais e os efeitos são devastadores. Na base deste método está a bodhicitta, a motivação de que todos os seres, incluindo-se a si mesmo, sejam liberados do sofrimento e alcancem o último estado de liberação, a iluminação.

O trabalho do tantra é árduo, um dos votos é nunca deixar de ter a percepção pura de que nós mesmos somos deidades. Se assim fosse, acabariam as depressões, ninguém sofreria de ansiedade, porque estaríamos conectados à nossa própria natureza búdica, à nossa budeidade, ao nosso aspecto luminoso, sem depressão, ansiedade, raiva. É muito difícil mas, à medida que se pratica, é o que há de mais liberador. Para mim, foi a melhor coisa que aconteceu. Ele dá os elementos que constituem a base para alcançar a liberação interna, o que é maravilhoso.

***O tantra é igualmente importante em todas as escolas do budismo tibetano?***

Sim, o tantra é o método que distingue o budismo tibetano das outras tradições. Algumas escolas, porém, enfatizam mais o acadêmico, o intelectual, como a Gelug, e outras, a experiência direta, que é a prática meditativa, como a Kagyu e a Nyingma. Mas, sim, todas têm a mesma base e o mesmo enfoque.

***Por que escolheu a escola Kagyu?***

Mais uma vez: não foi uma escolha minha. Simplesmente busquei quais alternativas havia e cheguei aqui. Penso ser uma questão de conexão cármica, nada mais. Minha volta coincidiu com a chegada ao Chile daquele que é hoje meu mestre-raiz, e tivemos uma conexão muito forte. Concordamos no objetivo de trabalhar juntos para desenvolver o dharma aqui, torná-lo mais acessível a todas as pessoas. Antes, o dharma era muito elitizado; provavelmente os primeiros a tomar contato com o budismo foram aqueles que viajavam e, portanto, tinham um nível econômico privilegiado. E nós temos buscado democratizá-lo, para que esteja aberto e disponível a um maior número de pessoas. Esta é a beleza do nosso centro, Drikung Kagyu: é transversal no perfil das pessoas, em termos econômicos e educacionais, porque não é uma elite meramente intelectual. Acolhemos os muitos intelectuais e também aqueles que são meros devotos.

***A Sra. tem ideia de quantos budistas há no Chile?***

Acreditamos que cheguem aos dez mil praticantes. Os simpatizantes são muitos, mas estes se aproximam somente quando há alguma atividade, como a visita de um grande mestre ou do Dalai Lama. Há vários centros e pequenas comunidades, cada qual com cerca de 50 a 100 pessoas. Há muito budismo tibetano em Santiago!

***A Sra. esteve com tibetanos que se estabeleceram no Sul da Índia, e também conhece os que estão no Norte, em Dharamsala. O que poderia contar sobre uns e outros?***

Em primeiro lugar, eles são muito gratos à Índia por tê-los acolhido. Uma decisão bastante acertada de Sua Santidade o Dalai Lama foi a criação de suas próprias instituições, como forma de proteger a cultura tibetana. Isto permitiu que construíssem seus próprios organismos, como os ligados aos temas assistencial e educacional, as comunidades tibetanas estão bem definidas, com infraestrutura bem cuidada. A qualidade de vida à qual os tibetanos no exílio tiveram acesso está acima da dos próprios indianos – não se vê mendigos tibetanos, por exemplo. Eles mesmos geram postos de trabalho e contratam mão de obra indiana, são como um grupo privilegiado dentro da Índia.

Como trabalhadora social, fiquei fascinada com o sistema desenvolvido por Sua Santidade o Dalai Lama: 40% do PIB são destinados à educação, para que as crianças aprendam a cuidar de si mesmas, o que é coerente com o budismo, cada um se responsabiliza por si mesmo. Não há a cultura de que os pais tenham de se responsabilizar indefinidamente pelos filhos. Há investimento na educação, mas cada um se responsabiliza por si, e isto me impressionou muito. Para os tibetanos que estão no Tibete e mandam seus filhos para serem educados na Índia, o acesso à educação que têm é obviamente muito superior às condições na China: uma educação que não integra nem reconhece a particularidade de sua cultura dificilmente pode ter sentido para o povo tibetano.

Outro fato que chamou minha atenção é o nível de coerência entre a filosofia que adotaram, o budismo, e sua vida diária. Exemplo disso é que as crianças trabalham para os anciãos em seus lares; no fundo para que compreendam que a condição da velhice é a mesma que viverão um dia. Ou seja, o princípio do ***karma***, de causa e efeito, de que aquilo que faço agora gerará efeitos que se manifestarão depois, que posso construir meu próprio destino através das ações atuais, se torna palpável. Não é como nós, que pensamos não ter nada a ver com os anciãos, o tema da velhice é algo que, enquanto não me alcança, não me diz respeito. Os tibetanos logo tratam de impregnar nas crianças que a velhice é um assunto que lhes compete também, porque é uma realidade que, em algum momento, terão de enfrentar – é o ensinamento do budismo sobre a interdependência e a transitoriedade da vida. Há muita consciência de que o que acontece ao outro poderá acontecer ou mesmo acontecerá comigo. Por isso o que mais destaco é a coerência entre o que o budismo prega e o comportamento que se segue.

Outro tema muito interessante é a condição da mulher. Em um país tão machista como a Índia, as mulheres tibetanas têm poder, estão absolutamente inseridas no trabalho, a distribuição dos papéis é equitativa, equânime, com os maridos. Neste sentido, creio que absorveram a influência positiva do Ocidente, elas não são submissas ou dependentes e isso é transmitido às novas gerações. Outra coisa que me chamou muito a atenção é o fato de não ter visto ressentimento, apesar de tudo o que passaram e têm de passar. Um povo que mantém a cabeça erguida é certamente saudável, porque liberta as gerações posteriores de sofrimento. Em Dharamsala, onde o tema é mais politizado porque os jovens estão em contato com os ocidentais, há um ânimo de resistência, mas não no Sul. Lá estão bem estabelecidos, têm grandes monastérios, levam sua vida espiritual, gozam de completa liberdade para praticá-la, têm escolas espetaculares.

Em Mysore estão as aldeias infantis tibetanas, inspiradas nas Aldeias SOS[97], com uma infraestrutura magnífica. Lá estão também as escolas monásticas, há mosteiros lindos, entre eles o Nyingma, hospitais, um centro de reabilitação infantil de primeira linha, porque conseguiram também financiamento estrangeiro através de suas sanghas na Europa. Não sei se têm o desejo de voltar, estão estabelecidos, são gerações mais jovens, muitos deles optam por bolsas para estudar na Europa ou nos Estados Unidos, ou seja, o exílio representa perda, dor, mas também a oportunidade de desenvolvimento em outros aspectos. Dharamsala, por sua vez, é o centro que atrai os ocidentais e, por isto mesmo, é bem mais cosmopolita

97 A organização Aldeias Infantis SOS foi fundada em 1949, na Áustria, e está presente em 132 países e territórios atualmente.

– no Sul, quase não se vê estrangeiros. Visitei centros infantis, um para abrigar pessoas com necessidades especiais, outro para idosos, e não havia sequer trabalho de voluntários estrangeiros, ao passo que estes vão a Dharamsala estudar, realizar práticas, retiros etc. Isto é, os tibetanos de Dharamsala têm um discurso bem mais adaptado aos ocidentais, as aulas dadas na Biblioteca de Obras e Arquivos Tibetanos têm 80% de alunos ocidentais.

No Tibete, conheci um guia tibetano que, como muitos fazem, fugiu para Dharamsala para estudar – e, depois de formar-se como guia turístico, voltou ao Tibete, onde estava sua família –, porque lá o sistema educacional está organizado desde o ensino básico até a formação e capacitação profissional. Agora estão para construir uma universidade budista no Sul, porque, com todo o investimento que tem sido feito na educação, não querem que haja uma interrupção quando se chega ao nível superior tendo de recorrer a uma universidade indiana. Querem oferecer o sistema educacional completo. Conheci crianças que iam a Dharamsala estudar budismo e, depois, voltavam ao Tibete para trabalhar, correndo um risco enorme, arriscando a vida. Em Dharamsala, onde estão os que viveram diretamente o exílio, é diferente, mais doloroso – é notória a nostalgia do país perdido nas pessoas da primeira geração.

***Se pudesse, qual lugar escolheria para renascer?***

De imediato, um lugar que me deixasse mais perto da Índia, porque o Chile é o lugar mais distante que poderia ter escolhido para renascer. Antes talvez tivesse respondido que seria na Índia, ou no Tibete, mas agora compreendo que no lugar que lhe cabe é preciso realizar um processo de transformação interna. Diante dessa pergunta, entendo que, quanto mais distante está o lugar onde se nasce daquilo que se é, maior o desafio deste processo de transformação. No fundo, o lugar onde se nasce permite passar por um processo de prática espiritual importante. Suponho que ao nascer em um lugar que oferece comodidade, não haverá esforço, mas, se há obstáculos, há questionamento e tende-se a construir o próprio caminho. Creio que esta é a essência: ser feliz onde se está, quanto mais adversas as condições, maiores as oportunidades. Quero acrescentar que o budismo faz com que, inevitavelmente, todo o sofrimento distante ecoe em nós, nos tornamos empáticos. É a visão de que está tudo interrelacionado, o princípio budista da originação interdependente da existência. É a consciência de que, onde houver um grupo de pessoas em situação de submissão, é preciso fazer algo por elas, porque o mesmo pode acontecer conosco e, então, gostaríamos que outros fizessem por nós. O budismo dá esta visão de que tudo o que acontece aos outros é potencialmente possível de acontecer comigo, e nos torna mais abertos, sensíveis e solidários.

**Abril, 2010**

# COLÔMBIA

## Claudia Bonitto

Bogotá, 1962

Mestra em Educação infantil, seus estudos em Pedagogia marcaram todas as atividades que realizou. Praticante budista há vários anos, é cofundadora do Centro Yamantaka de Bogotá. Atualmente tem uma empresa familiar e colabora eventualmente com a Foundation for the Preservation of Mahayana Tradition (FPTM) – Fundação para a Preservação da Tradição do Budismo Mahayana.

"Minha conexão começou pelo aspecto espiritual, não pelo histórico ou político. Fui professora de crianças pequenas, mas me aposentei por razões pessoais. Em 1988, encontrei meu chefe, Mauricio Roa, que comentou estar lendo em grupo alguns livros sobre a mente e achou que isto poderia me interessar. De fato, sempre senti atração por temas ligados à mente, e acabei me juntando a um pequeno grupo que estudava livros budistas sobre a mente. Começamos do zero, porque nosso desconhecimento sobre o tema era quase completo, e fomos evoluindo até chegarmos a fundar, com autorização do Lama Zopa Rinpoche, o Centro Yamantaka da FMTP. Conseguimos isso graças ao empenho, à persistência e à enorme motivação de nosso amigo Mauricio Roa, que viajou à Califórmia para reunir-se com o Lama Zopa e fazer-lhe o pedido. Mauricio já estava vinculado ao budismo e foi sob sua liderança e orientação que começamos.

Foi assim que nos deparamos com um mundo diferente e maravilhoso, que trouxe contribuições importantes à nossa condição humana. Começamos a encontrar respostas, me deparei com o fascinante mundo da meditação, o silêncio da meditação, que começou a me levar por um mundo desconhecido que não pude deixar de percorrer desde aquele momento. Acho que quando se conhece a filosofia budista, sua história e espiritualidade, é impossível deixá-la para trás, não há retorno, não dá para desconhecer esses ensinamentos que, por sorte, estão entrando na Colômbia e em todo o Ocidente. Mesmo sem um grande movimento budista em Bogotá, a situação melhorou nos últimos dez anos, e podemos contar com a visita de dois ou três mestres por ano ao Centro Yamantaka. Não me agrada declarar-me budista porque ainda tenho muito caminho a percorrer e não alcancei nenhum objetivo – prefiro qualificar-me como estudante de budismo, buscando respeitar e seguir o que os mestres ensinam no dia a dia. Do ponto de vista convencional, não sou uma pessoa religiosa, mas o budismo oferece ferramentas de vida tão sábias e práticas, que podem ser comprovadas a cada momento, e simplesmente avalio se servem ou não à minha vida diária. Além disso, o budismo não exclui nenhuma religião, mas procura harmonizar-se com todas.

Por isso, quando falamos da situação que o Tibete vive, todos que estamos envolvivos concluímos que é muito dolorosa porque, entre outras coisas, está se pondo em risco a continuidade de uma cultura que contribuiu e pode continuar a oferecer importantes contribuições à humanidade. O budismo tibetano é muito valioso para o mundo atual, tão exigente, pragmático e imediatista. É uma resposta e uma alternativa para muitas interrogações atuais."

***Aloma Sellanes Zibechi - Como funciona o centro Yamantaka?***

**Claudia Bonitto** - No início, não chegávamos a uma dezena de pessoas, nem tínhamos papéis muito definidos, fazíamos de tudo, desde a limpeza até a organização das atividades. Como disse antes, nosso orientador e inspirador foi Mauricio Roa, que está absolutamente convencido da filosofia espiritual budista, e procurava nos transmitir seu entusiasmo e trazer esses ensinamentos à Colômbia. Pouco a pouco, as coisas foram tomando forma e coube a mim a secretaria, onde cuidava de toda a parte administrativa.

Um momento crucial para o Yamantaka foi quando trouxemos um monge residente. O monge Rinchen, da Argentina, ficou conosco durante dois anos e, nesse tempo, o centro se desenvolveu e cresceu muito, mudamos de sede e passamos a ter entre 80 e 90 membros, saltando de um grupo de estudos para ensinamentos formais e práticas de todo tipo. Disso resultou a visita do lama Kirti Tsenshab Rinpoche, que ficou 40 dias em Bogotá, dando iniciações tântricas, meditações e retiros. Tudo isso graças à intervenção do monge Rinchen, a quem devemos nosso reconhecimento por haver consolidado o centro.

Alguns anos depois, passei a ser diretora de programação espiritual, e me coube atender as pessoas e planejar, em conjunto com a área administrativa, as atividades de cada mês, além de traçar as atividades mensais, semestrais e anuais. Minha nomeação veio oficialmente do escritório internacional, com sede nos Estados Unidos, e de nosso diretor espiritual, Lama Zopa Rinpoche. Ocupei este posto durante oito anos, até 2006, ano em que Sua Santidade o Dalai Lama visitou a Colômbia pela primeira vez. A visita de Sua Santidade foi de enorme importância para budistas e não budistas do meu país, porque ele é um líder espiritual e um Nobel da Paz que realmente representa o prêmio em toda sua essência.

Nos três dias de visita, um total de 32 mil pessoas compareceram, o que foi uma resposta maravilhosa. Na Universidade Javeriana, instituição privada pertencente aos jesuítas, 15 mil jovens acompanharam Mauricio Roa em uma meditação e, depois, ouviram a conferência de duas horas e meia do Dalai Lama de maneira interessada, motivada, realmente querendo apreender a mensagem - esta aposta de vida diferente, esta alternativa diferente de agir, esta alternativa diferente de pensamento. Depois dessa maravilhosa visita, terminou meu trabalho no Centro da FPMT. Meus companheiros e eu decidimos que era tempo de soltar as amarras: nos afastamos do trabalho ativo, das decisões e da administração, mas mantemos contato e continuamos participando, em especial quando vêm os mestres.

***Como se sustenta um centro budista na América Latina?***

Esta é uma boa e necessária pergunta. Esse assunto tem diferentes etapas e momentos. Quando se começa um centro, um grupo de estudos, geralmente alguém empresta sua casa e cada um contribui com pequenas coisas. Em uma segunda etapa, quando o grupo cresce, um lugar maior é alugado e se juntam contribuições de acordo com o que cada um pode oferecer para cobrir os gastos. Em nosso centro, durante um longo período decidimos não cobrar entrada nem os ensinamentos, recebíamos doações voluntárias e assim funcionamos por muito tempo. Mais tarde, quando lentamente começaram a se organizar palestras, passamos a cobrar a entrada a custo muito baixo – 8 mil pesos colombianos, cerca de quatro dólares – mas o pagamento nunca foi obrigatório, ou seja, quem não podia pagar assistia da mesma forma.

O aspecto econômico é, sem dúvida, difícil de enfrentar, nos custou aprender, cometemos erros, assumimos muitos encargos, até que conseguimos equilibrar a balança. Procuramos ser cuidadosos e generosos. Quando da visita de Sua Santidade, os custos foram enormes e, para dar conta, foi necessário cobrar ingresso em alguns dos eventos, mas muitas pessoas não entendiam por que o fazíamos, já que o caráter espiritual do encontro parecia não ser compatível com a cobrança da entrada, e não se entendia que era uma maneira de cobrir os altíssimos custos. Mas, resumindo, o tema dinheiro é delicado. O importante é que a gestão seja totalmente transparente e que seu uso esteja ligado unicamente à manutenção do centro – e considerar que, nos centros budistas, o dinheiro deve ser um meio, mas nunca um fim.

### *O centro recebia fundos do exterior, mais precisamente da FPMT?*

Não, este não é o *modus operandi* da FPMT. Eles oferecem os apoios espiritual e materiais, facilitam a vinda de mestres, mas cada centro é responsável pelos gastos necessários ao seu funcionamento. Reitero que a transparência na gestão do dinheiro é fundamental, já que estamos representando o dharma e o Lama Zopa Rinpoche, nosso diretor.

### *O que é o programa de educação universal?*

É outro projeto da FPMT. Como uma educação complementar nas escolas, é um programa que aposta no ensino da meditação e de uma grade curricular de um modo diferente, aposta na transformação das crianças e na otimização de seu desenvolvimento mental da forma mais natural. Como professora, sempre me chamou a atenção o tema da educação universal e, junto com Mauricio e uma equipe de quatro pessoas, ajustamos a proposta às necessidades colombianas, fizemos algumas modificações e, mesmo tendo sido calcada sob a ótica budista, na apresentação na escola evitávamos a utilização de linguagem específica, para não causar qualquer incômodo. Apresentamos ao colégio Centro Piloto de Educação Nueva Tibabuyes, expusemos nossos objetivos e, para nossa grata surpresa, nos aceitaram.

O colégio é semipúblico, ou seja, recebe crianças que pagam pela mensalidade e outras, gratuitamente. O nível socioeconômico dos alunos é médio/baixo. Na Colômbia, há categorias socioeconômicas que vão de 1 a 6, sendo o nível 1 o mais baixo. Basicamente ensinávamos meditação – e este era o ponto mais importante do nosso programa – e dávamos atividades especiais de acordo com a idade, neste caso, o segundo ano da educação básica, em que trabalhávamos cinco pontos especiais do budismo: mente, valorização da existência humana, a interdependência de tudo na natureza, impermanência e morte, causa e efeito.

Todas as aulas começavam com uma sessão de meditação. É maravilhoso ver crianças de seis, sete anos, meditando por dez minutos em absoluta quietude e relaxamento, de maneira natural e tranquila. Francamente foi uma experiência maravilhosa para todos! Primeiro trabalhamos com as crianças, depois com a equipe docente e, por último, com os pais. Fizemos uma avaliação e a resposta foi incrível. Trabalhamos com eles durante três anos, e o lama tibetano Geshe Jahmpel também esteve na escola, durante uma visita que fez a Bogotá.

Outra grande fonte de inspiração para o grupo foi também o trabalho realizado por Valentin Giacomin e Luigina de Biasi, que desenvolveram uma metodologia não sectária baseada no conceito de unidade do mundo interno (mente e sua relação com o corpo) e do mundo externo, através do projeto *Alicia*. Este trabalho sempre foi realizado ***ad honorem***. Lamentavelmente não pudemos continuar, mas o colégio segue implementando alguns pontos do nosso projeto e, às vezes, prestamos a eles algumas consultorias.

***Como começou sua relação com pessoas privadas de liberdade?***

Outro projeto da FPMT. Ao terminar a experiência com educação universal, a fundação me consultou sobre a participação em um programa de correspondência com presidiários. Procurei saber em que consistia o programa e fui informada de que se tratava de entrar em contato pessoal com indivíduos que estavam cumprindo diversas penas em penitenciárias, com sentenças que variavam de alguns anos até prisão perpétua e, inclusive, condenados à morte. Senti que, mais uma vez, estava me sendo dada a oportunidade de servir a alguém e, seguindo minha linha budista, entendi que desejava assumir o compromisso.

***Quando se refere a condenados à morte significa que a experiência, então, era com presos dos Estados Unidos?***

Sim, dos Estados Unidos. O sistema funciona através do escritório internacional da FPMT. O programa se chama LPP, *Liberation Prison Project*, sob a maravilhosa liderança do venerável Robina Courtin, que tem enorme motivação e conhecimento sobre o tema.

As cartas são enviadas e recebidas através de um mentor. É algo sério, cuidadoso e estudado e, quando assumimos a responsabilidade, devemos cumprir. O projeto é monitorado e é preciso estudar muito. Conheci pessoas incríveis que estudaram budismo em suas celas. Suponho que o isolamento leva a uma profunda reavaliação da vida – e ao perceberem que há alguém colaborando com eles, logo se dão conta de que há uma retroalimentação muito valiosa. Atualmente mantenho contato com 17 presos, o que implica cartas todos os dias, com dedicação de tempo, porque são correspondências muito especiais, de gente que em muitos casos está presa por toda a vida e demonstra arrependimento por seus atos. A maioria das cartas é longa, com até 20 páginas. Todos chegaram ao budismo dentro da prisão.

***Seria possível realizar esta experiência com presos de nossa região, considerando a complexa realidade de superlotação, de superpopulação que tem as prisões latino-americanas? Isso poderia ser feito no seu país?***

Já está se começando a fazer isso aqui em Bogotá, na prisão distrital, a cargo de pessoas do centro Yamantaka. Há um pouco de resistência para entrar com esse tema nas prisões, mas já está sendo feito, pouco a pouco. É um trabalho muito intenso, que não é dirigido exclusivamente aos presos, mas também aos guardas e encarregados da administração. É necessário transformar o ambiente, as condições mentais de todos. Mesmo que a infraestrutura não ajude e a superlotação possa ser um obstáculo, a mente está acima de tudo isso e é a ela que este trabalho está orientado.

**Julho, 2010**

## Rosario Ballesteros Casas

Bogotá, 1974

Profissional de Ciência Política, com pós-graduação em Administração financeira e MBA – Mestrado em Gestão de Empresas. Tem certificado em Programação Neurolinguística com John Grinder. Experiência nos setores público, privado e financeiro, bancos multilaterais e terceiro setor. Compõe juntas diretivas no setor privado e no terceiro setor.

"Minha vinculação formal nasce com uma ligação que recebi, quando trabalhava na Presidência da República da Colômbia como secretária particular da primeira-dama, Lina de Uribe, solicitando uma reunião para examinar as possibilidades de trazer Sua Santidade o Dalai Lama ao país, da qual participariam Tsewang Phuntso e outros três colombianos.

Estive na primeira reunião com a primeira-dama e alguns funcionários do Ministério de Relações Exteriores, convidados para tratar dos assuntos protocolares e os trâmites necessários. Deste momento até a visita, foram dois anos de conversações. Esta foi a parte formal, mas creio que a vinculação não formal está relacionada ao fato de meditar desde pequena e, de alguma forma, a vida ter me presentado com aquelas funções, naquele momento. Sempre me pergunto: por que não chegaram em outra época, ou se dirigiram a outra esfera ou outra entidade? E penso que, talvez por ser praticante, me era mais fácil compreender, além do estritamente político e institucional, que essa visita era um assunto muito importante para o país."

***Aloma Sellanes Zibechi - Como foi organizar a visita do Dalai Lama? Houve pressões? É sabido que, em todo o mundo, a cada visita de Sua Santidade as autoridades chinesas pressionam os governos para que não o recebam.***

**Rosário Ballesteros-Casas** - Nos aspectos aos quais estive relacionada, desde a primeira etapa até o momento em que as partes se alinharam para a realização da visita, mantivemos absoluto silêncio. Vale dizer que, na Colômbia, diferentemente do que ocorre em outros países, a primeira-dama não tem um cargo, não representa formalmente a instituição e, por isso mesmo, ela quis que tudo se mantivesse em sigilo e não gerássemos ruídos desnecessários ou resistências, se é que haveria, já que estávamos na expectativa do que poderia vir a acontecer. Com a proximidade da visita, não foi fácil sermos tão discretos, houve insistentes chamadas da Embaixada da China para reuniões com a esposa do presidente, às quais respondi afirmando que a agenda estava bastante sobrecarregada – o que também era real –, mas, claro, não abri espaço para evitar a possibilidade de qualquer pressão sobre ela, o que teria sido muito inconveniente.

O Ministério de Relações Exteriores manteve-se distante do assunto, e a pressão por parte da Embaixada da China recaiu sobre mim. Cheguei a receber telefonema de uma das pessoas do grupo promotor da visita dizendo que os vistos do Dalai Lama e de sua comitiva não seriam emitidos. Neste momento, passei por cima de todas as instâncias regulares e falei com o presidente que isso não poderia acontecer. Finalmente conseguimos a autorização e eles puderam vir. Lamentavelmente, por prudência, a esposa do presidente não pôde se reunir com o Dalai Lama, e houve recomendação do Ministério de Relações Exteriores para que os funcionários do governo fossem o mais discretos possível, para evitar más interpretações ou problemas diplomáticos. Passei por cima da prudência e tive a felicidade de assistir todos os encontros. Para mim, foi um presente espiritual!

***Então não houve contatos oficiais?***

Não, não houve.

***Como foi a recepção do público nessa primeira visita do Dalai Lama ao seu país?***

A expectativa foi enorme. No encontro com os empresários, todos queriam estar presentes. Ao evento realizado no ginásio coberto El Campín, foi muita, muita gente, especialmente jovens, todos profundamente emocionados. Alguns foram por curiosidade e outros, inclusive, por uma questão de modismo, já que chega um momento em que parecer espiritualizado gera um status, mas creio que a maioria, sem dúvida, participou em função do que o Dalai Lama representa e ficou feliz, emocionada.

***Aconteceram manifestações do público contra a visita?***

Não que eu saiba. As manifestações, como disse, vieram da Embaixada da China, alegando que as reuniões seriam para falar do apoio daquele país a políticas sociais da Colômbia. Disse que não seria possível antes de 9 de maio [de 2006], data da visita, e eles afirmavam que teria de ser antes disso. Depois não voltaram a insistir nessa reunião.

***A Sra. mencionou que medita desde pequena. Tendo em vista que esta não é uma prática muito difundida entre nós, por que a pratica desde tenra idade?***

Bem, minha avó, que era professora de arte, teve uma escola de ioga, meio em segredo. Minha mãe também estava envolvida e aprendi, um pouco por tradição, e também porque tinha muitas alergias, e aquilo me fazia sentir melhor. Mas, no colégio, nenhuma de minhas colegas sabia que eu meditava, ficava em segredo – pensava que, se soubessem, poderia até ser expulsa. Era algo que não se conhecia naquela época, e que recentemente as pessoas começaram a conhecer mais.

***O que sentiu ao estar com o Dalai Lama?***

Uma emoção muito grande, intensa, como quando se é criança e, no final do dia, é chamada para içar a bandeira – me senti assim, premiada. Na segunda palestra, quando o Dalai Lama começou a responder as perguntas do público, Tsewang Phuntso pediu que me aproximasse. Como estava com minha mãe, pedi que ela fosse comigo para que não nos perdêssemos depois. Ela não gostou da ideia, até porque disse que não queria deixar de ouvir as respostas, mas insisti que me acompanhasse. Pensei que, talvez, estivessem precisando de algum apoio, mas, na realidade, foi para que ao final pudesse nos apresentar ao Dalai Lama. Foi um momento de grande emoção, tanto para mim quanto para minha mãe, um dos momentos mais bonitos de minha vida. Ele me agradeceu, e não sabia como dizer-lhe que, ao contrário, era eu quem tinha de estar agradecida – que atitude tão bonita, tão honrada, tão generosa! Também a de Tsewang, por dar-me esta oportunidade.

***A Colômbia é um país que viveu em meio a extrema violência durante muitos anos. Qual o significado de ter entre vocês o Dalai Lama, um defensor da paz?***

Acredito que, sem dúvida, foi motivo para uma profunda reflexão, uma experiência intensa e trouxe até um alívio para as pessoas que tiveram a possibilidade de estar próximas a ele. Ouvir a resposta quando perguntaram sobre sua postura em relação aos diferentes conflitos, mantendo sua forma pacífica e respeitosa, nos surpreendeu e impactou. Acho que ele veio em um momento muito interessante para a Colômbia, quando o país já estava em trânsito para sair do conflito, quando nós, colombianos, já tínhamos decidido que queríamos ver as oportunidades e possibilidades de um país melhor. Impressionou-me o quão respeitoso ele é, não de um respeito conceitual, mas que nasce do fundo do seu coração. Por isso seria muito importante divulgar mais o que o Dalai Lama disse quando esteve aqui.

Penso também que a questão tibetana, vista sob uma perspectiva puramente política, não é compreendida pela maioria da nossa gente, porque não somos um país que se abriu àquela parte do mundo, e não conhecemos a história daquela região. Como cientista política, vejo que se trata de uma agressão contra um povo, povo este que baseia sua cultura no respeito ao outro. Aqui as instâncias acadêmicas poderiam estudar o tema, em grupos de cientistas políticos e sociais. Outra lição foi dada por ele quando lhe perguntaram se era necessário tornar-se budista tibetano, e ele disse que não, que a conversão poderia gerar mal-estar. O que recomendou foi a aprendizagem de práticas que facilitam a compaixão, ser feliz. Isto é muito importante considerar em situações de conflito, como as que aconteceram na Colômbia. Não se trata de todos adotarmos um comportamento idêntico, mas de aprendermos com aqueles que o fizeram de forma construtiva.

Por isso sua experiência merece ser mais estudada aqui. E me chama a atenção quando não lhe recebem, porque além de qualquer cunho político, ele é um líder espiritual, construtor de respeitos. Tanto o Dalai Lama quanto os lamas que vivem aqui falam bem dos chineses, criticam apenas a forma como os têm tratado, mas não vão além disso, são super-respeitosos. Aqui, ao contrário, onde tivemos conflitos, ouvimos falar uns dos outros e o que dizem está sempre carregado de uma brutal agressividade, que os tibetanos não têm. Não têm rancor.

**Fevereiro, 2010**

# COSTA RICA

## Maritza Pacheco

San José, 1942

Licenciada em Ciências Políticas. Sócia e diretora-executiva da Pacheco-Coto, decana da advocacia na Costa Rica. Presidente da Associação Cultural Tibetano-Costarriquenha (ACTC). Na década de 1970, foi embaixadora de seu país na Itália e Albânia. Presidente da Comissão de Missões da América Latina no Senado italiano e benemérita da Cruz Vermelha Internacional. Foi condecorada com a Ordem de Santa Brígida da Suécia pela promoção de encontros interculturais entre países desenvolvidos e emergentes. Em 1989, foi responsável pela conexão na Conferência para a Paz que permitiu o encontro de Sua Santidade o Dalai Lama com os poderes do Estado, a igreja católica e a Corte Internacional de Direitos Humanos. Nesse mesmo ano, fundou a ACTC a pedido e sob os auspícios do Dalai Lama. Em 1995 e 1997, foi convidada a colaborar com o governo do Tibete no exílio nas negociações para promover a causa tibetana na Comissão de Direitos Humanos das Nações Unidas, em Genebra, Suíça.

"Minha relação com o Tibete se inicia no campo espiritual. Em 1986, uma mexicana veio à Costa Rica dar uma palestra sobre o Tibete, especificamente sobre o budismo tibetano. Assisti à primeira palestra e, meia hora depois, já havia encontrado água no deserto, a minha pátria perdida, isto é, achei onde abrigar-me espiritualmente. Antes desse encontro eu era muito polemista, questionava tudo que se relacionava à religião que professava por herança. Mas, ao encontrar o budismo, achei as respostas, uma maneira bem pragmática de lidar com as crenças religiosas, baseada primeiro na constatação e sobre ela, como diz o Dalai Lama, ir construindo a fé. Assim encontrei o budismo tibetano e, na verdade, os tibetanos.

Em 1986 e 1987, vieram ao país os primeiros representantes do governo do Tibete no exílio, o Sr. Rinchen Dharlo e o Dr. Michael van Walt, que levamos à Universidade da Costa Rica – não para falar sobre o budismo tibetano, filosofia e religião, mas para tratar da questão política tibetana. Estes foram os primeiros passos que demos no campo político para ajudar a causa tibetana. Depois dessa visita, eles acharam que este país era um lugar fértil para sua mensagem e sua causa, e continuaram a vir. Coube a mim estabelecer os primeiros contatos com o governo da Costa Rica, que foram substanciais devido à histórica posição solidária que nosso país manteve com os tibetanos desde a invasão chinesa do Tibete, em 1950.

A partir de 1986, e por muito tempo, continuamos a ser ativos partícipes de uma relação de comunicação direta e constante bastante frutífera. Destaco a honrosa visita de Sua Santidade o Dalai Lama em 1989, que começamos a preparar no ano anterior. Tocou-me pessoalmente a ligação com o governo da Costa Rica, já que havia sido embaixadora na Itália, e como cientista política, pois tinha muitos contatos e amigos na esfera política. Ali teve início um diálogo direto entre o presidente, o primeiro escalão dos três poderes e a igreja católica costarriquenha, não apenas com representantes do governo tibetano no exílio, mas também com seu máximo representante espiritual e temporal, Sua Santidade o Dalai Lama. Por ocasião da primeira visita, Sua Santidade deu palestras públicas em que nos brindou com sua mensagem filosófica e religiosa, e também foi recebido pelos três poderes (Executivo, Legislativo e Judiciário). Tive a oportunidade de entabular um diálogo político que reforçou muito sua imagem na Costa Rica e se consolidou durante sua segunda visita ao nosso país, em 2004. A Costa Rica sente-se honrada por ser o primeiro país da América Latina visitado por Sua Santidade. Depois ele foi ao México e ao Brasil, se não me engano em sua primeira turnê pelo continente.

Ele ficou impressionado com o sistema político costarriquenho, porque, quando o acompanhei no encontro com o presidente da Suprema Corte de Justiça – onde também foi recebido pelo pleno do tribunal –, soube que a Costa Rica havia abolido a pena de morte há 90 anos e que, quando praticada, não era regular. Ficou impressionado também com o fato de não termos exército. Ele percebeu que a Costa Rica era um porto seguro para buscar pressão e apoio governamental, já que nosso país sempre se manifestou favoravelmente à questão tibetana nas Nações Unidas. Isso nos deu a oportunidade de trabalhar com todos os representantes do governo do Tibete no exílio que vieram a seguir: embaixador Lodi Gyari, Kalon Tashi Wandi e Tsewang Phuntso, representante para a América Latina do escritório do Tibete em Nova York. Sempre houve uma relação de respeito e carinho com eles.

Sua Santidade voltou à Costa Rica em 2004, durante o governo do presidente Abel Pacheco e, novamente, foi recebido com todas as honras pelos três poderes do Estado e a igreja católica – e com imenso carinho pelo povo costarriquenho. Sua visita foi declarada oficialmente de interesse cultural para o país e foi um evento maravilhoso. Nós, membros da Associação Cultural Tibetano-Costarriquenha, ficamos desejosos de seu regresso. Em

2009, esteve em pauta um encontro de prêmios Nobel da Paz, patrocinado pela Peace Jam[98], dos Estados Unidos, e pelo governo Oscar Arias (Nobel da Paz em 1987) e sua Fundação Arias para a Paz e o Progresso. Haveria também uma visita de Sua Santidade ao país em resposta ao convite oficial feito pelo presidente, e decidimos solicitar que o Dalai Lama fizesse uma palestra pública e desse ensimentos budistas. Tsewang Phuntso informou que, ao final do encontro de prêmios Nobel, Sua Santidade dedicaria um dia inteiro ao nosso programa. Dei início aos preparativos para recebê-lo de forma apropriada e em condições independentes da visita programada pela Fundação Arias.

Infelizmente, em 2007, nosso país estabeleceu relações diplomáticas com a China (que estavam em estado de hibernação há mais de 50 anos), e teve início o intercâmbio diplomático distorcido pelo sistema de coersão que esse governo totalitário emprega: eles utilizam seu poderio político e econômico e oferecem tratados comerciais e apoio financeiro a baixíssimas taxas, entre outras facilidades, mas com a *conditio sine qua non* de que o Dalai Lama, os tibetanos e a questão tibetana sejam totalmente rechaçados. Assim, sucumbindo às pressões do governo totalitário chinês, a administração Arias rompeu relações com o governo de Taiwan e deu cinco dias aos seus representantes diplomáticos para sair do país, como se fossem deliquentes, uma coisa vergonhosa. Além disso, não se falou mais da Peace Jam ou do encontro de prêmios Nobel na Costa Rica, que o governo havia anunciado publicamente.

Por força desse silêncio, Tsewang pediu-me que falasse com os organizadores para averiguar se o evento ocorreria ou não, pois eles não tinham notícias. Fui falar com o diretor da Fundação, que me pediu tempo para uma resposta, porque estavam com sérios problemas com a Peace Jam – preferiram jogar a culpa naquela organização. Disse que levaríamos a cabo o projeto e, com ou sem Peace Jam, Sua Santidade viria ao país convidado pela Associação Cultural Tibetano-Costarriquenha. Instalou-se a crise.

Pouco dias depois do anúncio, Oscar Arias me telefonou e, valendo-se de que era, ou tinha sido, um amigo de muitos anos, desde a juventude, disse: "Maritza, preciso que me ajude porque o encontro da Peace Jam não acontecerá, mas disseram que Sua Santidade virá a convite de vocês. Os vistos estão pedidos na Índia, e preciso que me faça o favor de dizer a Sua Santidade que não venha, que já não é convidado". Minha resposta: "Oscar, nós estivemos do mesmo lado e suas políticas sempre me pareceram muito boas, mas, sobre este ponto, somos como o preto e o branco. Não tenho, nem a Associação tem, nenhum interesse em dizer à Sua Santidade que não venha à Costa Rica, quando o povo que o adora está esperando, no momento em que a visita está anunciada e as pessoas estão

98 Peace Jam International: fundação criada com o objetivo de reunir jovens com prêmios Nobel da Paz, para inspirar futuros líderes comprometidos com a paz.

em ebulição". O presidente, por sua vez, afirmou: "Se ele vier, o presidente chinês disse que não viria, e precisamos que venha consolidar os empréstimos, os financiamentos que solicitamos". Ao que respondi: "Oscar, lamento muito. Vou relatar imediatamente nossa conversa ao escritório do Tibete em Nova York, mas jamais direi à Sua Santidade que não venha, isto está fora de cogitação".

Diante disso, Oscar Arias afirmou que, já que era assim, ele mesmo escreveria a Sua Santidade, e o fez, dizendo-lhe que o encontro da Peace Jam não aconteceria mais e que faria outra reunião com prêmios Nobel sem essa organização, e da qual, certamente, Sua Santidade participaria. Logicamente isso não existia. Imagine como terá sido a pressão da China, Arias já tinha convidado as pessoas, prêmios Nobel haviam aceito o convite e, ainda assim, tudo foi desfeito, um evento que traria enorme prestígio para a Costa Rica e para ele. As necessidades que o governo chinês poderia satisfazer o levaram a uma atitude totalmente incompreensível, não só como presidente de um país democrático e que crê irremediavelmente na paz e nos direitos humanos, mas também como Nobel da Paz. Isso é o mais absurdo, totalmente contrário ao caráter e conteúdo que representam o prêmio que recebeu.

Arias chegou inclusive a negar a conversa que teve comigo e a carta enviada a Sua Santidade. Mas o escândalo na imprensa foi enorme e a imagem de Oscar Arias saiu arranhada. Ficou evidente que havia mentido e agido de forma moralmente censurável. A Associação recebeu incontáveis manifestações de solidariedade ao Dalai Lama. Mas, desde então, a situação é cada vez mais evidente: a atitude chinesa de impedir que Sua Santidade seja recebido pelos governos já aconteceu em várias partes do mundo. Não obstante, não perco a esperança de que, no futuro, o Dalai Lama honre a Costa Rica com outra visita, que as condições se tornem propícias para convidá-lo com o respeito e a devoção que merece, e ter as bênçãos de sua presença em nossa pátria."

***Aloma Sellanes Zibechi - Esta postura tão radical e clara que a Sra. sustenta em relação ao Tibete trouxe-lhe algum problema pessoal ou profissional?***

**Maritza Pacheco -** Sim, sim. Nosso escritório de advocacia foi convidado a ir à China para se estabelecer como pioneiro no mercado de serviços profissionais através de um acordo de reciprocidade com o escritório de advogados mais antigo do país. Mas, logicamente, em todo esse episódio, meus sócios se solidarizaram comigo e o assunto dos projetos conjuntos não foi adiante. Também houve os que se manifestaram favoravelmente ao que publiquei em um jornal e às entrevistas que dei, nas quais relatei com absoluta fidelidade o que aconteceu, e como há outros que criticaram. Mas nós temos nossa posição – e esta é e será sempre solidária ao povo tibetano e a Sua Santidade, sem dúvida alguma.

***Como a Sra. vê o tratamento dado à situação do Tibete na América Latina?***

A questão tibetana não está permanentemente nos meios de comunicação latino-americanos. O Dalai Lama tem feito um trabalho incrível para divulgá-la, mas não é apenas um problema de distância, de geografia. Temos interesses muito imediatos e regionais no plano político e, desta forma, dificilmente há interesse em problemas de regiões tão distantes, não porque não mereçam, mas porque não está no foco imediato. Por isso é muito difícil a conscientização e a criação de um verdadeiro grupo de apoio.

Na Costa Rica, as pessoas amam o Dalai Lama, e não estou falando necessariamente de budistas – respeitam-no como um homem de paz, como prêmio Nobel, e sua mensagem de paz é sempre muito bem acolhida. Não há exército na Costa Rica e somos uma democracia exemplar. Qualquer pessoa que fale de paz está em terreno ideológico propício. Entretanto, quando é necessário trabalhar no nível parlamentar, ou criar uma comissão de parlamentares a favor da causa tibetana, creio que há uma eficácia bem menor para avançar em lutas tão distantes do interesse político imediato.

O Tibete é um tema do qual podemos falar você e eu, porque há também uma conexão espiritual – e não me refiro a religião – e, ao haver esta conexão espiritual com os tibetanos, cria-se de imediato a consciência sobre sua situação desesperadora. Se olharmos com pragmatismo, é um caso que se torna mais difícil a cada dia.

Há um episódio muito lindo que se ajusta bem ao pensamento mais budista e menos político sobre a questão tibetana. Perguntei ao meu mestre, Kenshur Rinpoche: "Quando vai mudar a situação tão desesperadora do Tibete? Se os budistas dizem que tudo muda, quando vai mudar?" Ele me respondeu: "Vai mudar, isto é certo. Quando vai mudar? Não sei, mas nada é permanente".

Existe uma esperança e ela está além do pragmatismo do Ocidente. Eles precisam disso, têm de manter esta esperança viva, mas vejo que as forças políticas contrárias crescem aceleradamente e, sobretudo, criam raízes na América Latina.

A China se infiltrou na América Latina oferecendo mundos e fundos, com finalidade exclusivamente econômica, porque aqui vendem tudo o que querem, que não serve para nada, mas também estão vendendo a mensagem política de que é um país construindo seu poderio por sua gente, que conseguiu transformações econômicas extraordinárias, sem falar do preço que cobrou e continuará a cobrar da democracia e dos direitos humanos. O mundo não condicionou suas compras ao fim das prisões políticas e da violação das liberdades. Como o que interessa ao mundo é vender no gigantesco mercado chinês, a cada dia vejo esta causa mais difícil.

*O que é a Associação Cultural Tibetano-Costarriquenha?*

É uma associação fundada depois da primeira visita de Sua Santidade o Dalai Lama, em 1989, não apenas para difundir e abraçar a causa religiosa mas também para criar laços culturais e de apoio à causa tibetana, ao povo tibetano e ao governo tibetano no exílio. Trabalhamos nisso há 21 anos. Estamos dispostos a ajudar sempre Sua Santidade e os tibetanos no que seja necessário.

***A Sra. mencionou que a Costa Rica aboliu o exército desde 1949, o que significa uma atitude absolutamente pacifista. Como vê a proposta do Dalai Lama de transformar o Tibete em um território de paz, em um território de ahimsa, entre estes dois gigantes asiáticos, China e Índia?***

É a proposta mais lógica, inteligente e razoável, tendo em vista que sempre houve tensão nas fronteiras desses dois países: manter o Tibete como território democrático e de paz separando essa tensão e criando uma solução para um problema político e de direitos humanos que, mais cedo ou mais tarde, terão de resolver. A China não pode viver como um gigante das potências mundiais e manter cadeias cheias de presos políticos. Foi muito difícil para eles unir todas aquelas províncias, países, nacionalidades. Por isso, qualquer coisa que se diga a respeito de separar essas nacionalidades e dar-lhes territórios próprios com algum grau de independência é como falar de morte. É impensável e inaceitável.

Mas, eventualmente, terão de fazer isso, porque é lógico que os jovens dessas nacionalidades e etnias diferentes, que foram absorvidas à força, já não terão a mesma perspectiva que seus antecessores e, sobretudo – vejo isso no budismo tibetano – há muitos rapazes que exigem uma ação política que vá além da atitude pacífica e equilibrada, sustentada com sabedoria e compaixão por Sua Santidade o Dalai Lama. Sua orientação e o Plano de Paz de 5 Pontos, apresentado desde 1989, é o caminho mais equânime, porque lutar contra o governo da China, contra seu poderoso exército, é impossível, seriam todos mortos. O que podem fazer os tibetanos contra um exército que teve em determinado momento, apenas no Tibete, 700 mil homens armados até os dentes? Mas os jovens têm outras maneiras de perceber as coisas, uma compreensível impaciência, mas que só leva ao desastre.

***Depois do desaparecimento do Dalai Lama, a Sra. acredita que o pacifismo demonstrado pelos tibetanos que seguem sua política de não-violência possa correr perigo, irá se modificar?***

Absolutamente. Entretanto, poderá depender muito de que outra figura no nível espiritual e temporal venha a surgir, e se terá o mesmo poder de mobilização que Sua Santidade o Dalai Lama.

***A Sra. vê alguma figura no âmbito espiritual tibetano que possa chegar a ter o mesmo dom de liderança do atual Dalai Lama?***

Poderia dizer que há algumas figuras, mas são jovens, muito jovens.

***O Karmapa, por exemplo?***

O Karmapa, por exemplo. É uma figura carismática e poderia amalgamar as diferentes tradições, mas é muito jovem e a atual situação não é a mesma da época em que Sua Santidade era jovem. Na verdade, ser jovem naquele momento representou um fator determinante para o que aconteceu depois, porque ele foi à China ver o que poderia oferecer e ficou aterrorizado com a mensagem final de Mao Tsé-tung: "A religião é veneno". Penso que, no nível espiritual, será necessária uma figura muito importante, e não sei se temos tempo para criá-la.

Compreendo que, quando me pergunta sobre a eventual desaparição do Dalai Lama, o faz com a lógica, mas para um budista isto é impensável. É preciso, no entanto, considerar que o Tibete não tinha realmente uma formação política integrada, era uma casta dirigente, e o exercício de governar e a democracia não se constroem de um dia para o outro. Creio que os representantes do governo do Tibete no exílio têm feito um grande trabalho, conduzido pela sensatez de Sua Santidade, buscando o diálogo político correto. Mas a luta é difícil, muito difícil e, sem um assento na ONU, é o mesmo que nadar contra a corrente. Entretanto não se deve perder o desejo de lutar e buscar soluções – não deixá-lo de lado, porque é a única esperança.

***Qual o seu sentimento ao ouvir Sua Santidade dizer que, talvez, a instituição do Dalai Lama termine com ele?***

Lembre-se de que sou ocidental e uma cientista política, então tenho de refletir sob este prisma também. Ou seja, é provável e possível que, ao não haver alguém com esse carisma e dimensão, tanto espiritual quanto secular, e com toda a tradição que ele carrega e as circunstâncias políticas e conjunturais históricas que o levaram à excepcional posição que goza, acho difícil criar um porta-voz igualmente poderoso. É dentro deste contexto que se deve considerar a ideia de que a autêntica instituição do Dalai Lama pode desaparecer.

Há indícios preocupantes, sobretudo examinando o que aconteceu com o Panchen

Lama, isto é, de que as autoridades chinesas possam determinar que o próximo Dalai Lama seja alguém nascido na China e escolhido pelo Partido Comunista para mostrá-lo ao mundo como seu sucessor. Neste caso, talvez o mundo o aceite como um conchavo político e por causa da ingenuidade conveniente das sociedades modernas, mas não enganariam ninguém. Porém as pessoas têm memória curta, tudo é possível. O caso tibetano se mantém vivo pelo desejo democrático e humanista de que este povo tenha sua própria identidade e cultura, suas liberdades fundamentais e seus direitos humanos plenos. É justo que assim seja, mas as condições políticas mundiais são cada vez mais difíceis e adversas aos interesses do povo tibetano. Sua Santidade terá de ficar o máximo entre nós, porque nele reside a força da causa tibetana. Sem ele, o governo do Tibete no exílio terá dificuldade para conseguir se fazer ouvir e agir.

***Segundo o budismo, há três venenos da mente: a ira, o apego e a ignorância. Para a Sra., como budista praticante, qual deles é mais difícil de superar?***

Estou em um estágio tão incipiente em meu caminho budista que a luta se dá contra os três e em igual medida. Às vezes alguém diz que está trabalhando o apego e, de repente, acontece algo que lhe mostra existir o desejo de deixar o apego, mas ainda não é mais que uma mente que aspira. A ira é igualmente difícil, mas creio que estar mais velha e ter encontrado os ensinamentos budistas tem me ajudado – não quero dizer com isto que já superei verdadeiramente esse veneno, causa de tanto sofrimento. Quando tiver desenvolvido a virtude (perfeição) da paciência, serei uma mulher muito feliz, sábia e equânime. Penso que o veneno menos potente em mim seja o ódio. Porém ainda não sou capaz de ver todos os seres sencientes com o mesmo amor. Enfim, não posso dizer qual dos três venenos é o pior, é uma luta constante contra os três. Apóio-me nos ensinamentos budistas para me manter na luta. Só assim conseguirei isso algum dia.

***Para os que não têm suficiente conhecimento sobre o budismo, o tema da reencarnação é sempre atraente e enigmático. Poderia conceituar a reencarnação do ponto de vista budista?***

De fato o conceito da reencarnação é fundamental, um dos baluartes sobre os quais se sustenta a filosofia budista. O fato de não sermos mais que energia e momentos mentais contínuos que se manifestam de diferentes maneiras, e adquirem um corpo convencional para continuar, está intimamente ligado à lei de causa e efeito e, portanto, ao ***karma***. Para mim, é compreensível, sinto que é assim, que enquanto não tenhamos alcançado um estado de sabedoria e compaixão que nos tire da existência cíclica, a continuidade da mente (a energia mais sutil) precisará, em determinado momento (depois da morte), de um recipiente, um corpo físico que surge na união do óvulo e do espermatozoide. Entretanto esta energia mais sutil da mente não se acaba nunca. Pode acabar a identidade pessoal que acreditamos ter como um conjunto único e inseparável neste ciclo do samsara, mas as causas pelas quais seguimos presos à existência física são, afinal, o apego e o desejo, responsáveis finais no processo dos doze elos da originação dependente[99], que culminam com o renascimento. Estes se dão e são a força motora para que continuemos a sustentar conceitos grosseiros e equivocados sobre o que somos e como existimos – conceitos que não nos permitem passar ao estado supremo de sabedoria e compaixão (iluminação), onde já não surgem essas manifestações imediatas e tão toscas, e que nos liberta do samsara.

Na realidade, as igrejas cristãs acreditavam na reencarnação, que foi abolida em diferentes concílios por motivos também políticos e por poder. Mas acreditava-se na reencarnação. Não penso que a reencarnação seja um problema, eu a entendo como a lógica continuação de um estado de apego e de ignorância, que nos mantém buscando o renascimento. Enquanto nosso ***continuum*** mental permanecer apegado à existência grosseira, buscará o instrumento para renascer e adquirir um corpo físico, que poderá ser humano ou não. Enquanto existirem esses impulsos mentais, adquiriremos diferentes estados de existência, mais ou menos felizes, até que consigamos renunciar aos objetos de apego e desejo.

**Novembro, 2009**

99 "Os doze elos da originação dependente: ignorância, ação volitiva, consciência, nome e forma, sensos dos sentidos, contato, sensações, desejo, apego, vir-a-ser, nascimento, envelhecimento e morte." Em Lama, Sua Santidade o Dalai. ***A essência do Sutra do Coração***. São Paulo: Gaia, 2006, pp 37-38. [N. da T.]

## Milagro Rodríguez

San José, 1970

Bacharel em Administração de Empresas pela Universidade Autônoma da América Central. Bacharel em Psicologia pela Universidade da Costa Rica. Gerente do Hotel Boyeros, Liberia, Costa Rica desde 1997.

"Minha conexão com o tema nasceu no dia em que conheci meu mestre, Khensur Rinpoche Geshe Lobsang Sephel, que é de Lithang, no Tibete."

***Aloma Sellanes Zibechi - O que significou em sua vida ter ido ao Tibete?***

**Milagro Rodríguez** - A viagem ao Tibete surgiu a partir da possibilidade de acompanhar meu mestre à sua cidade natal, Lithang. Conhecer o povo e a cultura tibetana, perceber o quanto somos afortunados no Ocidente ao ter a possibilidade de conhecer esses grandes mestres, já tão raros mesmo no Tibete. Conhecer o pouco que sobrou dos templos e monastérios centenários foi impressionante. O sentimento do que era, e já não é mais.

***Qual a importância do mestre para o praticante budista?***

O mestre é fundamental para o praticante budista. É a prova viva de que o caminho que se segue é possível. É a inspiração e o guia. Aquele que encontrou seu mestre encontrou o maior dos tesouros, já que é possível alcançar a iluminação com sua imprescindível ajuda.

***Como a Sra. chegou ao seu atual mestre?***

Conheci meu mestre em 1995, quando ele dava ensinamentos na Costa Rica. Foi meu psicólogo quem me convidou para assistir aos ensinamentos e, na noite em que o ouvi, soube que ele explicava o caminho que andava a buscar. Mesmo que naquele momento não soubesse que havia encontrado meu mestre, nem a magnitude do que isto significava, fiquei profundamente feliz. Conhecer meu mestre, um altíssimo lama do budismo tibetano, foi possível graças à Associação Cultural Tibetano-Costarriquenha e sua presidente, Maritza Pacheco, que organiza suas visitas à Costa Rica desde 1990. Sua Santidade o XIV Dalai Lama visitou a Costa Rica em 1989 e um grupo de interessados nos ensinamentos do Buda pediu-lhe que enviasse um mestre, ao que ele amavelmente respondeu designando Khensur Rinpoche.

***Poderia destacar a virtude que mais a atrai no budismo?***

A natureza búdica que todos os seres sencientes temos e a abordagem de como somos todos capazes de desenvolvê-la de muitas formas, segundo as capacidades e gostos de cada praticante, para alcançá-la através do cultivo da sabedoria e da compaixão. Sua abordagem não dogmática e completamente lógica sobre a experiência humana e o caminho para acabar com as causas do sofrimento como algo possível e desejável para todos.

***Como empresária, a Sra. deve ter grandes responsabilidades. O budismo desempenha algum papel na hora de tomar decisões empresariais?***

Conhecer a abordagem budista e fazer dela uma forma de vida permeia todas as decisões e ações de minha vida, não é algo que esteja alijado de meu cotidiano – é um eixo fundamental, a certeza de que todos os meus atos têm um efeito e que é no momento presente que criamos os efeitos que repercutirão no futuro. Além disso, e sobretudo, o reconhecimento de todos os seres como iguais em seu desejo de alcançar a felicidade. Tudo isso faz com que as decisões empresariais que tomo possibilitem o maior benefício possível para os envolvidos, sejam colaboradores, fornecedores, clientes, meio ambiente, o que gera, como consequência direta, um grande benefício para a empresa. Trato de ser tão cuidadosa com o ***karma*** que elas geram para a empresa em que trabalho quanto para o meu próprio – funciona da mesma maneira.

**Novembro, 2009**

# EL SALVADOR

## Alfredo Martínez-Moreno

**Missão diplomática de El Salvador em San José da Costa Rica, 1923**

Advogado e tabelião. Professor de Direito Internacional. Ex-subsecretário e ex-ministro das Relações Exteriores. Ex-presidente da Suprema Corte de Justiça. Diretor da Academia Salvadorenha de Letras. Ex-presidente do Tribunal Administrativo do Banco Interamericano de Desenvolvimento e do Instituto Hispano-Luso-Americano de Direito Internacional. Membro da Comissão de Direito Internacional das Nações Unidas. Autor de obras jurídicas, literárias e históricas.

"Estava no segundo ano de direito aqui em El Salvador e tive a sorte de ver que o novo chanceler nomeado fora meu examinador na universidade, simpatizava comigo e me ofereceu o cargo de subchefe de organismos internacionais e, assim, me enviou à ONU em 1950. Eu era muito jovem, não tinha experiência e me deslumbrei ao ver que ali estavam as mais importantes figuras do mundo no campo internacional, como Vichinsky, Acherson, Schuman, Veban, o conde Sforza. Quando se deu a invasão da China ao Tibete, houve uma apatia total, uma completa frieza das grandes potências. Creio que eles não queriam agravar a Guerra Fria que estava bastante acirrada, e adotaram a posição – que chamei de hipócrita – de absterem-se. El Salvador foi o único país do mundo que protestou diante do ocorrido.

O chefe da delegação salvadorenha, Dr. Héctor David Castro, era um diplomata de larga experiência, nosso embaixador em Washington e uma das principais figuras da diplomacia de nosso país, além de um homem de princípios e muito religioso, católico, apegado aos princípios morais e aos direitos civis. Ele manifestou que era uma invasão a um país soberano, reconhecido internacionalmente, já que havia consulados e missões diplomáticas de países vizinhos em Lhasa, e que era um país reconhecido por grandes potências, como Reino Unido e França, mas era virtualmente indefeso porque, em função de sua religião budista e seu apego à doutrina da não-violência, não tinha exército organizado. Era, portanto, uma invasão criminosa. Afirmou que, historicamente, havia um debate sobre se era parte da China ou não e que, ao contrário, partes da China tinham sido do Tibete, e pediu que a agressão fosse incluída na agenda – agressão a um país pequeno não em território, mas em população e meios de defesa – e que isto fosse discutido.

Esta proposta foi enviada à mesa, ou seja, ao *general commeettee*, onde foi desconsiderada. Por ser muito jovem, deixei que os outros delegados salvadorenhos escolhessem as comissões das quais iriam participar na Assembléia Geral de 1950. Acabei por escolher uma das menos importantes, mas tive a sorte de a agenda da comissão política ser dividida em comissão política *ad hoc*[100], e nomearam o chefe da nossa delegação também *ad hoc* como presidente dessa comissão política, a mais importante. Ele, porém, ficou impedido de participar e me enviou, apesar de minha pouca idade, para as reuniões da mesa, que é integrada pelo presidente da Assembleia, vice-presidentes e presidentes das comissões, e ali questionei sobre como era possível que a Carta das Nações Unidas fosse violada sem que nenhuma medida fosse tomada.

Tenho a impressão de que alguns delegados latino-americanos foram muito frios, mas não o uruguaio Dr. Domínguez Cámpora, que tinha sido chanceler. Juntos criticamos a posição inglesa que pedia o reconhecimento da China Popular. Havia outro delegado uruguaio, um educador e vigoroso orador, mas bastante inclinado à esquerda, Rodríguez Fabregat, que não tomou posição. Quem realmente assumiu uma posição de simpatia pelo Tibete foi o Dr. Domínguez Cámpora. Lamentavelmente não se pôde fazer nada. Um jornal de Nova York, *Journal America*, publicou um editorial intitulado *El Salvador defende a dignidade das Nações Unidas*, e tenho a impressão de que também houve um editorial no *The New York Times*.

El Salvador teve uma atitude realmente impressionante, fundamentada em princípios. O Dr. Castro sustentou que não apenas se violava o princípio da livre determinação dos povos, mas que também era uma agressão a um Estado soberano e que não se podia, violando a Carta das Nações Unidas, ficar passivo em relação a isso, que o precedente poderia ser péssimo. Mas não houve meio, a posição inglesa era muito firme e o primeiro-ministro indiano, Jawaharlal Nehru, foi muito fraco. Além das grandes potências terem discordado quanto à discussão do tema, como pedia El Salvador, a Índia também tomou essa posição – parece que depois Nehru se arrependeu, e o afirmou publicamente.

Desde aquele momento, sinto-me vinculado à questão tibetana. O tempo passou, e recebi o convite para a 3ª Conferência Interparlamentar Mundial sobre o Tibete, em Washington, para a qual me pediram um discurso – que fiz e causei boa impressão por ter sido muito forte, em termos diplomáticos, claro. Foi uma crítica às Nações Unidas e às grandes potências por nada fazerem para combater o genocídio que estava sendo

100 Ad hoc, do latim, para isto. Disposto especialmente para um fim.

cometido no Tibete. A pedido do delegado indiano, George Fernandes, que depois foi ministro da Defesa e importante personalidade do governo de seu país, este discurso foi incluído na ata final da Conferência. Fernandes era afeiçoado à causa tibetana e grande crítico da atitude chinesa em relação à Índia, por ter se apoderado de grandes partes do território indiano, o que agora está voltando à pauta com a situação de Tawang e de Arunachal Pradesh."

***Aloma Sellanes Zibechi - O Sr. acredita que se o Tibete, no momento da invasão, não estivesse imerso no isolamento, se fosse membro das Nações Unidas, sua sorte teria sido diferente?***

**Alfredo Martínez-Moreno -** Sinceramente, não, porque opor-se à invasão era um *casus belli*[101], e duvido muito que a ONU tivesse aprovado uma condenação. Agora a situação é muito séria porque, com o traslado maciço de chineses, o povo tibetano está virtualmente em minoria em seu próprio país, além de toda a questão do lixo atômico e do desmatamento que afeta todos os rios que nascem nos Himalaias, os mais importantes da Ásia. Naquela ocasião, francamente duvido que fosse possível ter feito algo, mas, ao menos, os princípios teriam sido mantidos. Era um fato consumado, um país indefeso. Houve algumas reações, algumas tentativas, principalmente pela adesão nacionalista. Quando os princípios não foram mantidos, começaram as dúvidas sobre se as Nações Unidas seriam ou não operantes. Se tivesse havido uma condenação por violação aos direitos humanos, seria um precedente inclusive para que a República Popular da China não ingressasse na ONU, porque teria sido condenada, e nisso a Carta é claríssima: os princípios do Direito Internacional têm de ser respeitados. Deste modo, acho muito difícil que se pudesse impedir, mas, ao menos, os princípios da Carta deveriam ter sido respeitados.

***Foi positiva a atitude do Dalai Lama ao renunciar à independência, tendo em vista que a China não mudou sua posição em relação ao Tibete?***

A realidade política é que a China é um país poderosíssimo, que se fortalece cada vez mais econômica e militarmente. Tenho a impressão de que a posição do Dalai Lama era a única razoável, dadas as circunstâncias, era impossível sustentar a independência. Ele cuidou de salvar o fundamental: sua religião, sua língua, sua cultura. Se as grandes potências nada fizeram diante de um fato consumado naquele momento, menos ainda o farão agora. Sua Santidade foi realista. Claro, a juventude tibetana possivelmente não está de acordo, e mostrou sinais de rebeldia, sobretudo entre os estudantes, mas no Tibete

101 Casus belli, do latim,0 caso ou motivo de guerra.

não sobraram muitos estudantes, considerando que havia cerca de seis mil monastérios e, agora, são mantidos apenas algumas dezenas, com fins turísticos. Mas, sim, há muitos no exílio, a diáspora tibetana é muito grande e os jovens tibetanos devem querer a independência. Entretanto, a realidade sócio-político-militar-econômica do mundo a torna muito difícil. Se o Dalai Lama tivesse insistido na independência, tampouco teria alcançado algo – esta é minha modesta opinião.

***As rodadas de negociação iniciadas em 2002 entre autoridades chinesas e representantes do Dalai Lama aparentemente também não têm sido conclusivas.***

Mas qual outra atitude se poderia adotar? Fazer oposição, uma rebelião pela independência e a promoção de movimentos separatistas? Isto geraria o aumento da opressão, mais pessoas nas prisões, todos seriam eliminados. Creio que a posição do Dalai Lama é a única sustentável – e o admirável é que defende princípios. Confesso que, se eu fosse tibetano, provavelmente iria querer a independência e lutaria por ela, mas qualquer movimento pela independência seria sufocado. Em Lhasa, os tibetanos estão em minoria, são algo em torno de 40% da população.

***Como foram seus encontros com o Dalai Lama?***

Conheci o Dalai Lama em Washington, eu o vi durante uns poucos minutos em um almoço entre os discursos que ambos pronunciamos – ele estava rodeado de senadores e congressistas norte-americanos. Quando foi a El Salvador, não pude ir recebê-lo no aeroporto, fui direto ao hotel Princess, onde se hospedou, e estavam ali cerca de 80 pessoas. Quando entrou, eu estava mais atrás, ele passou por todos e chegou a me cumprimentar. Como poderia esquecer? Impressionante! Aconteceu o mesmo em Edimburgo, na Escócia.

***O Sr. vê algum dirigente tibetano com capacidade para se equiparar ao Dalai Lama, quando de seu desaparecimento?***

Não, e este é o grande problema. O que a China não compreende é que o Dalai Lama já chegou a uma idade em que pode morrer e, então, os radicais passarão a agir, haverá uma luta que impedirá o desenvolvimento do Tibete – que os chineses dizem, com grande pompa, estar sendo civilizado – e, neste momento, haverá revoltas constantes, sobretudo por parte dos monges. À China, seriam convenientes as negociações. Parece que a intelectualidade chinesa nas universidades está mudando, quer negociação, mas os radicais são os que agora estão no poder. Creio que a opinião pública ou, para ser mais exato, não a opinião pública porque ela é manipulada pelos meios de comunicação do governo, tendo em vista que, se há progresso e certa liberdade econômica, a questão política se restringe a um partido único dominando tudo; mas, sim, há penetração do tema nos meios intelectuais, nas universidades e escolas, e suponho também que está se iniciando um renascimento religioso. No campo, ainda há muitas pessoas ligadas ao budismo, a Confúcio e a uma série de princípios religiosos. Pouco a pouco, acho que isso será disseminado. Também começa a surgir um certo mal-estar na China, porque o progresso chegou às cidades e não ao campo.

Tenho a impressão, ainda que não seja um especialista nisso, de que no campo as tradições são mantidas, onde o mais velho está no comando, ainda que não possa raciocinar muito bem. A mulher continua sendo um objeto, não tem direitos, continuam a eliminar as meninas que nascem, a civilização ainda não chegou à parte rural da China. Ali, ainda impera o atraso.

**Novembro, 2010**

## María Elena Sol

San Salvador

Licenciada em Filosofia e Psicologia nos Estados Unidos. Possui diversas pós-graduações em universidades dos Estados Unidos e de El Salvador. É responsável por um grupo de apoio político ao Tibete em El Salvador. Membro do grupo das religiões pela paz e de The Elijah Interfaith Institute, com sede em Israel. Coordenadora de gestão de um povoado com 200 residências da Comunidade 13 de Janeiro. Responsável pela comunidade Zen de El Salvador. Criadora do Centro para o Despertar da Consciência Sakya – Casa do Sol. Diretora executiva da FUNDARRECIFE, ONG ambientalista dedicada à conservação do sistema de corais de Cóbanos, El Salvador. Membro da Mesa de Ética do Plano Nacional, desenvolvido pelo presidente Armando Calderón. Membro da RENAPES (Rede de Reservas Naturais Privadas de El Salvador) e do Conselho Consultivo da Rede de Áreas Naturais da América Central. É separada e tem uma filha chamada Andrea.

"Minha vinculação com o Tibete nasce do compromisso histórico com a evolução da busca. Nesta vida, nasci com a inquietação de averiguar por que estou aqui, e tive diferentes etapas de encontros – muito tempo no hinduísmo, pratiquei ioga, sempre nessa busca interna, até me deparar com o budismo. Minha formação passa pela psicologia, somando filosofia e administração de empresas. Desde a compreensão antológica da psique fala-se de *alma* e *logia*, estudo, ou seja, estudo da alma. Sendo uma ciência de observação, a atual psicologia apagou a importância de sua essência, a alma, porque a ciência argumenta que não se pode vê-la ou comprová-la através de estatísticas. Assim esta potencialidade se voltou exclusivamente para o comportamento observável, ou behaviorismo, para os processos do pensamento, ou cognitivismo, para as relações humanas, determinadas como teoria dos sistemas, ou ainda para o foco no inconsciente, denominado psicanálise.

Todos esses ângulos são parte, sem dúvida, do ser humano, porém, falta outro aspecto dimensionado para além do comportamento, da cognição, de seu vínculo sistêmico ou neurológico e da acumulação de informação do inconsciente, que é a dimensão do ser, onde a mente em seu estado associativo silencia e entramos em outros estados mais profundos de nós mesmos, aqueles que nos abrem à vivência daquilo que somos: seres espirituais. Esta dimensão é o alfa e o ômega de nossa razão de ser. Para viver esta potencialidade é necessário seguir um caminho que nos conduza a essa experiência, e este caminho é a filosofia de vida que o budismo encarna.

Tenho 20 anos de prática no zen e na interiorização budista. Este caminho levou a uma percepção muito clara de valores que são eixos verticais das minhas ações, por exemplo: a importância da liberdade como plataforma indiscutível para o crescimento, a devoção e o compromisso com o transcendente como eixo de toda a vida, o respeito incondicional à diferença, a alegria como expressão de uma harmonia interna, a compaixão por todas as formas de vida, a busca da sabedoria como disciplina cotidiana, o respeito incondicional pela natureza, o direito à autonomia de um povo de se autodefinir. Atualizando o que disse Benito Juárez, presidente do México: "Entre países e indivíduos, o respeito ao direito humano é a paz. Meu direito começa quando termina o de meu próximo".

Toda essa vivência de ética profunda me pôs em contato com a causa tibetana. Historicamente El Salvador e Tibete têm uma relação estreita. El Salvador foi o único país que defendeu o Tibete nas Nações Unidas, em 1950, quando a China o invadiu, destruindo assim uma cultura de grande importância para o mundo. Um povo que busca a transcendência, pessoas que vivem em profunda harmonia com a natureza, que respeitam o meio ambiente e vivem uma vida harmoniosa são oprimidas pela ganância de um sistema totalitário que deseja unicamente o poder e a opressão de tudo o que limite seus objetivos. Algo muito forte pulsou em meu coração, porque quando estudei o genocídio do povo judeu pelo louco do Adolf Hitler e a indiferença do mundo diante de tamanho horror, prometi a mim mesma que se me coubesse estar exposta a uma desumanidade como esta durante meu período de vida, eu me comprometeria a ajudar os afetados. E o Tibete encarnava a barbárie da recorrência daquela situação.

O diplomata que levantou firmemente a voz contra a política de Pequim nos anos 1950 nas Nações Unidas foi o Dr. Alfredo Martínez Moreno, amigo próximo de minha família. Quando voltou ao país, em 1994, procurei o Dr. Martínez Moreno e, juntos, nos tornamos uma voz ética sob o aspecto político da questão tibetana em El Salvador. Foi uma honra trabalhar com esse grande homem comprometido com a ética e a defesa de um povo maltratado pela prepotência de uma política genocida.

Vivi 11 anos no México e tive a oportunidade de participar dos cursos da Casa Tibete e de conhecer seu diretor, Marco Antonio Karam. Convidei-o a vir a El Salvador para que me apoiasse na expansão do budismo a partir de sua filosofia, incluindo seu insuperável enfoque psicológico. Conversando com ele, me dei conta da magnitude do compromisso de Marco Antonio com a causa tibetana e, durante sua estada, aproveitei para apresentá-lo ao Dr. Martínez Moreno. A vinda de Marco Antonio ao país marcou a criação de escolas budistas tibetanas e a reafirmação, com o Dr. Martínez Moreno, da visão conjunta em favor do Tibete sob a perspectiva política."

***Aloma Sellanes Zibechi - Qual é a relação do budismo zen com o Dalai Lama, já que pertencem a escolas diferentes?***

**María Elena Sol** - Quando o Dalai Lama esteve em El Salvador, percebemos que havia muitas escolas budistas. No último dia, expliquei-lhe a diversidade de escolas e seus praticantes ali presentes, e ele me disse enfaticamente: "***No, no, no, just buddhism, just buddhism***" ("não, não, não, apenas budismo, apenas budismo"). Ele não quer que as diferentes escolas – que são diferentes meios ou técnicas – criem uma separação, porque separação é ignorância para o budismo, daí sua ênfase profunda na utilização dos diferentes instrumentos para praticar "apenas budismo", e que o importante é estudá-lo a fundo. Sua Santidade não coloca qualquer ênfase nesta ou naquela escola, o importante é o caminho, trabalhá-lo e torná-lo uma visão de vida, com o que comungo totalmente.

***Por que o Dalai Lama é considerado um ícone religioso e não religioso do século XX e o que levamos desse século?***

O Dalai Lama encarna uma ética que se enquadra na seguinte sequência de sabedoria:

> Semeie um pensamento e colherás uma ação.
>
> Semeie uma ação e colherás um hábito.
>
> Semeie um hábito e colherás um caráter.
>
> Semeie um caráter e colherás um destino.

Pude testemunhar o quanto ele está sempre atento a seus pensamentos, já que os pensamentos são geradores de um destino ou uma realidade. Estar atento é o caminho constante para viver em sabedoria, e ele o pratica. "És o que pensas."

***Como foi a visita do Dalai Lama a El Salvador?***

El Salvador é um país amigo do Tibete desde 1950. Quando tivemos a oportunidade de estar em Bonn, na Alemanha, em 1989, na reunião das associações que apoiam a causa política, pareceu-me importante que El Salvador recebesse um homem que encarna uma ética. Assim, pedi aos responsáveis que inserissem El Salvador na agenda de Sua Santidade quando chegasse à América Latina. Pedi também que se acrescentasse a

Guatemala, já que tinha um parente na Presidência, Álvaro Arzú, e ele ficou encantado em poder recebê-lo. Assim foi que o Dalai Lama em 1994 visitou El Salvador e foi também à Guatemala. A experiência em El Salvador foi muito importante, porque estávamos saindo de uma guerra civil e havia feridas muito profundas, que ainda purgam.

Receber essa energia positiva que ele tão bem encarna, como a não-violência, foi muito importante para o país, e essa experiência foi aplaudida pela maioria de nossos compatriotas e pela energia de um país que queria emergir das sombras, por conta da guerra civil que vivemos. Como era uma visita de nível profundo, meus companheiros e companheiras de comunidades budistas decidiram não divulgá-la no jornal, mas convidar boca a boca para as palestras públicas que Sua Santidade daria, e a resposta foi perfeita. Calculamos 1.500 pessoas, mas tivemos de aumentar e aumentar o número de assentos porque não parava de chegar gente. Foi um encontro de corações irmanados, um êxito. A cada tema, as pessoas ficavam totalmente embevecidas, estavam presentes todo tipo de crenças religiosas e políticas convidadas. Era El Salvador em sua totalidade, respondendo a este ser com o qual continuamos totalmente envolvidos. O governo o recebeu em visita oficial como chefe de Estado, protegendo-o e assistindo-o como tal.

Também tive a chance de estar com o papa João Paulo II, que reconheço como um grande ser e ícone da paz. Ele saiu do Vaticano e se aproximou de todos em presença e em sentimento de compaixão. Assim, tivemos o privilégio de receber aqui duas pessoas que são referências, importantes para o espírito. Temos o costume de convidar políticos, intelectuais, mas carecemos de referências que encarnem uma ética viva, muito além de qualquer "ismo", e creio que conseguimos isto com o Dalai Lama.

Tivemos um encontro interreligioso muito emocionante em uma das mais importantes igrejas de El Salvador, no qual, como coordenadora, me senti totalmente recompensada pelo esforço feito. Todas as religiões estabelecidas no país, todos os segmentos do cristianismo: católicos, protestantes, anglicanos, evangélicos, calvinistas, os irmãos islâmicos, judeus, budistas, todos juntos em uma mesma igreja, respeitando uns aos outros, ouvindo-se e aproveitando o melhor de cada uma destas tradições para compartilhá-las em um único ato pela paz no mundo e em El Salvador. Verdadeiramente extraordinário!

Para o budismo, a santidade não é relevante, porque todos nascemos dessa grande vacuidade, do grande espaço de infinitas possibilidades. Por isso respeitamos a pedra, o mineral, o vegeral, o humano. Todos são parte do mesmo DNA da existência. Ainda que se chame o Dalai Lama de "Sua Santidade", isto se dá em função de um grande respeito, não por um sentido de superioridade. Ele repete constantemente: "Sou um simples monge budista".

***A partir do dharma, como se compreende a invasão sofrida pelo Tibete e todo esse tempo de opressão?***

O dharma não tem tempo, e isso é interessante. A vida é um espaço interminável, em que acontecem milhões de situações. Neste espaço, o conceito de tempo é relativo. Por exemplo, há muito, os tibetanos foram guerreiros, mataram, dominaram, causaram danos. Segundo a lei do *karma*, para toda causa há um efeito, o momento de dor que o Tibete vive pode ser uma dívida cármica.

Podemos ver isto por outro ângulo também, que seria a necessidade vital de que eles saíssem de um ambiente protegido por sua sabedoria para a eminente obrigação de oferecer esta sabedoria ao mundo. No filme *Sete anos no Tibete*, damo-nos conta de que os tibetanos estavam isolados. A vida constantemente impulsiona o crescimento, não se pode ficar estacionado e isso aconteceu com essa cultura – eles pararam e a vida os empurrou duramente para que ajudassem a humanidade em seu caminho para a evolução. Agora temos os ensinamentos tibetanos em todo o mundo e milhões de pessoas se beneficiam deles. E a primeira lei com a qual um praticante se compromete é servir a seu próximo com compaixão e sabedoria.

Entretanto, embora haja a compreensão da lei do *karma*, nosso compromisso inabalável é ajudar essa cultura a recuperar seu direito de existir e ser respeitada como tal, é um direito fundamental. No Ocidente, apostamos neste princípio e é indiscutível estendê-lo a outro país que tem sido cruelmente ultrajado. Assim como não podemos ignorar, dentro do mesmo princípio de causa e efeito, a situação da China, que foi horrivelmente ultrajada e explorada no século XIX pela Europa, Rússia e Japão, o que vivemos agora é também um reflexo daquele período. Depois que esses países se beneficiaram com a exploração da China, agora a economia mundial está nas mãos do império amarelo.

***Como funciona a Associação dos Amigos do Tibete em El Salvador?***

A Associação dos Amigos do Tibete é convocada quando há eventos, que ocorrem quando trazemos as pessoas adequadas. De resto, não há reunião, porque a consciência é que tem de responder, e que está além de uma organização. O Dr. Martínez Moreno não é praticante budista, mas tem uma ética totalmente comprometida com a causa budista. E isso é importante: há muitas pessoas que não têm inclinação budista e mesmo assim estão com a causa tibetana. Quando o Dalai Lama chegou, todas as organizações éticas e religiosas do país se reuniram para apoiar a Associação dos Amigos do Tibete. E foi um êxito, um ponto de encontro em irmandade universal.

***O que acontecerá quando o Dalai Lama morrer?***

Para o budismo, a energia é uma, e comunga com o princípio físico definido por Albert Einstein: "A energia não se cria nem se destrói, apenas se transforma". Todos somos energia manifestada em diferentes níveis de densidade. A sabedoria e a compaixão encarnadas pelo Dalai Lama vão muito além da limitada compreensão da dualidade morte/vida. No budismo não há morte, apenas continuidade. Definitivamente haveria um impacto doloroso nessa luta pela liberdade do Tibete, porque a personalidade deste personagem na causa que defende é medular. Com seu desaparecimento, seria profundamente sentida a ausência de sua mão firme e amorosa nas negociações com a China. É nosso desejo que ele tenha uma vida longa e saudável.

**Novembro, 2009**

## Ricardo Guillermo Castaneda Cornejo

San Juan Opico, 1938

Doutor em Jurisprudência e Ciências Sociais pela Universidade Nacional de El Salvador. Pós-graduado na Kennedy School of Government, Mason Fellow, Universidade de Harvard; Direito dos Tratados, pela Academia de Direito Internacional, Haia; Direito Mercantil, Tributário e Internacional, pela Faculdade de Direito da Universidade de Michigan; e Orientation Program on American Law, pela Universidade de Princeton, Nova Jersey. Embaixador extraordinário e plenipotenciário, representante permanente da República de El Salvador na ONU, 1989-2000. Vice-ministro de Relações Exteriores da República de El Salvador, 1972-1977. Delegado suplente da Missão Permanente de El Salvador na ONU, 1970-1972. Atualmente é membro de vários institutos e organizações jurídicos, empresariais e ecológicos em El Salvador e no exterior. Condecorado pelos governos do Peru (Orden El Sol del Perú) e do Brasil (Ordem de Rio Branco).

"Tive a oportunidade de me aproximar do Dalai Lama quando comprei *A arte da felicidade*, livro baseado em conversações entre ele e um médico, que me interessou muito. Além de, como diplomata nas Nações Unidas, conhecer os temas da agenda e receber também representantes do Tibete em algumas ocasiões, em diferentes períodos. Aqui tivemos a oportunidade de receber o Dalai Lama graças a María Elena Sol, e estar perto dele cria uma relação especial com sua pessoa. A questão tibetana me interessou, a situação dos tibetanos me preocupa, assim como sua relação com a China, e admiro como o Dalai Lama lida com isso, tendo sempre uma posição muito equânime. Sua maneira de viver é um exemplo, compartilha sabedoria. Creio que ele lida com os chineses com muita prudência e, como é realmente especial, pôde fazer e ver além do que muitos de seus compatriotas quiseram, em especial os mais impacientes. Creio que a China irá evoluir. Preocupa-me o assentamento cada vez maior de chineses e a redução da população tibetana, mas por outro lado os seres humanos são essencialmente os mesmos. Desta forma, penso que poderão chegar a um entendimento, no qual as duas formas de vida possam conviver.

***Aloma Sellanes Zibechi - Como vê a atitude atual do governo chinês?***

**Ricardo Guillermo Castaneda Cornejo** - Estive duas vezes na China: em 1975, durante a Revolução Cultural, e em 1998, e tive ainda a chance de estar próximo dos representantes chineses, pois a China está no Conselho de Segurança, e El Salvador estava na agenda do Conselho. Tive uma boa relação, nunca entrei em temas discordantes com eles. São muito zelosos de sua integridade territorial, e este é um ponto sensível, sobretudo no que diz respeito a Taiwan. El Salvador mantinha relações com Taiwan e no início não havia tantos problemas, porque ambos consideravam que eram uma só China. Depois se tornaram duas Chinas e, mais tarde, poderiam se unificar, como os alemães, porque um taiwanês nascido em Taiwan e educado no Japão era limitador. Sei, pois, que são muito sensíveis em relação à sua integridade territorial e que, hoje em dia, felizmente para os chineses de Taiwan, prevalecem os que vieram da China continental, há mais fluidez e proximidade em suas relações – parece-me, inclusive, que o maior investidor é Taiwan, mas ainda há uma situação territorial bem complicada.

Quanto ao povo tibetano, claro que tem seus direitos inalienáveis. Porém, fazer com que prevaleçam ou de que maneira ajudar é um assunto árduo, além do fato de o Dalai Lama falar de um genocídio cultural – isto tem de comover o mundo. Creio que somente o Dalai Lama poderia lidar com a China, o que é bem difícil, porque os chineses estão fazendo com que prevaleça sua cultura e praticamente impondo o desaparecimento da outra. A mudança deste quadro estará relacionada a uma tomada de consciência da China, país que vem caminhando em outra direção. É fato que, desde a Revolução Cultural até hoje, as mudanças registradas são muito importantes.

No Conselho de Segurança, os chineses colaboraram com El Salvador ao não vetar a Resolução que permitiu à ONU mediar nosso processo de paz. Mas nunca chegamos a tratar da questão tibetana, mesmo que eles soubessem que nós recebíamos os delegados tibetanos, porque tínhamos o direito de nos inteirar do que estava acontecendo.

***Houve pressões quando da visita do Dalai Lama ou em relação à presença de seus representantes? El Salvador não tem relações diplomáticas com a China...***

Não temos relações diplomáticas com a China e acho isso um absurdo. Deveríamos ter, porque reconhecemos o governo chinês de Taiwan, mas como parte integral da China. Em 1993, Lee Teng-hui começou com duas Chinas e dois territórios, e conseguiu o apoio de países peqüenos. Esta é outra situação absurda, já que o veto na ONU é da representação reconhecida pelas Nações Unidas, que é Beijing; ultimamente, Beijing tem permitido que Taipé pertença à Organização Mundial da Saúde, o que demonstra um certo entendimento. Taiwan tem sido excelente conosco, em especial do ponto de vista ideológico. Atualmente somos o único país que fala de comunismo e anticomunismo, o que não acontece em nenhuma outra parte do mundo.

Penso que tudo depende da maneira como se dá a influência junto aos dirigentes da China: primeiro os países que têm mais ascendência e, depois, os outros governos que estariam dispostos a apoiar. Aqui a pessoa que mais conhece as questões políticas é o Dr. Martínez Moreno, e ele é bem claro: devemos rezar para que os chineses se convençam. O presidente Barack Obama tem outra realidade: dirige o país com o qual os chineses querem e precisam se entender e vice-versa. A Rússia, por outro lado, é indiferente, porque vive outra realidade - são vizinhos com problemas e rivalidades.

Ressalte-se que, quando estive em Beijing, fui recebido pelo ministro das Relações Exteriores para a campanha em que estávamos promovendo a candidatura de um salvadorenho à FAO, Francisco Aquino, que era candidato de toda a América Latina. Ou seja, em 1975, fui promover uma candidatura em visita oficial sem ter relações diplomáticas. Claro que a reunião com os latino-americanos, que tinham instruções para me apoiar, foi separada, porque muitos países não tinham relações entre si. Estive com Chao Wang-ho, ministro das Relações Exteriores, que havia sido humilhado durante a Revolução Cultural, quando o obrigaram a desfilar com um cone na cabeça enquanto o insultavam. Foi resgatado daquela loucura por Chou En-lai, e até mesmo por Mao Tsé-tung. Tanto ele quanto as autoridades de Taipé com quem estive antes me disseram o mesmo: "Somos uma só China, temos muita paciência e vamos chegar à reunificação".

O certo é que não devemos interferir nessa situação, já que eles nos ajudaram ao não fazerem oposição quando precisamos. O mandato na FAO tinha um componente de direitos humanos, porque achavam que estavam sendo pressionados pelos Estados Unidos e nos disseram: "Apesar de ter esse componente, vocês precisam dele e vamos ajudá-los, abstendo-nos". E, desta forma, permitiram que a candidatura saísse vencedora. O que interessa é que eles vão resolver esta situação e os outros países deveriam cooperar sem intervir nos assuntos internos, em sua autonomia.

O caso do Tibete é diferente, está na China, nunca chegará à independência – nem é isto que se pede, mas uma autonomia que permita o desenvolvimento de sua cultura e, ao povo tibetano, viver com tranquilidade. Isso é que deve ser apoiado e promovido. Os países que têm mais poder são os que mais podem ajudar, porém é preciso esperar os resultados da política do presidente Obama. Entretanto é preocupante o que está acontecendo devido à política chinesa de sufocar o Tibete. É como se tivessem sequestrado um povo, é como um sequestro. Quando se quer salvar a vida do sequestrado, é preciso negociar. E é terrível que os seres humanos sejam negociados como uma mercadoria, mas alguém tem de fazê-lo de forma desapaixonada e com a maior frieza possível. Isso poderia ser feito pelos Estados Unidos, ou pela União Europeia ou Índia, apesar de todos os problemas que esta enfrenta, pois já dá seu apoio com o exílio. Creio que o Dalai Lama deve ser apoiado. Para mim, o que pode ajudar é a desativação do problema de Taiwan e, assim, a China será capaz de entender e aplicar a autonomia – e o avanço será feito aos poucos.

***Recentemente, Wen Jiabao, primeiro-ministro chinês, disse que a reivindicação tibetana é sobre os 2,5 milhões de km² que compunham o Tibete tradicional, o que representa mais de um quarto do atual território chinês. Tal afirmação foi feita muitas outras vezes por autoridades do governo, sempre demonstrando preocupação com a magnitude do território em disputa. O Sr. acredita que se a reivindicação se restringisse a um território bem menor, que não excedesse alguns milhares de quilômetros, a atitude chinesa poderia ser diferente?***

É muito difícil de responder, porque qual seria a alternativa? Somente se Estados Unidos e, eventualmente, a Rússia apoiassem tal reivindicação, algo poderia acontecer. É possível que, de outro ponto de vista, convenha à China ser reconhecida pela generosidade, uma vez que precisa da boa vontade da comunidade internacional – não esqueçamos que, em sua história, os chineses dizem ter sido dominados pelas potências internacionais. Como exemplo, lembram do cartaz colocado na porta de empresas, que dizia: "Não se permite a entrada de cachorros e chineses", e isto acontecia em sua própria casa. Em 1998, estive com minha esposa, Maria Eugenia, na zona franca de Xangai, onde as pessoas podem se preparar desde o jardim da infância e são educadas para ter um conceito de desenvolvimento econômico integral. A funcionária chinesa, uma jovem muito culta, nos disse: "Aqui vivemos uma situação em que os países desenvolvidos fazem fila para vir investir, já temos as multinacionais mais importantes e há outras que querem entrar". Mencionei, então, a frase de Deng Xiaoping: "Não importa a cor do gato desde que cace ratos" – ao que me respondeu que "hoje, todos são recebidos, desde que venham com cortesia". Assim, penso que o Dalai Lama enxerga longe, é um santo, o apoio dos Estados Unidos tem de continuar e há que se ter muita paciência.

**Novembro, 2010**

# GUATEMALA

## Larry Chiriboga

Quito, 1956

Viveu 32 anos na Guatemala, onde constituiu família e desenvolveu suas principais atividades. Estudou Ciência Política e Economia na Universidade de Maryland, nos Estados Unidos. Trabalhou em companhias nacionais e internacionais, e atua como consultor de empresas. Através de um sistema de bolsas, ajuda crianças com poucos recursos a realizar seus estudos secundários. Vive com sua esposa, Cristina, e seus três filhos.

"Minha esposa, que sempre esteve envolvida com diversos tipos de terapias alternativas, certo dia me avisou que viria um mestre do México para dar um seminário de três dias sobre a morte segundo a tradição budista. Foi desta forma que conhecemos um pouco sobre Marco Antonio Karam e seu grupo do México. Anos depois, conheci também o representante do Dalai Lama para a América Latina.

Ao estreitar o vínculo com o escritório do Tibete em Nova York, procurei atuar como elo de ligação entre ele e as autoridades do Ministério das Relações Exteriores, e foram muitos os encontros ao longo dos anos. Procurei representar de alguma maneira as pessoas que estavam em Nova York e ajudá-las a manter contato com o governo, auxiliando, assim, os tibetanos e o governo no exílio. Além disso, me incumbia de passar todas as informações possíveis ao Ministério de Relações Exteriores para que tivessem uma ideia concreta do que acontecia no Tibete.

Pretendia contribuir com a organização de uma biblioteca dentro do Ministério, com material de leitura e de referência sobre o Tibete, com livros sobre sua história antes e depois da invasão dos chineses comunistas, e dar-lhes informações sob diferentes ângulos, de modo que tivessem uma fotografia real da situação. Infelizmente, eu trabalhava com alguém que logo foi substituído, e tudo teve de recomeçar do zero, o que se repetiu algumas vezes e fez com que minha motivação diminuísse, porque era como arar no deserto. Procurei também despertar o interesse de pessoas envolvidas com o budismo, mas não obtive resposta porque elas não queriam ligar-se a assuntos políticos."

***Aloma Sellanes Zibechi - Como foi a visita do Dalai Lama à Guatemala?***

**Larry Chiriboga** - Foi um evento importante, gerou interesse em muitas pessoas que jamais haviam ouvido falar do Tibete e conheciam pouco sobre o Dalai Lama. Sob este aspecto, a visita foi muito positiva, porque teve grande cobertura de todos os meios de comunicação. Houve uma série de reuniões privadas e públicas, nas quais muitos setores da sociedade puderam se aproximar do tema. Sua Santidade é uma pessoa muito humilde, tranquila, e minha percepção foi de que todas as pessoas que estiveram nas palestras ou com ele não acreditavam que seria assim. O maior impacto que tive foi sob o ponto de vista humano. Acredito no que o Dalai Lama está fazendo, ele é um ser humano fantástico, as pessoas que o conhecem compreendem que alguém como ele não pode ser capaz de algo politicamente incorreto. Muitos queriam se encontrar com ele e foram recebidos oficialmente. O efeito sobre o povo guatemalteco foi extremamente positivo.

***Durante essa visita houve um intercâmbio entre as características das culturas guatemalteca e tibetana...***

Durante a entrevista pessoal que tivemos com Sua Santidade, mencionamos as várias semelhanças entre a população tibetana e a guatemalteca, em especial se compararmos com as comunidades maya-quiché de nosso país. Nos dois casos são comunidades com rica bagagem histórica dos pontos de vista religioso, cultural e social. Desenvolveram culturas muito importantes e tiveram grande impacto nas regiões onde se estabeleceram, até que lhes sobreveio uma série de mudanças que as afetaram tremendamente.

No caso da Guatemala, a conquista espanhola afetou profundamente as comunidades indígenas e, depois de quase 500 anos, houve o agravante da Guerra Fria entre Estados Unidos e União Soviética, em que os indígenas foram usados pelos dois lados como bucha de canhão: foram torturados, violados, assassinados, transferidos para outros lugares, fugiram de suas terras, perderam suas casas, comunidades, cultura. Durante quase 40 anos, a guerra interna entre o exército e a guerrilha destruiu as comunidades indígenas, assassinou mais de 200 mil pessoas, forçou centenas de milhares a se deslocarem para outros lugares, inclusive a se tornarem refugiados no México, com uma existência miserável e indigna.

De modo similar, no caso do Tibete, a invasão chinesa causou incontestáveis e terríveis efeitos sobre os tibetanos. Sua população foi e continua a ser exterminada, sua cultura está sendo destruída, assim como a religião. Entretanto, uma vez que ambos os povos trazem consigo milhares de anos de desenvolvimento, não podem ser tão facilmente destruídos. Sobrevivem e buscam oportunidades para seguir adiante. Por outro lado, as mudanças trazidas pela civilização ocidental a essas comunidades têm um efeito profundo e, em muitos casos, destroem a cultura e as crenças autóctones.

É por tudo isso e muito mais que Sua Santidade pensou que seria bom algum tipo de intercâmbio cultural entre as comunidades indígenas da Guatemala e os tibetanos – poderiam ajudar-se e/ou complementar-se. Os dois povos são muito espiritualizados, com ricas culturas e tradições, e é muito importante que não se percam e possam compartilhar sua riqueza com todo o mundo.

***O Tibete sempre foi parte da China?***

Historicamente, segundo o que li, não creio que tenha sido. Infelizmente, mesmo que os tibetanos possam alegar algo do ponto de vista histórico, os chineses tomaram o território, e isso é fato. Do meu ponto de vista, não creio que venha a triunfar a ideia dos que querem a independência. A posição do Dalai Lama quanto a uma região autônoma genuína deveria prosperar, para que a aniquilação da cultura tibetana e todos esses anos de destruição e mortes sejam revertidos.

***Por que ocorreram os levantes de 2008?***

Com tudo o que acontece ao redor do mundo, certamente há mais informações e apoio de diversas organizações, além da frustração dos tibetanos que vivem no Tibete. Há os que creem em influência estrangeira, mas esta gente sofreu o que poucos países sofreram, saiu às ruas e foi reprimida, com mortes e prisões. O que acontece com a comunidade internacional? A China agora manipula os Estados Unidos, e a ingerência da economia chinesa na norte-americana é tremenda. Com o passar do tempo, há mais chineses melhor preparados e talvez se sensibilizem com a situação dos tibetanos. Porém, com a integração das economias, os chineses ainda acreditam que podem continuar fazendo barbaridades e pressionando todos os povos, a começar pelos Estados Unidos. Pessoas estão morrendo por conta disso, por falta de apoio.

O mesmo aconteceu na Guatemala, com comunidades indígenas, durante 35 ou 40 anos, com todo o sofrimento provocado pela guerra de guerrilha do exército, a pior situação que pode acontecer com um ser humano. E, de certa forma, as pessoas viram as costas e pensam: “Isso não tem nada a ver comigo”.

***Qual a sua opinião sobre as rodadas de negociação entre os tibetanos e as autoridades chinesas?***

Considero boa a posição de Sua Santidade ao continuar buscando algum tipo de acordo com o governo comunista chinês. É preciso continuar tentando, não creio que de forma alguma isso possa acontecer pelas armas, é impossível, os países estão cada vez mais manipulados pela China. Não vejo qualquer tipo de pressão de fora da China que tenha obtido resultado e, portanto, temos de continuar com o que está fazendo Sua Santidade e o governo tibetano no exílio. Ele deve continuar falando e educando as pessoas ao redor do mundo e, sobretudo, os próprios chineses, para que isto chegue à China. Os chineses estão recebendo mais informações através da internet, em um mundo cada vez mais interrelacionado. A única maneira é uma mudança interna, através dos jovens chineses, aqueles que sofreram com o episódio de Tiananmen, todos os chineses que possuem conhecimento um pouco mais amplo do mundo e da humanidade. Tomara que estejam logo em posições de poder e possam começar a mudar a situação.

***Ser budista mudou algo em sua atitude em relação à vida?***

Creio que o mais importante é sermos responsáveis: o que digo, o que faço, o que penso é de minha responsabilidade. Se partíssemos disso, as coisas poderiam mudar significativamente, e é isso que é budismo, é verdadeiramente ação, uma transformação da mente, mas é preciso haver um centramento de si mesmo. Nós temos de nos responsabilizar e responder pelo que fazermos. Uma vez internalizado isto, uma porção de outras coisas afloram, em especial procurar ser uma pessoa melhor. Estou no caminho, talvez tenha dado um passo de apenas um milímetro, mas penso que esta é uma das coisas mais importantes que aprendi com o budismo.

**Novembro, 2009**

# MÉXICO

## Exa Méndez

Cidade do México, 1980

Licenciada em Negócios Internacionais, pós-graduada em Estratégia organizacional pela Universidade de Tilburg, Holanda, e pela Universidade de Economia de Praga, República Tcheca. Trabalhou na Faculdade de Economia da Universidade de Tilburg em áreas organizacionais, pesquisa e mercado para difusão na América Latina dos programas internacionais da universidade. Trabalhou como voluntária para a causa tibetana durante vários anos. Desde 2006, é coordenadora regional para a América Latina da Rede Internacional de Apoio ao Tibete (ITSN, na sigla em inglês).

"Tinha 16 anos quando li primeiro livro sobre o Tibete e o tema me interessou muito, continuei estudando e quando fui para a Holanda pude ver os protestos. Há uma pequena, mas ativa, comunidade tibetana na Holanda da qual participei algumas vezes, recebia as informações, porém não podia me dedicar muito em função do trabalho e do estudo. Depois de me formar, dado meu interesse pelo budismo, visitei o site da Casa Tibete na web, vi uma oferta de trabalho, mandei meu currículo e me aceitaram."

***Aloma Sellanes Zibechi - O que é a Rede Internacional de Apoio ao Tibete?***

**Exa Méndez** - A Rede Internacional de Apoio ao Tibete é uma coalisão global de organizações não governamentais pró-Tibete. Seu objetivo é maximizar a eficácia do movimento tibetano ao redor do mundo para a erradicação da violação aos direitos humanos no Tibete e o restabelecimento do direito do povo tibetano de acordo com as leis internacionais de decidir seu futuro status político, econômico, social, religioso e cultural. A ITSN trabalha para melhorar as competências das organizações e dos membros individuais através da coordenação de campanhas estratégicas e do aumento da cooperação entre as organizações fortalecendo, assim, o movimento tibetano como um todo. A ITSN funciona como uma secretaria supervisionada por um comitê de diretores eleitos. Os membros do comitê representam todas as regiões do mundo onde existem grupos pró-Tibete, e é responsável pela definição de políticas e por assegurar o compromisso financeiro e legal da ITSN.

***A Sra. está em contato com grupos de todo o mundo mas é a coordenadora para a América Latina.***

Exatamente.

***Como vê o movimento em nosso continente?***

Nestes três anos, desde que assumi a coordenação, presenciei mudanças e percebi que o tema está muito mais presente. Muitos grupos da América Latina retomaram suas atividades com mais vigor, estão ainda mais interessados nos direitos humanos e procuram se envolver mais nos aspectos políticos, aumentou o número de atividades e manifestações organizadas em datas importantes. Creio que o movimento cresce pouco a pouco, ainda lento se comparado à Europa ou aos Estados Unidos, mas de forma significativa. É muito bom ver o que está acontecendo, sobretudo no México – além da Casa Tibete, onde as múltiplas atividades talvez tenham ocupado o tempo que desejavam para investir no tema dos direitos humanos. Com o surgimento de novos grupos de apoio no México, aumentaram as atividades, a questão tibetana está mais presente com informações disponíveis para todas as pessoas, porque há gente que pode se dedicar especialmente a essas atividades. Está crescendo.

***Como são as atividades pró-Tibete realizadas no México?***

Há atividades políticas, organização de protestos, manifestações, envio de cartas a políticos, empresários etc., além de outras de cunho cultural e religioso. E todas elas ajudam a manter as pessoas informadas, a difundir o tema e esclarecer o que está acontecendo. A vinda do Dalai Lama em 2008 também nos ajudou muito, apesar das atividades estarem focadas no aspecto religioso. Os grupos tiveram a oportunidade de atualizar as informações sobre o Tibete e o Dalai Lama.

***Graças à sua atividade, a Sra. se relaciona com jovens tibetanos que vivem no exílio. Qual a sua percepção?***

O interesse e a participação dos jovens tibetanos em atividades políticas e relacionadas aos direitos humanos vêm crescendo, mas não vejo neles o entusiasmo ou a vontade de participar, por diferentes razões. Primeiro, porque vivem no exílio e têm de construir uma nova vida em um país totalmente diferente a partir do zero. Precisam procurar trabalho, geralmente têm dois ou três empregos, precisam custear seus gastos e ainda mandar dinheiro para suas famílias na Índia. É uma situação complicada para eles, e os entendo. Entretanto, para mim, é difícil compreender realmente por que não existe neles tanto interesse, por que não dedicam tanta energia e por que não dedicam seu pouco tempo livre para ajudar a difundir sua própria causa.

***Acredita que não estão suficientemente comprometidos?***

Alguns, sim, mas tenho visto muitos casos em que parecem existir outras coisas que os preocupam, como encontrar seu próprio sustento ou mesmo experimentar coisas que antes não podiam, quando viviam no Tibete ou na Índia.

***Seria, talvez, por terem sofrido um processo de aculturação importante?***

Exato, preocupados com outras coisas, como participar de um mercado de consumo e, de repente, poder comprar coisas a que antes não tinham acesso. Quando há oportunidade para que eles participem de protestos ou apoiem algum tipo de atividade, não o fazem com tanta energia ou força como creio que deveria ser.

***Qual será a atitude da juventude tibetana comprometida, que fundamentalmente está na Índia, quando o Dalai Lama desaparecer?***

Creio que haverá um momento de confusão e de caos, de não saber o que fazer, caso não se defina uma personalidade ou um grupo de pessoas a quem se delegue certa autoridade ou poder de liderança junto à comunidade tibetana na Índia ou no exílio. Se o governo tibetano no exílio não definir esses papéis antes da morte do Dalai Lama, penso que poderá haver um grande caos. Porém, mesmo com a definição dessa figura, depois do desaparecimento do Dalai Lama será muito difícil controlar a juventude tibetana e continuar trilhando o caminho da não-violência. Poderá haver um momento em que recorram a métodos violentos ou haja tamanha confusão que venham a perder um pouco a direção que tiveram durante nestes 60 anos.

**Novembro, 2009**

## Isabel Resano

Bilbao, Espanha, 1939

Radicada no México desde os sete anos de idade. Formada no programa de Químico Farmacêutico Biólogo, com mestrado em Administração de Empresas. Desde 1962 participa em diversas funções de pesquisa aplicada de alimentos, indústria farmacêutica e docência universitária. É praticante do budismo tibetano desde 1990. Participou de seminários e iniciações com mestres de diversas escolas do budismo e com Sua Santidade o Dalai Lama. Integra o grupo de instrutores da Casa Tibete México e dá aulas sobre a morte no budismo há 10 anos em um instituto de tanatologia.

"Conheci o Tibete através da literatura, com livros do monge tibetano alemão Anagarika Govinda, *O caminho das nuvens brancas*, e de Alexandra David-Néel, que entrou em Lhasa disfarçada de homem nos anos 1920. Era tudo o que sabia, os textos dos dois não eram tão budistas, mas de conhecimento geral. Registrei a figura de Sua Santidade somente porque veio ao México, em 1989. Entrei em contato com a Casa Tibete, comecei a estudar budismo, a praticar e me converti em budista. Desta forma, comecei a me inteirar do que estava acontecendo no Tibete e, aos poucos, fui conhecendo os relatos dos mestres e dos que os acompanhavam, e quis saber mais.

Li a autobiografia de Sua Santidade, conheci toda a peregrinação que teve de fazer para sair de seu próprio país e compreendi o porquê da saída. Até que viajei à Índia em 1996 e assisti a uma sessão de ensinamentos, seguida de um encontro com Sua Santidade – e fiquei pessoalmente impactada. Ao saber o que ele estava fazendo politicamente pelo Tibete, pensei que era uma causa perdida, sem esperança. Ele já é um político experiente, não é mais o menino que foi surpreendido pelos acontecimentos em um país que tinha ficado tão isolado. Pareceu-me tão singelo dizerem que eram reconhecidos porque lhes enviaram resposta acusando o recebimento de um telegrama com o pedido de ajuda, e que aquilo significava que a solicitação havia sido legitimada – de uma inocência tremenda sobre o que acontecia politicamente. Hoje

Sua Santidade já não é aquele menino, sabe perfeitamente como estão as coisas e não perde a firmeza, o que me chama a atenção e só pode ser explicado pelos ensinamentos budistas. Cada vez que entro em contato com tibetanos, aqui ou mesmo na Índia, vejo como as pessoas se sentem e como perdem a compostura, seu desespero e sua amargura pelos que sofrem tanto dentro do Tibete, e entendo. Mas também me chama a atenção que, nessa desesperança, as pessoas não lembrem seus ensinamentos, algo que é tão evidente no caso de Sua Santidade. Ele nunca perdeu a compostura diante de ninguém, mantém a própria dignidade e simplicidade ao mesmo tempo, porque definitivamente não é um homem com soberba. Perder-se daquilo que lhe está sendo ensinado me espanta, mas, de fato, somos seres humanos não iluminados."

***Aloma Sellanes Zibechi - Isso significa que a sua condição é diferente da dos demais?***

**Isabel Resano -** O Dalai Lama é um bodhisattva, está em níveis superiores, é um ser que chegou à iluminação, e aqueles que perdem a calma são pessoas que não chegaram a esses níveis ou estados superiores que lhes permitam se controlar. Nos levantes de 2008, me chamou demais a atenção uma manifestação ocorrida em Paris com muitos simpatizantes da causa e que tinha na linha de frente um tibetano deitado ao solo tendo um chilique terrível, portanto, cuidado. Isso é o que me alarma, alguns estão perdendo a essência do que é seu país, a essência da existência há séculos. Essa perda de identidade, não só de compostura como também do sentimento pessoal, me dá enorme pena. Claro, está cheia de desesperança, de ressentimento, tristeza, raiva, mas é justamente nos momentos terríveis que enfrentamos que precisamos pôr em prática o que aprendemos.

Isso me preocupa ainda mais quando vejo que os chineses partiram o Tibete em pedaços e alegam que o país é uma região autônoma, pretendendo que todos nós aceitemos como se não percebêssemos o que está acontecendo. É um jogo político do qual todos os países participam, é a política, infelizmente. Para mim, isso está perdido. Gastar energia nesse sentido não parece produtivo para ninguém, nem para os tibetanos que vivem no Tibete, nem para os que estão no exílio, nem para aqueles aos quais não queremos que isso aconteça, com eles ou com qualquer ser humano.

***No seu entender, então, qual seria a melhor postura para enfrentar essa situação?***

Há pouco, me convidaram para colaborar. Disse que não participo dessas manifestações e um jovem me perguntou como demonstro minha solidariedade aos tibetanos. Respondi que cada um deve fazer o que acha correto. Não creio que este seja o caminho. Penso que o melhor a fazer é pedir a cada um dos membros de uma família e a todas as famílias para que mantenham a verticalidade de sua própria cultura e que a façam valer em sua família, para conservá-la, preservá-la, fazê-la evoluir, claro, mas conservá-la porque virão outros tempos. O budismo diz: "Algo surge, permanece e vai decrescer". E vemos isto historicamente, nenhum processo escapa a esse tipo de movimento. O povo chinês continuará sua evolução política, gostemos ou não. Se os próprios chineses, os intelectuais, se dizem seres humanos preservando seres humanos, está aí a consciência, esta sociedade tem de evoluir. Por quanto tempo, não sei, mesmo que não queira esperar muito na história para que os seres humanos sejam respeitados.

Se vimos que, historicamente, a cultura chinesa tem sido capaz de absorver e transformar núcleos culturais tão fortes como os judeus – porque é o único país em que os núcleos judeus foram absorvidos culturalmente e desapareceram como tal – o que podemos esperar? Nada. Cuidado! É preciso ter essa força no seio das famílias e cultivá-la, e não brigar, porque os chineses têm a força. Ao lutar contra eles, haverá tortura, sofrimento e agitação que não darão frutos e pode criar caos dentro das próprias famílias tibetanas. Jovens são jovens em qualquer parte do mundo, quando chegam à adolescência querem romper com tudo. Se não se preservar a cultura, há aí um grande perigo. É o que penso.

***Isto está em consonância com o que pensa o Dalai Lama.***

Creio que sim. Em dado momento, quando o politburo era outro, pensou-se que sopravam bons ventos para o Tibete, mas não foi bem assim. Os chineses não mudarão sua posição. É o mesmo quando se diz que Obama não se pronunciou claramente em favor do povo tibetano. Claro que não. Antes de tudo, ele é presidente do povo norte-americano, este é seu compromisso. Bom que nos apoiasse, pena que não, mas não podemos pedir a ele que faça algo que está fora das atribuições de seu personagem. Qual é o personagem tibetano para mim? É aquele que entendeu que a vida é muito importante, que a preservação dessa vida em reais condições humanas é o mais importante. O mais importante não é que meu território tenha as mesmas fronteiras, o mais importante não é que aquele que me governa neste momento também seja tibetano. O mais importante é que os seres humanos que têm essa configuração geográfica e cultural preservem os valores humanos que nos são comuns em qualquer parte, e creio que isso é supervalioso.

***Como praticante há 20 anos, quais mudanças o budismo produziu em sua vida?***

Sou química, minha formação é científica e, para mim, a abordagem pragmática é muito real. Dentro desse pragmatismo, não entendia muitas coisas, me perguntei por muito tempo, estudei. Era praticante de ioga, mas ainda me sentia em areia movediça. Conheci pessoas espiritualizadas, creio que bodhisattvas, mas toda essa investigação e questionamento pessoal, minha própria formação e a liberdade familiar (meu pai era um homem buscador que se declarava católico, e minha mãe também, mas nunca disseram que essa era a única e verdadeira fé, e havia um respeito irrestrito às demais) me levaram a entrar em contato com o budismo, com os ensinamentos e, desde o início, senti que era minha casa. Primeiro é preciso pensar, experimentar e ver quais são os resultados, considerando pragmaticamente que somos novatos e que essas experiências estão cheias de erros, porque não estamos acostumados. Depois pedem para que investiguemos nossos próprios hábitos, e percebemos que os pensamentos, atos físicos, tudo tem uma sequência na qual já nem pensamos mais e, em alguns casos, até buscamos essa automatização, pensando: nunca me perguntei sobre isso, nunca pus em dúvida aquilo outro. Mas isso é o que eu digo. Ouça os ensinamentos, estude-os, medite sobre eles, experimente, pois este é o método científico.

Por isso, estou satisfeita, reconheço que o método científico é perfeitamente válido, ainda mais em tempos de física quântica e há coisas que são acessíveis. Ao perguntar a mim mesma se posso confiar nisso, respondo que sim – como não confiaria em Sua Santidade o Dalai Lama quando diz que o caminho do meio é o adequado e ele o pratica, diferentemente de outros que indicam um caminho e tomam outro? Essa dicotomia em geral e no catolicismo em particular é escandalosamente cotidiana. Quando um ensinamento diz "pense uma coisa, fale outra e faça outra", ora, a isso se chama esquizofrenia, e era exatamente assim que me sentia, esquizofrênica. É preciso ser coerente, senão nós mesmos nos confudimos. Vai-se entendendo, aprendendo e parece ser muito lógico, muito lógico, só que eu me ancoro em mim mesma, sou um ser humano e, como tal, tenho certas limitações. Não importa, sigo por onde não tenho limitações e, algum dia, terei um insight[102]. Sinto-me muito confiante, aqui sempre há algo a descobrir, e me sinto muito bem. Acabo de ter uma experiência familiar terrível, que felizmente acabou, na qual isso foi posto à prova.

***Ou seja, apelar à sua prática em uma situação limite, à sua crença budista, foi o que lhe salvou.***

Foi a única coisa que me deixou bem. Vejo todas as dificuldades remanescentes dessa situação que toda a família vive e, no geral, estou bem. Deixei as perguntas inúteis de lado, pois o budismo afirma: não perca tempo com isso, se não sabe o porquê simplesmente aceite o que está acontecendo; depois, veja até onde pode conseguir entender a situação,

102 Insight: entendimento, compreensão.

e não se desvie do que sabe que é construtivo porque, de outra forma, será levado à ruína, a sentir-se mal. Isto me salvou. Outro dia, na Casa Tibete, uma moça perguntou qual livro lhe recomendaria. Antes de tudo, quis saber há quanto tempo ela frequentava e disse que não se atirasse em algo muito profundo. Indiquei-lhe um livro sobre a raiva, algo muito comum. Ela disse que estava ali há seis meses e em crise, ao que retruquei dizendo que estou em crise todos os dias – e ela me olhou assustadíssima. Em crise, nos deparamos com algo que acreditávamos e nem percebíamos, entramos em conflito e temos de tomar uma decisão. Estas são as crises diárias, há outras mais graves. No budismo, entendo que estou engatinhando: os iniciantes são os lactentes, depois vêm os pequeninos, depois os do jardim de infância. Estou apenas no primário, e estudo o que posso. Temos um bom mestre e outros também vêm, além de um mestre residente que nos dá a parte acadêmica dos sutras. Assim tenho minha vida completa.

***O México está um pouco adiante da América Latina quanto à incorporação do budismo?***

Creio que sim. Até Marco Antonio Karam organizar a visita de Sua Santidade o Dalai Lama, em 1989, o único contato real que havia com o budismo era através do zen, mas um tanto diluído. Lembro meus tempos de estudante na Casa Tibete e quando chegou Suzuki Roshi[103], que veio ao México e se hospedou com Erich Fromm em Cuernavaca – mas o que ele deixou? Um grupo muito pequeno de intelectuais. Não havia livros nos anos 1990, pedia a quem vinha do exterior ou comprava quando ia aos Estados Unidos. Agora temos livrarias, comunidades theravada, de zen budismo, budismo coreano, várias de budismo tibetano e, inclusive, bon. Há um panorama bem diferente e as pessoas estão ávidas.

***Em um país tão católico como esse, qual a reação de seus compatriotas quando sabem que a Sra. é budista?***

Há muitos mitos que, na realidade, são frutos da ignorância. Quando me convidam para ir ver a virgem, perguntam se não acredito. E respondo dizendo que penso um pouco diferente, mas vá em frente com o que acredita e sente. Certa vez, alguém me disse: "Você é budista, não?", e fiquei feliz porque percebi que algo em meu comportamento já é diferente, estou me tornando mais coerente comigo mesma. Geralmente as pessoas não sabem o que é budismo, pensam que o Buda é um deus, que há uma substituição de Deus pelo Buda e que as imagens que temos no altar – sobretudo, os tibetanos – são deuses.

103 Shunryu Suzuki (1904-1971) Mestre zen japonês que chegou aos Estados Unidos em 1959 para cuidar de um templo em São Francisco, em um momento em que o budismo zen se firmava junto a grupos de intelectuais norte-americanos.

Tudo o que lhes digo é que, no budismo, o Buda é o mestre, ele encontrou respostas às suas perguntas em sua investigação mental e compartilhou conosco. Cada um tem a opção de estudá-las, adotá-las, experimentá-las, se quiser. Como disse recentemente meu mestre, budismo é "fazer o bem, não fazer o mal e transformar a mente". Há pessoas que se interessam e as convido para que assistam as palestras abertas, se desejarem.

***Há algo de esnobismo naqueles que se aproximam do budismo no Ocidente?***

Claro que sim. Em certo estrato de nossa sociedade, na classe média alta, digamos, ouve-se falar muito de budismo, ou da visita do Dalai Lama ao México e, talvez, alguns se sintam atraídos por todo esse brilho ou pela divulgação que é feita, e se aproximam, mas depois de algum tempo desistem. Sim, em grande parte o que se nota quando entram em contato é esnobismo puro. Acreditam que imediatamente já está tudo resolvido e que obtiveram todas as respostas, mas quando entram em crises reais e o budismo não lhes responde como esperavam, se afastam porque não conseguiram o que queriam. Em muitos casos é o brilho, e desistem porque requer esforço. No México, um país tão católico, se espera um milagre, e os milagres são esperados fora do exercício pessoal. Porém, se há milagres, são frutos do trabalho pessoal, não há geração espontânea – que foi abandonada cientificamente no século XVIII –, mas há quem se aproxime do budismo com uma atitude "guadalupeana"[104], como diz Marco Antonio Karam, esperando o milagre.

***Como budista e cientista, a Sra. tem acompanhado as reuniões que o Dalai Lama vem realizando com neurocientistas no Mind and Life Institute?***

Claro, são interessantíssimas. A ciência está dizendo em seus próprios termos o que já foi dito há 2.500 anos, mas é outra linguagem, é preciso descubri-la e experimentá-la. Exemplo disto é quando, na física quântica, se diz que há suspeitas de que a partícula detectada em um determinado momento na realidade não existe, mas está sendo criada no momento da observação. Efetivamente não há nada a partir de si mesmo - surge no exato momento em que alguém o percebe. Para mim, não há qualquer incompatibilidade entre os achados da ciência em seus próprios termos com o que o Buda está me dizendo, talvez eu faça uma ponte pessoal, mas é totalmente coerente do meu ponto de vista. As aproximações existem, a linguagem, sim, é muito diferente. A linguagem, às vezes, é o obstáculo do entendimento.

**Novembro, 2009**

104 Referência à Nossa Senhora de Guadalupe, ou Virgem de Guadalupe, considerada pelos católicos como a padroeira da Cidade do México.

## Lobsang Tönden

Rodrigo Carranza, Cidade do México, 1980

Monge budista. Depois de concluir seus estudos universitários, recebeu os votos de noviço do S.E. Choden Rinpoche, com a permissão e benção de seu mestre-raiz, o ven. Lama Zopa Rinpoche. Três anos mais tarde, recebeu votos maiores (bhikshu) das mãos de Sua Santidade o Dalai Lama em Dharamsala, Índia. Estudou sob a orientação de diversos mestres e participou de vários centros na França, Espanha, Estados Unidos, Índia, Nepal, Colômbia e México. É tradutor e editor. Há cinco anos, por sugestão de seus mestres, começou a dar ensinamentos na Fundação para a Preservação da Tradição Mahayana (FPMT, na sigla em inglês). Participa de um projeto que ajuda prisioneiros hispânicos e norte-americanos em diversas prisões dos Estados Unidos, Colômbia e México.

"Quando era pequeno, aos nove ou dez anos, vi uma publicidade sobre o Buda que ficou em minha cabeça. Anos depois, já na adolescência, li um livro sobre ética, e um dos capítulos falava sobre ética nas religiões, em particular sobre a ética budista, com uma foto do Dalai Lama, da qual gostei muito, e senti vontade de conhecê-lo. Em uma enciclopédia, que afirmava ser o Tibete parte da China, encontrei informações sobre o país e os tibetanos, li mais ainda sobre o Dalai Lama e me inteirei da causa tibetana. Meus primeiros conhecimentos são frutos de leitura, porque morava em Guadalajara, onde não havia grupos budistas.

Quando entrei na universidade, fiz cursos sobre budismo e, no Canadá, pude receber ensinamentos de mestres budistas tibetanos em um auditório que ficava em frente à universidade. Pela manhã estudava e, à tarde, ia a esses encontros. Isto aconteceu em 1999, e estes foram meus primeiros ensinamentos formais. A partir dali, senti uma conexão com a vida monástica. Fui à Ásia, estudei um pouco de budismo Theravada na Tailândia e, depois, tive a oportunidade de integrar-me à FPMT. Continuei estudando na Fundação e, três anos mais tarde, durante o verão, fui ao monastério de Nalanda, na França, dirigido a ocidentais, pedir permissão ao meu mestre para me ordenar.

Ele recomendou que eu voltasse ao México e continuasse estudando budismo no centro que a Fundação tinha aqui. Passaram-se outros três anos e tornei a pedir permissão para me ordenar. Já estava formado e trabalhando. Depois de me ordenar, estive em diversos centros na França, Espanha, Nepal, Estados Unidos e, claro, no México."

***Aloma Sellanes Zibechi - Falou de sua formação universitária, qual é?***

**Lobsang Tönden** - Comércio Exterior.

***Não parece ser uma formação propriamente conciliável com o budismo.***

Certamente que não. Mas estudar comércio exterior me ajudou, porque muitos textos do dharma estão em inglês. Hoje já não faço negócios internacionais.

***Seria bom realizar negócios sob a ótica budista?***

Claro, se não abrirmos mão de um valor básico como a ética. Se houvesse uma empresa que agisse com ética, todos iriam querer manter vínculos com ela porque não gostariam de levar vantagens injustificadas, se sentiriam seguros em relação à empresa. O mundo dos negócios seria bem menos agressivo. Não existiria isso de não se importar com o que acontece com quem está ao nosso lado, contanto que eu me dê bem – o objetivo seria que ambos ganhassem. Também seria bom que os trabalhadores tivessem uma hora de descanso por dia durante a qual pudessem relaxar, meditar. Renderiam mais, estariam mais felizes.

***Quando veem ocidentais interessados em se converter ao budismo, os tibetanos dizem: "Não renunciem à sua cultura, à sua religião, tomem do budismo o que seja propício a vocês, mas mantenham sua crença". Como vê um ocidental latino-americano como o Sr. tornar-se monge budista diante desta recomendação?***

Ouvi muitas vezes Sua Santidade o Dalai Lama dizer isso aos ocidentais, e creio que é algo muito prático e compassivo, é uma forma de dizer que nos respeita e valoriza nossas crenças, culturas e bagagem, e que não pretende impor suas crenças ou ideias. E assim é para que relaxemos e estejamos mais abertos a ouvir o que o mundo tibetano pode nos oferecer de positivo. Pessoalmente, creio que outras tradições espirituais deveriam seguir esse exemplo, serem compassivas e respeitosas com o lugar onde chegam e os costumes da terra. Ao longo da história, o budismo não teve um trabalho missionário, usando de proselitismo, mas chegou a convite, respeitando as crenças locais. Pode ter havido exceções, mas na maioria dos casos foi assim, e acho que isso deve ser mantido.

No caso dos ocidentais, há dois pontos de vista: a maioria de nós, da América Latina, pertence à tradição judaico-cristã. Quando os cristãos, os católicos, se aproximam do budismo, aproveitam algum conselho ou prática para tornarem-se pessoas melhores, sem mudar sua religião ou crença. Há muitas coisas que podem ser proveitosas no budismo, toda a parte comportamental, por exemplo, a filosofia do estudo da realidade, o estudo da mente para reduzir os sentimentos negativos. Todas são técnicas precisas: se quer trabalhar o apego pode fazer isso, a raiva, aquilo, e não há necessidade de tornar-se budista. Às vezes dizemos que há pessoas que não são budistas, mas agem como budistas e outras que são, mas não agem como tal – isto se adequa àqueles que mudaram sua tradição espiritual, para aprofundar e não adotar termos religiosos, mas não são muito espirituais. Outra situação se dá com aqueles que mudaram sua tradição espiritual, como no meu caso e de muitos outros ocidentais nos últimos anos, mas respeitamos nossa tradição cultural, inclusive a religião.

Minha mãe é católica, ou era, mas meu pai não tem religião, sua família não tinha, portanto não éramos muito religiosos em casa. Entretanto alguns de nós buscamos um tipo de prática espiritual e encontramos no budismo respostas às nossas perguntas e inquietações, e, depois de havê-lo estudado e conhecido, podemos decidir por adotá-lo como nosso caminho espiritual. Além do mais, a mudança passa por um processo – não é como trocar de camisa –, requer um entendimento, uma convicção e uma prática. Posso dizer que o que encontrei me tem sido muito útil, mas pode não ser para outros. Seguindo o exemplo de nossos mestres, aprendemos a ser práticos e compassivos em relação às crenças de outras pessoas, porque se não formos respeitosos e refutarmos a crença ou a quem tem uma ética laica, podemos acabar por confundir mais do que ajudar.

***Lobsang Tönden não é seu nome de nascimento. Por que a mudança?***

Quando se toma refúgio, é atribuído à pessoa um nome simbólico que a maioria dos budistas laicos não usa. Mas, ao ser ordenado monge ou monja, o mestre dá um nome que marca um pouco a transição da vida laica para a vida monástica, que implica um certo rompimento com essa identidade tão sólida e fixa que temos – eu sou assim, assim e assim, e já não posso mudar. No início, mantive meu nome em espanhol, porque era mais fácil e, depois, meu mestre recomendou que mudasse. E como Tönden não é tão difícil, hoje todos já me chamam assim.

*O que significa seu nome?*

Lobsang é o nome da linhagem: *lo* significa "mente" e *sang*, "bondoso". *Tönden* quer dizer "que possui significado".

***Anteriormente o Sr. disse que pertence a uma organização budista conhecida como FPMT. O que é?***

É a sigla em inglês para Fundação para a Preservação da Tradição Mahayana. É uma organização mundial fundada em 1975 pelo lama Thupten Geshe, falecido em 1984, juntamente com seu discípulo lama Zopa Rinpoche. Atualmente, a Fundação está presente em 33 países com grupos de dharma, monastérios, conventos, escolas, clínicas, e basicamente se dedica à transmissão da tradição budista Mahayana através dos ensinamentos do budismo tibetano, da meditação, do serviço à comunidade, de centros educacionais. Há também projetos de dharma em geral e nossa tradição está baseada na escola Gelug do budismo tibetano.

***Os latino-americanos estão em condições de assimilar os ensinamentos budistas?***

Creio que sim. Os ensinamentos de Siddharta Gautama, o Buda, estão relacionados à nossa condição humana e, com o potencial de desenvolvimento que temos, em geral são ensinamentos universais, aplicáveis a todos os seres em qualquer momento da história. A geração de renúncia, por exemplo, o altruísmo diante dos demais (que chamamos boddhicitta), a visão correta da realidade, a interdependência, a vacuidade – tudo isso é maior que uma cultura. Pelo simples fato de sermos humanos podemos nos beneficiar da experiência do Buda, porque ele explicou nossa atual situação de um ponto de vista que serve a qualquer ser humano, seus ensinamentos são aplicáveis a qualquer indivíduo que possua mente.

Ainda que haja coisas que se relacionam culturalmente aos países budistas, as bases, o cimento, o núcleo dos ensinamentos do Buda são compreensíveis para qualquer pessoa e aplicáveis, se não totalmente, em parte. Não se fundamenta em algo externo. Fala da forma como percebemos as coisas. Quando estudamos budismo estamos estudando nós mesmos, a natureza de nossa mente. Não há um ser supremo, estudamos o modo de conduzir nossa mente e, por isso, há quem diga que não é uma religião, e me agrada dizer que é um caminho espiritual. O importante é que há algo que nos irmana a todos os seres, que é o querer ser felizes e evitar o sofrimento – é algo inato ao ser humano e não há diferença entre orientais e ocidentais, todos buscamos isso e por isso o budismo diz que se quisermos uma felicidade duradoura devemos controlar a mente.

***Como é o tratamento dispensado a monjas e monges? É igualitário ou existe certa superioridade masculina?***

Esta é uma pergunta bem interessante, pode ser respondida sob vários pontos de vista e também é bastante comum. O Buda foi o único precursor de um grande movimento espiritual no qual encontramos os bikshus e as bikshunis, monges e monjas. Ao estudarmos a história de como se deu a ordenação, verificamos que o primeiro Buda ordenou monges e de fato levou tempo até ordenar mulheres, não porque as considerasse inferiores, mas porque não via com bons olhos que deixassem seus lares, seu plano de vida, para incorporar a vida espiritual, o que naquela época era restrito aos homens. Se o Buda demorou a aceitar as mulheres foi porque não queria expô-las a perigos, uma vez que uma comunidade de monjas vivendo na floresta seria perigoso, estariam sozinhas e sujeitas a ataques.

Mas, com base nos ensinamentos do Buda, tanto do sutra quanto do tantra, é possível a homens e mulheres alcançar a iluminação. No caso do sutra, temos a teoria da vacuidade, a carência de existência absoluta, não podemos encontrar nada que indique que as mulheres sejam inferiores aos homens. Estou convencido de que se houver algum tipo de discriminação às mulheres em culturas tradicionalmente budistas não é devido aos ensinamentos do Buda, mas aos costumes sociais. Tradicionalmente, dentro do budismo tibetano, dava-se mais importância à figura do homem que à da mulher, mesmo tendo havido grandes praticantes mulheres, mas isso está mudando, sobretudo com a chegada dos mestres e de Sua Santidade o Dalai Lama ao Ocidente, onde – ao menos em nossa organização – o papel das mulheres é muito mais ativo e há mais monjas que monges.

***Há dois temas em nossa sociedade que são um divisor de águas, dois temas por demais transcendentes: o aborto e união entre pessoas do mesmo sexo. Qual é a posição do budismo a respeito deles?***

Sobre o aborto, existem diversas opiniões dentro do budismo, algumas mais conservadoras e outras, mais liberais. Mesmo sem uma opinião oficial a respeito, existem algumas diretrizes a seguir. Por que não há uma opinião oficial? Porque, para o budismo, é mais importante a motivação por trás das ações do que as ações em si mesmas. Além disso, cada caso é particular e deve ser avaliado individualmente, sempre com o propósito de beneficiar o maior número de seres e de prejudicar o menor.

Quando perguntado, Sua Santidade o XIV Dalai Lama respondeu, em sua visita à Colômbia em 2006: "Do meu ponto de vista, o aborto é um ato de morte e, portanto, em geral é algo que se deve evitar, já que o budismo é a favor da não-violência e do respeito à vida. Porém há casos excepcionais nos quais há que se tomar essa decisão". No budismo, falamos da preciosidade da existência humana e, como disse, a orientação a seguir é respeitar todas as formas de vida, incluindo animais e outros tipos de seres. Assim como disse Sua Santidade o Dalai Lama, o aborto em geral é algo que devemos evitar, entretanto, talvez haja casos particulares nos quais seja a opção que cause menos danos. Por outro lado, dentro do budismo são aceitos métodos contraceptivos que evitem a gravidez indesejada. O mais importante é assumir a responsabilidade sobre nossas ações e, com isso, evitarmos tomar decisões que causem prejuízo a outros seres.

Em relação ao tema da homossexualidade, nos primeiros discursos do Buda que podem ser encontrados no cânon páli, não havia referência a ele, salvo em uma ocasião quando ele explicou aos monges e monjas que o voto do celibato incluía não ter relações sexuais de qualquer tipo, nem com o mesmo sexo. Quando o Buda falou da conduta sexual, não mencionou a homossexualidade. Contudo, ao longo destes 26 séculos de existência do budismo, houve diversos comentários e opiniões a respeito. Dentro do budismo tibetano, por exemplo, são consideradas inapropriadas muitas práticas sexuais que em nossa sociedade atualmente não são mal vistas. Volto a citar textualmente as palavras do Dalai Lama:

> Sobre a homossexualidade, como disse, creio que é uma forma de buscar a satisfação. Pode ser antinatural a busca da satisfação? Não me cabe determinar isto. Creio que, se as pessoas envolvidas não fizeram voto de celibato e nenhuma delas é prejudicada, por que não deveria a homossexualidade ser algo aceitável?

No geral, creio que podemos identificar em nossa sociedade duas possibilidades ou grupos: aqueles indivíduos que não seguem uma crença religiosa em particular e, neste caso, decidir se sustentam relações homossexuais se ambas as partes estão de acordo é uma decisão pessoal que deve ser respeitada. No segundo grupo identificamos as pessoas que seguem e praticam alguma religião em particular para as quais talvez seja importante seguir a crença que escolheram.

No budismo não há uma cerimônia de casamento em que um monge ou uma monja une um casal. Nem entre pessoas de sexos opostos nem do mesmo sexo. Portanto, acho que se as uniões entre pessoas do mesmo sexo promovem o respeito e a convivência mútua, e se ambas estão de acordo, por que não aceitaríamos?

Enfim, independentemente das opiniões que possam ser manifestadas, no budismo se respeita a posição de outras religiões e outras maneiras de pensar que não sejam religiosas. Temos liberdade de expressão e de forma alguma devemos impor nossas ideias aos outros pela força. Consideramos também que o respeito aos valores humanos é essencial. Creio que, ao invés de focarmos quais práticas seriam social ou culturalmente corretas, devemos nos ocupar mais em promover uma sexualidade responsável, em que haja bondade e respeito entre os casais.

***O Sr. é muito jovem. Já é mestre? Tem discípulos?***

Tenho me dedicado a ensinar porque é uma das coisas que meu mestre, lama Zopa Rinpoche, sugeriu que eu fizesse. O objetivo é compartilhar o que escutei de meus mestres, é uma transferência de informação que leva em conta nossa origem, nossa cultura. Mesmo que nos chamem de mestres, vejo isso como uma transferência de informação, porque para ser mestre qualificado são necessárias certas qualidades que são ressaltadas nos textos. É importante a coerência entre o que se diz e o que se faz, por isso é preciso muita prática.

***Dentro de alguns dias, o Sr. irá para um retiro de três meses. Ficará totalmente isolado do mundo? Para onde vai e qual o objetivo desse retiro?***

Há alguns anos vou para vários centros e, agora, tenho a chance de dedicar esses três meses a estudar e meditar mais. A prática do dharma é parte de nossos afazeres diários, mas tirar um tempo para reflexão e silêncio é muito importante. Vou para a costa de Oaxaca, onde um sacerdote amigo, que está dando início a uma missão com crianças órfãs, tem uma casa simples e isolada, numa área de 40 hectares, bastante favorável para um retiro. Minha intenção era ficar ali seis meses, mas meu mestre me convenceu a dividi-lo em dois, e farei agora três meses de retiro em absoluto silêncio. Há um telefone na casa para qualquer emergência, não tem internet, o que é bom para evitar distrações. Depois deste, farei outro em grupo, mais curto.

***Quando fez seu primeiro retiro individual?***

Em 2004, durante algumas semanas, uma experiência de que gostei muito. A partir de então, todos os anos procuro fazer ao menos um mês de retiro.

**Fevereiro, 2010**

## Marco Antonio Karam

Sinaloa, 1964

Licenciado em Filosofia pela Universidade La Salle. Licenciado em Estudos Budistas e em Psicologia Budista e Ocidental pela Universidade Naropa em Boulder, Colorado (EUA). Fez estudos de pós-graduação em Budismo e Civilização Tibetana na Universidade Tribhuvan de Katmandu, Nepal. Estudou no monastério de Kanying Shedrup Ling de Katmandu sob a orientação de Tulku Urgyem Rinpoche e do venerável Chokyi Nyima Rinpoche, entre outros grandes lamas. Realizou estudos na Biblioteca de Obras e Arquivos Tibetanos, sob a orientação do venerável Geshe Sonam Rinchen. Diretor e fundador da Casa Tibete México, primeira representação cultural oficial do povo tibetano na América Latina, sob os auspícios de Sua Santidade o XIV Dalai Lama. Membro da mesa diretora da Campanha Internacional pelo Tibete – Washington, DC. Conferencista internacional e autor de numerosas publicações sobre o budismo e o Tibete.

"O interesse pelo universo da cultura tibetana é algo que emerge em uma etapa muito inicial de minha vida. Dificilmente poderia entender o vínculo que tive nesta existência com o Tibete sem considerar uma ideia, uma noção fundamental da cultura budista, budista tibetana, que é a noção de renascimento. Meus pais contam que, ainda bem pequeno, quando comecei a falar, entre dois e três anos, comentava minha insatisfação por ter nascido no México e perguntava por que não havia renascido no Tibete – algo que para eles era muito difícil de compreender, já que estavam distantes de uma cultura como a budista, que contempla a noção da natureza da mente e sua eterna continuidade no renascimento.

Lembro que, desde pequeno, tinha interesse por esse mundo, por todos os diferentes aspectos que compreendem sua cultura, história e civilização. Aos oito anos, um tio que morava em Bariloche, na Argentina, veio nos visitar e esqueceu em casa um livro que é a autobiografia espiritual de um grande lama boliviano de origem alemã, Anagarika Govinda, que teve a possibilidade de ir ao Tibete nos anos 1930. O título do livro é *O caminho das nuvens brancas* e, ao lê-lo, tive uma grande revelação, foi como voltar para casa, encontrar o ambiente ao qual sentia pertencer e, deste momento em diante, o Tibete se tornou a grande paixão de minha vida. Tentei por todos os meios conseguir toda a literatura disponível naquela época, que era mínima, e assim acabei conhecendo um grande mestre e acadêmico tibetano, Chögyam Trungpa Rinpoche, um dos grandes pioneiros da introdução do budismo no Ocidente, nos Estados Unidos. Depois iniciei formalmente os estudos ligados ao idioma do budismo indiano, o sânscrito, e à língua tibetana. Depois de concluir a universidade no México, comecei a fazer uma formação propriamente budista na Universidade Naropa, onde me licenciei em Estudos Budistas e, em seguida, em Psicologia Budista. Depois fiz pós-graduação em Estudos Tibetanos e Budistas no Nepal e em outras partes do mundo.

Depois da fundação da segunda Casa Tibete do mundo, em 1987, em Nova York, o Dalai Lama falou sobre seu desejo de executar um projeto similar no México e na América Latina durante minha estada em Dharamsala. Em julho de 1989, sob os auspícios de Sua Santidade em sua primeira visita ao México e à Costa Rica, as quais tive a oportunidade de organizar e coordenar, inauguramos a Casa Tibete México. Isto aconteceu poucos meses antes que o Dalai Lama recebesse o prêmio Nobel da Paz, reconhecimento que alavancou a apreciação internacional pelo problema do Tibete, bem como pela pessoa de Sua Santidade."

***Aloma Sellanes Zibechi - Conte um pouco sobre o que é a Casa Tibete México.***

**Marco Antonio Karam** - A Casa Tibete México opera como a primeira representação cultural oficial do povo tibetano na América Latina. Fundada em julho de 1989, é a terceira deste estilo no mundo – a primeira foi fundada em Nova Délhi em 1967, e a segunda, em Nova York, em 1987. É uma instituição que representa todos os aspectos da civilização e cultura clássica tibetana, sua filosofia, artes, ciências e, naturalmente, a tradição espiritual budista tibetana, além de simular uma espécie de embaixada ou consulado honorário do governo de Sua Santidade o Dalai Lama no México. Em seus 20 anos de existência, passaram pela Casa Tibete todos os grandes personagens do mundo tibetano, assim como do mundo budista tibetano do Ocidente.

Nossa instituição tem vários objetivos acadêmicos: promoção do estudo e da prática do budismo, seu diálogo com diferentes disciplinas ocidentais, o diálogo entre o budismo e a ciência, promoção das artes, das artes plásticas tibetanas, sua pintura e escultura. Trabalhamos também com o problema político do Tibete, com os direitos humanos do povo tibetano. O trabalho multimídia é um dos empreendimentos mais importantes que a Casa Tibete realiza no México, e tem como objetivo familiarizar e educar o público mexicano e de fala hispânica sobre o Tibete, sua cultura e civilização em temos gerais, e temos também um importante trabalho vinculado ao apoio social às diferentes causas tibetanas. A Casa Tibete apoia, por exemplo, 150 crianças das Aldeias de Crianças Tibetanas, totalmente mantidas por nós. Construímos dois hospitais no Leste do Tibete em conjunto com a Fundação Sechen, do Vale de Katmandu. Este ano, inauguramos uma escola para 450 crianças em Mianmar, no delta do Irawadi. Em dezembro de 2008, inauguramos a reconstrução de um monastério que funciona como centro comunitário para mais de 1.500 famílias depois da tragédia provocada pelo furacão Nargis, que deixou mais de 150 mil mortos em Mianmar. Apoiamos um núcleo de mães solteiras com poucos recursos econômicos no México, a quem oferecemos programas de desenvolvimento e capacitação. É uma enorme variedade de diferentes projetos de apoio social que a Casa Tibete México abraça. Temos publicações, editamos ao menos um livro por ano vinculado ao budismo, ao Tibete etc. Para 2010, temos dois projetos editoriais: a publicação da biografia espiritual de Tulku Urgyen Rinpoche, *Esplendor Iridiscente*, cujos autores são Marcia Schmidt e Erick Pema Kunzang. É uma bela biografia espiritual que narra sua vida e formação no Tibete pré-comunista. O outro texto diz respeito à formação budista. A Casa Tibete México conta com uma comunidade em torno de mil membros no país e na América Central, e temos 12 centros aqui e um na Guatemala. Nestes centros promovemos o estudo do budismo e também a luta pelos direitos humanos do povo tibetano.

***Como é o financiamento da Casa Tibete México?***

A Casa Tibete México se financia de duas maneiras: através de cotas pagas por seus membros e de seminários que oferece, já que opera como uma universidade, como uma escola, e isto permite financiar as atividades que realiza. Foram oito anos até conseguir uma base de estudantes necessária para se tornar autosuficiente e gerar recursos adicionais para financiar essas diferentes iniciativas. Durante estes oito anos, a Casa Tibete perdeu dinheiro e eu a financiei com recursos pessoais. Agora, felizmente, é uma empresa autosuficiente e gera recursos para sustentar todas as atividades que realizamos. Ainda que não seja uma empresa próspera do ponto de vista econômico, gera o que necessitamos. A outra forma de captação de dinheiro é através de donativos de diferentes membros nacionais e internacionais, mas isto representa apenas 5% do orçamento de ativos da Casa Tibete.

***Voltando à sua infância, o Sr. não se sentia fazer parte do lugar onde vivia, como se fosse de outro lugar. Comentava isso com seus amigos, qual era sua reação?***

Em minha primeira infância, isso era algo privado e pessoal, não compartilhava justamente por medo do ridículo em função da pressão que meus amigos, com um entorno cultural bem diferente do meu, pudessem exercer. Mas, na adolescência, tinha um grupo de amigos interessados em humanismo, filosofia, nas ideias, e com eles podia compartilhar muitas dessas inquietações.

***O que sentiu quando o governo chinês publicou a Ordem nº 5, através da qual os altos lamas devem preencher um formulário e o governo decide quem irá reencarnar ou não?***

É uma política adicional que a China pretende incorporar para, eventualmente, poder ter absoluto controle na seleção do futuro Dalai Lama. Infelizmente a República Popular da China identifica a figura do Dalai Lama como o foco de instabilidade política e da própria identidade nacionalista tibetana. A China literalmente fecha os olhos à profunda inquietação, ao inconformismo do povo tibetano com as políticas que o governo chinês implementou no Tibete, e tem buscado de maneira infantil concentrar o problema na figura do Dalai Lama, acreditando que no momento em que ele desaparecer ou que eles possam intervir na eleição de um títere que controlem, terminará o problema tibetano. Porém isso é totalmente indeterminado e simboliza também o total desconhecimento da natureza do conflito no Tibete e dos reclamos do povo tibetano. Na verdade, a ideia da China com todas essas estratégias é ter influência na eleição de lamas encarnados, eventualmente do próprio Dalai Lama, o que pressupõe ter o controle político sobre o que acontece dentro do mundo religioso do Tibete.

***Qual é a pedra no sapato do governo chinês, o Dalai Lama ou a questão tibetana?***

Creio que o Dalai Lama conta com a enorme força e vantagem da verdade, a verdade que representa uma ferramenta que amiúde tendemos a limitar e subestimar, mas que explica por que, entre outras variáveis, ele tem mantido essa luta e essa reivindicação por mais de 50 anos, e também por que ele se tornou uma personalidade de relevância e projeção global. Indubitavelmente o Dalai Lama enfrenta hoje uma das nações mais poderosas e influentes do planeta, que o vê como um rival, como seu inimigo público número um e como o mais importante problema de segurança nacional. É assim que percebemos essa grande confrontação entre um homem e a defesa de sua verdade e o governo da República Popular da China, que conta com a utilização de muitos e variados recursos, aplicados com eficácia no último ano e meio para amedrontar as diferentes nações do mundo contra o Dalai Lama e suas reivindicações.

***Nos últimos tempos, a violência recrudesceu no México e, através dos meios de comunicação, somos testemunhas dos crimes mais horrendos. O budismo poderia contribuir para melhorar esta situação?***

Tenho absoluta convicção de que os problemas fundamentais dos quais padece nossa nação estão vinculados à ausência de um modelo moderno de educação em termos gerais e, dentro dele, um modelo humanista que promova as responsabilidades civis e sociais da população mexicana. O que nós podemos acrescentar – e temos concentrado os esforços da Casa Tibete nisso – é um modelo educacional baseado na filosofia budista, orientado a diferentes tipos de pessoas, tanto aos que têm interesse espiritual no budismo quanto àqueles cujo interesse é apenas acadêmico, mas que nos permita promover os valores da cidadania, da responsabilidade universal, da tolerância e do diálogo, tão necessários ao povo mexicano e à resolução dos conflitos que hoje afligem a América Latina em geral e o México em particular.

Nosso país sofre por sua proximidade com os Estados Unidos. Há um antigo ditado, atribuído ao ditador Porfírio Díaz, que governou o país por mais de 30 anos, até 1910, que diz mais ou menos assim: "Pobre México, tão perto dos Estados Unidos e tão longe de Deus". Como os Estados Unidos são o maior mercado consumidor de drogas do mundo, o México é a fronteira por onde passa todo o tráfico da América Latina e de outras partes do planeta. Como o negócio da droga é incrivelmente forte, uma indústria de centenas de milhões de dólares, não há Estado que possa controlá-lo e menos ainda sem a ajuda dos Estados Unidos. Por um lado os Estados Unidos querem que o México acabe com a exportação de drogas e, por outro, eles vendem armas aos cartéis das drogas e ainda por cima não restringem o consumo em seu próprio território. Enquanto esse problema não for atacado bilateral ou multilateralmente, não vejo a possibilidade de resolvê-lo, ao que se somam os problemas em relação ao modelo educacional e social mexicano. Portanto, nossa contribuição é no sentido de um modelo de educação baseado na responsabilidade universal, que é fundamental na filosofia budista, com a noção proposta pelo grande filósofo Henry David Thoreau de que "cada um de nós é uma maioria de um". É assim que não perdemos a esperança de poder contribuir positivamente com a sociedade mexicana.

***Nesta vida o Sr. nasceu no México e tem a impressão de que, em vidas anteriores, tenha sido no Tibete. Onde gostaria de nascer na próxima vida?***

Tenho trabalhado tanto nesta vida que, às vezes, digo que minha próxima vida será sabática, e que vou renascer como um jogador em qualquer lugar sem nenhuma responsabilidade. Agora, a sério, não sei. A partir de uma ótica budista, gostaria de experimentar um renascimento onde possa dar continuidade à minha formação espiritual. O objetivo da prática budista é ambicioso: a onisciência compassiva do Buda que, para a pessoa comum alcançar, uma vida é insuficiente, e ter as condições para poder avançar nessa direção é algo complexo. Por isso, sempre rogo para que possa renascer em um entorno onde possa voltar a me vincular ao dharma, com os ensinamentos que conduzem ao despertar e ao meu caminho de desenvolvimento, até alcançar sua meta. E, como este é o caminho do bodhisattva, não posso dissociar essa meta do compromisso de auxiliar e ajudar os outros e, em especial, aqueles que têm sido os grandes guardiães desta tradição, que são os tibetanos. Assim, espero renascer onde possa levar mais benefícios.

Quero acrescentar que devemos ter em mente que, hoje, o Tibete passa por um dos momentos mais difíceis de sua história moderna. Estamos presenciando uma clara política de genocídio étnico e cultural implementada pela República Popular da China no planalto tibetano, e cuja meta final do Estado chinês é inundar o Tibete com quantidades maciças de chineses para que, em questão de cinco ou dez anos, haja um grande referendo que fará alusão à sua disposição democrática para decidir sobre o Tibete e será tomada pela enorme quantidade de chineses que terão sido transladados para lá.

Portanto, creio que a comunidade internacional pode realmente ter um efeito importante ao obrigar a China a buscar um diálogo com o Dalai Lama que permita a resolução pacífica do conflito. Se a China não fizer isto, veremos um incremento da violência, do terrorismo e da repressão do governo chinês no Tibete. Só nos últimos dois anos, o governo chinês encarcerou mais de quatro mil tibetanos por razões políticas, dos quais mais de dois mil ainda não foram libertados – a estas cifras se somam mais de 300 desaparecidos. O problema tibetano é intenso e complexo, e acho que todos podemos contribuir com a solução pressionando o governo chinês no momento em que ele quer se inserir na comunidade internacional. Que o faça adotando os pré-requisitos dos que desejam pertencer a esta comunidade de nações: um deles é o respeito aos direitos humanos e à democracia.

***É possível ser otimista depois de ver o comportamento da comunidade internacional até agora?***

Não se olharmos simplesmente para o que tem sido a resposta da comunidade internacional à pressão chinesa e seu enorme poderio econômico contemporâneo. A resposta tem sido muito pobre, mas não podemos perder a esperança. O mesmo poderia ter sido dito dos países da Europa do Leste e sua filiação ao comunismo, mas vimos a queda do muro de Berlim, que hoje comemora 20 anos. A esperança é algo que não podemos perder nunca, nem a adesão à verdade e ao que é justo. Estou certo de que isso poderá gerar uma transformação. Os tibetanos também se preparam para uma luta geracional, uma luta que não morra com o Dalai Lama e que não acabe com esta geração e, sim, que seja mantida viva a reivindicação tibetana por sua autonomia, pela conservação de sua civilização e cultura, e que possamos encontrar uma solução para o conflito.

***Ser uma pessoa de grande significado no ambiente budista latino-americano, que tenha se tornado referência além das fronteiras mexicanas, pressupõe uma luta com seu ego, o ego que os budistas tentam manter tão controlado e que nós, ocidentais, gostamos de alimentar prodigiosamente?***

Creio que, por levar a sério o treinamento da mente segundo a tradição budista, é difícil determinar e defender uma dimensão fantasiosa de nosso ego, personalidade ou identidade. Isso simplesmente se revela como uma realidade transitória e relativa. Além disso, dirigir um projeto como o da Casa Tibete me permitiu conviver com uma grande variedade de pessoas ao longo de minha vida. Para algumas destas sou amigo, para outras, esquisito ou até mesmo inimigo. É impossível unificar critérios e opiniões, por isso é muito complexo defender uma identidade envaidecida. Ter estudado com muitos mestres extraordinários, tanto tibetanos quanto ocidentais que superam em muito minhas qualidades, torna fácil manter meu perfil pessoal em uma proporção adequada. Se a isso agregamos um genuíno entendimento do caminho espiritual tal qual é apresentado pelo budismo, e compreendemos as qualidades que são próprias de um buda, não é difícil cultivar uma atitude humilde diante das verdadeiras conquistas que se espera.

Sou um ser comum, com profundo respeito e devoção aos ensinamentos do Buda, assim como um de seus discípulos e subordinados mais humildes. Quanto à fama, o nome e o reconhecimento, um dia vêm e no outro vão. Afinal, não são tão importantes e naturalmente passam.

**Novembro, 2009**

## Tayde Bautista Lozano

Cidade do México, 1971

Estudou Direito e Literatura. Escreve para vários órgãos de comunicação, em especial sobre temas como costumes, cultura e identidade dos povos, direitos humanos e minorias.

"Morei em Mumbai, na Índia, durante algum tempo, onde fiz mestrado em Letras Inglesas na universidade. Ali conheci Tenzin Tsundue, um ativista tibetano exilado na Índia, meu primeiro contato com a situação do Tibete. Depois me aproximei de um grupo de poetas em Mumbai, escritores que se reuniam em círculos de leitura, e Tenzin era um dos que participava e lia seus poemas. Foi através dele, e também de Adil Jussawalla, um escritor de Mumbai, que comecei a me aproximar da causa tibetana.

Outras circunstâncias contribuíram, como um festival sobre o Tibete e sua situação realizado em Mumbai, e também as entrevistas que fiz com vários poetas da Índia e com Tenzin – traduzi seus poemas e um ensaio, com o qual ganhou o prêmio Picador, em 2001. Fiz essas traduções depois de voltar ao México, onde também escrevi um artigo sobre Dharamsala, lugar que visitei antes do meu retorno. Durante cinco anos, segui as pistas desse tema, até que voltei para lá, há dois anos, com um projeto elaborado com a fotógrafa mexicana Cynthia Grandini, que se interessou pela situação dos tibetanos e a problemática política e social. Juntas, seguimos a rota dessa temática, primeiro em Dharamsala, onde fiz reportagens em que nos contaram como estavam vivendo e, depois, no Tibete. Com isso, reunimos um material que foi apresentado no México, para que se tivesse uma ideia do que está acontecendo com os tibetanos."

***Aloma Sellanes Zibechi - Então a Sra. estabeleceu relações com os tibetanos exilados em Dharamsala e em outras partes da Índia e, depois, com os tibetanos no próprio Tibete...***

**Tayde Bautista Lozano -** Fui ao Tibete, mas estabelecer relações com os tibetanos é muito difícil, quase impossível. Entramos no país com um grupo de turistas, todos os tibetanos em Dharamsala nos aconselharam a tomar muito cuidado e, sobretudo, que não falássemos com os tibetanos, pois poderíamos colocá-los em perigo. Tudo o que fizemos foi observar, gravar, tirar fotos e contar nossa experiência, ou seja, contamos o que vimos. Lhasa é uma cidade sitiada, somos observados o tempo todo, cada vez que mostrava a câmera via as pessoas que estavam nos vigiando. Eram claramente agentes do governo chinês e falamos apenas com um turista tibetano que queria explicar coisas sobre aquele lugar, mas bem superficialmente. Não quisemos entrar em detalhes e estivemos lá apenas durante uma semana, não podíamos ficar mais.

***A Sra. esteve sozinha em Lhasa?***

Sim. Mas na verdade fizemos toda a rota desde o Nepal até Lhasa contando tudo o que acontecia à medida que passávamos pelas cidades, pelos templos e víamos como a presença chinesa estava acabando com os povoados tibetanos, e tudo isso foi muito impressionante. Chegamos ao Potala e o vimos sitiado pelos militares, era um ambiente de repressão. Foi tudo o que pudemos ver, não falamos com tibetanos no Tibete, queríamos ficar mas não era possível. Creio que, para poder contar o que está acontecendo no Tibete e conversar com tibetanos é preciso ficar bem mais tempo, ter outro tipo de laços, vínculos mais fortes, e fazer as coisas com todo o cuidado. Cada vez que começávamos a falar da situação, por exemplo, víamos que os tibetanos nos interrompiam, não queriam falar, comprovamos que as pessoas têm medo. Foi em Dharamsala que fizemos todas as entrevistas, junto com Tenzin Tsundue e todo o movimento de estudantes do Free Tibet. Conversamos também com várias mulheres da Associação de Mulheres Tibetanas e com músicos. Ali houve uma abertura, todos falaram de suas experiências, do que era ser exilado, como viviam e de seu sonho de voltar ao Tibete, apesar de todas as complicações que isso implica. Aliás, houve uma moça que sequer quis dar seu nome, por medo de represálias à sua família no Tibete.

***A Sra. disse que o objetivo desse projeto era tornar mais conhecida a situação do Tibete em seu país.***

Sim, exatamente. Contar o que acontecia em Dharamsala, porque muitas pessoas não entendem bem, apesar de haver muita informação no México, sabe-se que os tibetanos refugiados estão em Dharamsala, a maioria conhece a situação do Tibete, mas quisemos torná-la mais clara e, sobretudo, contar sobre a situação das mulheres, tudo por que passaram.

***O que pode falar sobre as entrevistas com as mulheres em Dharamsala que, imagino, fugiram do Tibete?***

Entrevistei várias mulheres. Ama Adhe, por exemplo, saiu do Tibete em 1985 depois de perder toda a sua família e ter ficado 27 anos em uma prisão, onde foi torturada. Foi presa nos anos 1960, acusada de separatista. Contou-me que a obrigaram a realizar trabalhos forçados e que, junto com outros tibetanos, quase morreu de fome. Quando foi libertada, disseram que se falasse sobre o ocorrido voltaria para a prisão. Por isso pediu permissão para ir à Índia e decidiu nunca mais voltar ao Tibete. Em Dharamsala, ela teve uma experiência comovente quando recebeu a visita de duas jovens chinesas que foram até ela para pedir perdão – ajoelharam-se diante dela e lhe pediram perdão por tudo o que havia sofrido na China. Estive também com a Dra. B. Tsering, presidente da Associação de Mulheres Tibetanas. Ela nasceu em Lhasa, mas vive em Dharamsala, para onde fugiu com seus pais aos seis anos. Graduou-se na Universidade da Pennsylvania, nos Estados Unidos, e voltou para a Índia para colaborar na causa. A associação que dirige é um dos pilares da sociedade no exílio, e tem a missão de ajudar as mulheres a estudar e trabalhar. Disse-me que o importante é manter os laços culturais e, nesta tarefa, o papel da mulher é fundamental.

A jovem que mencionei anteriormente e que não quis revelar seu nome fugiu do Tibete há dois anos. De sua família, restou apenas a avó, e ela pretendia regressar. Por temer represálias, preferiu não divulgar seus dados. Sobre outras situações, posso dizer que a maioria das monjas foi agredida por tentar manter sua religião – elas não podem realizar seus rituais, vivem em constante medo. Apenas as pessoas que estavam em Dharamsala contaram algo, porque as que iriam regressar não queriam falar, a situação é desesperadora. Conversamos também com refugiados que estiveram presos no Tibete e conseguiram fugir. Contaram todas as torturas infligidas pelos chineses apenas por realizar seus cultos.

Ir a Lhasa também foi uma experiência triste. A cidade está povoada por chineses, repleta de centros comerciais, destruída como uma cidade tibetana. O único refúgio para eles é o bairro tibetano Barkhor, onde pudemos vê-los andando ao redor de seus templos e girando suas rodas de oração, mas são constantemente vigiados e é possível sentir a forte repressão. Em Dharamsala, pude notar muita tristeza, frustração, sobretudo entre os jovens. Alguns nutrem a esperança de voltar, mas sabem que é muito difícil.

*Qual é a atitude dos indianos em relação aos tibetanos?*

Quando morei em Mumbai, em 2001, percebi a preocupação dos indianos com a situação dos tibetanos, simpatizavam com eles. É importante esclarecer que convivia com estudantes, escritores, isto é, com um tipo de percepção mais sensível. Ao voltar, em 2004, os tibetanos já tinham problemas com os indianos, justamente por causa das relações com a China, a situação está mudando. Em Dharamsala é diferente, indianos e tibetanos vivem em clima de cordialidade, embora alguns tenham se queixado de inconvenientes com os indianos, como consequência dos problemas econômicos e políticos que estes têm com os chineses.

***A Sra. mora na capital mexicana, uma das mais populosas do mundo, com ritmo frenético e dinâmico. Como foi estar em um lugar tão diferente como Dharamsala?***

Na segunda vez que estive em Dhramsala, notei que havia muito mais turismo, estava tudo mais caótico em comparação à primeira visita, quando senti um povo mais espiritualizado, em maior harmonia. Conversar com os tibetanos dá uma sensação de esperança, de paz. Este povo transmite algo muito diferente do que estamos acostumados. Apesar de terem sofrido tanto, transmitem serenidade, uma impressionante alegria de viver, e acho que isso deve permanecer. Trata-se de um povo muito especial, o que está relacionado à religião, à cultura e, talvez, ao que passaram. É uma gente que, só de estar perto, consegue-se sentir a compaixão.

***Qual a diferença entre estar em um templo no Tibete e em Dharamsala?***

No Tibete, sente-se a repressão, qualquer templo está cheio de militares. Recordo-me da impressão que o Potala me causou, ver os templos é algo impactante, uma das coisas mais belas que já vi na vida. Mas entrar e ver militares com armas diante das estátuas ou vigiando os monges rezando é assustador, muito triste. Em Dharamsala dá para respirar, os templos transmitem a sensação de bem-estar, de paz, da compaixão que os tibetanos têm. Realmente estão entre as pessoas que mais me comoveram e impressionaram.

***A Sra. é budista?***

Não, mas o budismo me atrai muito.

***Tsering Woeser é uma escritora tibetana que vive em Beijing e sofreu todo tipo de censura, teve suas publicações proibidas e o blog encerrado por ter manifestado sua***

***admiração pelo Dalai Lama e sua opinião sobre o que tem sido estes quase 60 anos de domínio chinês. Como escritora, qual seu ponto de vista sobre esta situação?***

Parece-me inacreditável que ainda ocorram casos como este, que alguém pense poder restringir a liberdade de outro expressar o que quiser, que uma mulher não possa expressar que é tibetana, que é budista. Parece-me inacreditável que, hoje em dia, permitamos que um Estado reprima alguém desta maneira. É retrógrado, é um ato de selvageria. Se todos realmente fizéssemos algo pelos tibetanos, se decidíssimos limitar algumas relações comerciais com os chineses, imediatamente restringiríamos determinadas situações econômicas. Creio que é responsabilidade de todos o que acontece com os tibetanos. Há falta de responsabilidade quando um empresário compra produtos chineses porque são mais baratos, porque por trás disso há exploração. É inadmissível o crescimento de um Estado que, ao mesmo tempo, restringe liberdades.

**Junho, 2010**

## Virgilio Caballero

Tampico, 1942

Professor, antropólogo e mestre em Ciências da Comunicação. O jornalismo que exerce é de viés nitidamente social e político. Fundou e dirigiu emissoras públicas de rádio e televisão em diversos pontos do país ao longo dos últimos 20 anos: Rádio e Televisão do Estado de Sonora (ao Norte); Rádio e Televisão do Estado de Quintana Roo (no Sudeste); Rádio e Televisão do Estado de Oaxaca (ao Sul); Canal do Congresso (na Cidade do México). Nas noites de domingo, é comentarista na rádio e na TV. É membro da Casa Tibete, presidente do Instituto de Cooperação e Amizade com o Vietnã e presidente da Associação Mexicana de Amizade com a República Árabe Saaraui Democrática.

"Há alguns anos, fui convidado pelo subcomandante Marcos para ser o primeiro jornalista de televisão a entrevistá-lo. Ele não confiava em absoluto na televisão comercial por conta da hercúlea tarefa que cumpre há três gerações contra a consciência coletiva que tenta impedir a construção de uma sociedade e um país livres, mas que também manda nos governantes, e estes governam de acordo com os interesses oligárquicos que a TV defende. De maneira que Marcos esperou uma oportunidade que não se apresentara antes para dar uma entrevista à TV, o nascimento de um novo canal, o Canal 40, que me coube cofundar e que tinha, no início, uma linha editorial bem aberta, de esquerda. A entrevista foi realizada em condições muito difíceis, na selva, com o exército cercando os guerrilheiros. Consegui penetrar na região e fazer essa primeira entrevista para a TV com Marcos: foram três dias e três noites vagando, sem que houvesse um ponto de encontro exato.

Conversamos durante uma longa hora, diante de duas câmeras. Cerca de oito dias depois de voltar à Cidade do México, fui sequestrado por policiais civis em um táxi, que rodou durante seis, sete horas, não sei por onde, já que fui atirado ao piso do carro. Diziam que me matariam, me ameaçavam a todo instante. Eram três, e não diziam nada além disso. Para estar contando isto agora, deve ter contribuído um pouco o fato de que me mostrei sinceramente disposto a morrer. Disse isso quando o que estava no comando falou tranquila e firmemente ao motorista: "Vamos para a estrada matá-lo já". Ao que respondi, agachado mas com voz clara: "Por que a estrada? Mate-me aqui para que fique mais difícil para minha família! Falo sério, mate-me aqui!" Ainda que não fosse minha intenção, isso calou a voz e a intenção de me matar. Guardaram silêncio por um bom tempo, até que veio a sentença: "Ele se porta bem, esse velho miserável, vamos em frente, largamos por aí. Vamos ver se terá vontade de voltar à selva".

Desde o primeiro instante do ataque no táxi, percebi claramente que era um ato de repressão por ter entrevistado Marcos – a entrevista já havia sido televisionada. Não sei como cheguei em casa, sem sapatos – foi só o que tiraram de mim –, andando desde um bairro longínquo e mal-afamado, onde nenhuma das pessoas com quem falei concordou em me ajudar. Fiquei bastante abalado psicológica e moralmente porque – mesmo tendo sofrido outros atentados – este foi particularmente difícil, pelas muitas horas de silêncio, mas não mudas, entre meus captores e eu, me perturbava ter sofrido um sequestro e uma tentativa de assassinato.

No dia seguinte ainda me sentia estremecido e pedi à minha secretária que me ajudasse buscando algo espiritual que me permitisse compreender o acontecido. Flor é a melhor secretária do mundo e, às duas da tarde, apareceu com a Casa Tibete. Disse-me que iriam começar um cursinho de introdução ao budismo nos fins de semana e que também ensinariam a meditar – isso no distante ano de 1995. O encontro com esse grupo e com o budismo foi precioso. Naquele fim de semana, recebendo os ensinamentos de Tony Karam, me dei conta de que o budismo é, sobretudo, ética, e que eu havia seguido essa ética ao longo de minha vida, em boa medida. Senti que me encontrava comigo mesmo e que estava sendo apresentado teórica e doutrinariamente a algo que eu também tinha proposto teórica e eticamente ao longo de minha vida profissional e pessoal. Isso me entusiasmou e me animou a superar o trauma do sequestro.

Sem dúvida, o budismo foi uma via para compreender a situação do Tibete, e comecei a estudá-lo. Esta não é a missão básica da Casa Tibete por razões diversas, inclusive as questões de sobrevivência como instituição em um momento difícil, mas a situação do Tibete é um desdobramento natural para alguns de nós, o que isso implica para os povos tibetano e chinês, para a política mundial e para a própria humanidade. Ou seja, aquele encontro se desdobrou, para mim, em dois caminhos: a assunção do interesse pelo budismo como uma ética e como uma visão de mundo, e a assunção da causa tibetana como uma razão política que podia acrescentar à minha vida. E assim foi como me envolvi na questão do Tibete."

*Aloma Sellanes Zibechi - Continua a fazer a prática budista?*

**Virgilio Callero** - Sim, vou a retiros quando posso. Havia uma pequena divergência com Tony Karam, meu mestre, por não ser um participante cotidiano das práticas e dos ensinamentos, mesmo que leia bastante e sempre. Até que, em uma conversa privada, ele disse: "Nem faz falta para você, sua vida é a de um budista", o que me tranquilizou. Mesmo que tenha sido esta a minha proposta desde o início, desde que entrei em contato com essa doutrina, e vindo de uma militância sem partido, sem partidarismo, de esquerda – e sendo a realidade tão cruel, tão difícil –, buscar a salvação individual, a iluminação pessoal quando há tanta necessidade coletiva de compreender as coisas e de todos sobrevivermos a cada dia... Custa-me aceitar que alguém deixe tudo de lado e esconda-se em uma caverna para meditar sobre si mesmo e o mundo, e consiga a iluminação pessoal.

Acho que a salvação tem de ser a desta vida comum, tem a ver com dignidade, justiça, com a possibilidade de compreender o mundo a partir de uma racionalidade compartilhada por todos. E isto está ligado a causas políticas concretas, sociais, econômicas e, portanto, a uma ação que torne eficaz nossa própria existência em relação ao amor que sentimos pelos outros. Penso no amor que sentimos pelos demais como um fundamento de todas as religiões, mas que no budismo é ***basiquíssimo***, como a razão de viver para sermos felizes. Mas este amor pelo outro exige uma atividade constante, permanente, interminável a partir de ações de caráter político ou profissional, no meu caso, o jornalismo. O jornalismo, para mim, é um instrumento político, da política entendida como convivência, fraternidade, como um encontro com os outros.

***Levando-se em conta a sua profissão, o que sentiu quando, em março de 2008, ao se desencadearam os levantes no Tibete, jornalistas credenciados foram expulsos da região?***

Uma tremenda indignação. Estamos diante da impotência de vários milhões de pessoas no planeta que assistem a isso sem poder compartilhar nem realizar ações eficazes para impedir. Queria ter estado lá, como muitos outros colegas de todo o mundo. Penso que a China está disposta a jogar todas as fichas contra o Tibete. As denúncias feitas pela internet ou por meios de comunicação são ineficientes, afinal alcançam algumas centenas ou milhares de pessoas e não conseguimos influenciar decisivamente o curso dos acontecimentos no Tibete. Sinto-me impotente, nada me resta por ora – ainda que não queira que se reduza a isso – senão rezar e acompanhar os tibetanos em seu sofrimento, e juntar-me a outros amigos jornalistas e militantes desta causa para elaborar outras ações, que sempre são limitadas.

Ontem mesmo, li no *The New York Times* uma declaração dos chineses dizendo que o presidente Obama irá à China e que a questão tibetana é muito semelhante à dos sulistas em relação aos Estados Unidos na questão separatista, que esteve entre a escravidão e a liberdade. Este é um argumento que implica um grau de perversidade verdadeiramente indigno de qualquer inteligência, porque os tibetanos não querem se separar da China, nem a independência, mas apenas sua autonomia em relação ao poder central, a exemplo de Taiwan e da Mongólia. Além disso, alegar ou argumentar que a reivindicação está entre a escravidão e a integridade territorial da China é uma espécie de ameaça a alguém que descende da escravidão dos avós, que é Obama. Chega a ser uma alusão direta a sua própria pessoa, e falar da integridade territorial da China como tema central não só é perverso como profundamente equivocado para a fundamentação da qual os chineses querem nos convencer, porque ninguém acredita.

Aqui no México, temos pensado em promover algumas ações para a visita de Obama e no momento em que, felizmente, recrudesce o debate sobre o Tibete, no sentido de fazer com que o governo chinês não acredite ser um poder mundial ou imperial ao qual não se possa fazer frente – sim, podemos! É preciso conscientizar muitas pessoas, coletividades, sobre a questão tibetana, a partir de informações fidedignas. Mas também é preciso promover ações pacíficas que nos permitam confrontar o governo chinês, e creio que isso pode ser feito no México.

***Em sua opinião, quais foram as razões que provocaram o levante tibetano de 2008?***

Há razões de fundo ligadas à terrível situação do povo tibetano, ao qual foi imposta uma população imigrante da China, o que implica uma invasão civil apoiada pelo exército vermelho, pelo exército chinês. Uma invasão que esmaga, humilha a vida cotidiana de forma cultural e social, porque esta superioridade numérica da população chinesa sobre a tibetana implica uma sujeição a outra cultura, sem sequer ter sido avisada disso, simplesmente imposta. Resulta também, o sabemos, em dominar ou tentar varrê-la, e até mesmo destruí-la, estigmatizando-a primeiro e, depois, deixando de lado a grande tradição tibetana do budismo e das crenças gerais do povo tibetano sobre o que é o universo e a vida.

Esta motivação de fundo tem se feito presente, minando as bases da comunidade e das relações humanas na sociedade tibetana. Outra importante causa subjacente é o fracasso das conversações entre o governo tibetano no exílio e as autoridades chinesas. Já sabemos que estas nunca quiseram levar o assunto a sério. Repetida e ciclicamente eles anunciam um diálogo eficaz, verdadeiro entre as partes, que sempre acaba da mesma forma. Os chineses não querem dialogar, menos ainda sobre uma possível autonomia do povo tibetano. Obviamente isto causa frustração e há uma parte da população tibetana, inclusive no exílio, que busca saídas mais imediatas e profundas – que os chineses chamariam de mais radicais – para a possibilidade de autonomia ou de independência do povo tibetano. Creio que esses fatores contribuem, como pano de fundo, para o que ocorreu nestes últimos dois anos. Some-se a isso também as agressões que grupos de tibetanos sofreram nos dias anteriores à repressão generalizada. Parece-me que isso tudo não resiste por muito mais tempo. Provavelmente a repressão a grupos de militantes ou de ativistas se repetirá a partir da visita de Obama e da posição norte-americana em relação ao Tibete. Imagino que conflitos com os mesmos matizes de repressão e violência não demoram a ressurgir.

***Ou seja, o Sr. pensa que Obama irá descartar o assunto Tibete, já que poucos dias atrás rejeitou a possibilidade de se encontrar com o Dalai Lama durante sua estada em Washington[105]? Todos os tibetanos e os que apoiam a causa se sentiram um tanto desapontados. Ao menos até ali, a política de Obama pareceu tomar distância da de seus antecessores em relação ao Tibete, incluindo a do ex-presidente George W. Bush, cujo único mérito em seu mandato talvez tenha sido trazer à tona a questão tibetana em cada reunião que teve com as autoridades chinesas.***

Não saberemos de imediato, mas creio que vai elaborar o assunto, porque é parte de uma proposta geral que ele formulou e está levando a cabo no Saara ocidental, na República Árabe Saaraui. Para lá, por exemplo, foi enviada uma comissão especial junto com as Nações Unidas para abordar a questão – é uma situação talvez mais difícil do ponto de vista político. De um lado, os golpistas mauritanos, que tomaram o poder dos militares pela violência, não foram reconhecidos. Disso pouco se sabe e, de maneira geral, não é justo, fizeram com que retrocedessem: por causa da pressão *obamiana*, o gorila militar que tomou o poder na Mauritânia caiu, e colocaram em seu lugar alguém com quem pudessem falar, porque a Mauritânia e o Marrocos estavam dispostos a continuar intervindo no conflito com o Saara, e Obama neutralizou os mauritanos. Em contrapartida, Obama enviou uma carta ao rei do Marrocos – conheço a íntegra – na qual afirma que a independência e a soberania do Saara ocidental são assuntos que devem ser tratados observando o interesse de todas as partes.

Não se pode relevar isso e outras decisões que seu governo tomou. E me levam a pensar que uma atitude semelhante, exploratória e estratégica, ao menos a título de sondagem, pode ser considerada nesta visita aos chineses. Obama conhece muito bem

105 O encontro entre o Dalai Lama e o presidente Barack Obama aconteceu dia 18 de fevereiro de 2010, três meses depois de realizada esta entrevista.

o problema com o Tibete e, portanto, não pode deixá-lo de lado, até como forma de equilibrar o poder da China.

***Pergunta inevitável: foi apressado o prêmio Nobel da Paz para Obama?***

Sem dúvida. Tive esperança de que ele resistisse e se recusasse a recebê-lo. É absolutamente precoce e inapropriado. O presidente Obama acaba de mandar 30 mil homens para o Afeganistão. É um absurdo receber um Nobel da Paz ao mesmo tempo em que se reforça a invasão a um país da Ásia.

***Quais podem ter sido os erros mais determinantes do governo do Tibete no exílio durante todo este tempo?***

O mais determinante, que poderia encontrar explicação no contexto da Guerra Fria, foi permitir e inclusive estimular a participação da CIA na rebelião anterior à fuga do Dalai Lama do Tibete, um erro brutal que teve de ser pago de duas formas: com a indiferença do chamado mundo socialista daquele momento em relação à questão tibetana e com a intervenção norte-americana, mais interessada na confrontação com a China e com os países socialistas e que, portanto, via a causa tibetana como assunto de quinta categoria.

Creio que esse erro fundamental se estendeu até a Índia e teve um preço ao longo dos muitos anos que se seguiram à participação norte-americana através da CIA, até a queda do muro de Berlim. Em uma entrevista dada por Sua Santidade, dois ou três anos atrás, a uma emissora de TV comercial do México – o pior dos canais que tomaram conta do país –, diante da insistência do entrevistador, ele disse que era um budista marxista. Esta me pareceu uma atitude bastante ousada do Dalai Lama, além de uma correção ao desplante que, possivelmente, não foi só responsabilidade dele, mas também dos que governavam com ele, quando era muito jovem. Houve, ainda, a intervenção de um irmão dele, do qual Sua Santidade era muito próximo. Creio que estamos todos pagando por esse erro.

Entretanto, teríamos de perguntar se haveria outra saída no contexto da Guerra Fria. Era muito, muito, muito difícil. Todos os países, todas as sociedades do planeta com intenções de dissidência – como ocorreu no México, em 1968 – eram imediatamente estigmatizadas por pertencer a este ou àquele lado da Guerra Fria, e isso condicionava todos os conflitos internos, inclusive com ameaça de invasão e de confrontação, levando até a uma guerra nuclear. Eram as ameaças que pairavam sempre sobre qualquer tipo de rebelião ou dissidência relevante, de maneira que não havia o que fazer. Vivemos isso aqui, do México à Patagônia, ao longo da segunda metade do século XX, com a imposição de ditaduras militares de uma crueldade infinita, e também com algumas rebeliões como a que aconteceu no México em 1968, e logo éramos tachados de comunistas. Penso que os países da Ásia viveram algo semelhante e, provavelmente, os que decidiram sobre a intervenção da CIA no Tibete não mediram todas as consequências. A CIA finalmente os abandonou, não foi para o confronto até um ponto que poderia ter sido crucial, que era a organização do povo tibetano que havia se decidido pela via da rebelião, e as consequências que se seguiram não foram assumidas. Creio que houve ali um erro calculado com base nos interesses geoestratégicos norte-americanos da Guerra Fria.

***Havia dois discursos: de um lado a não-violência do Dalai Lama e, de outro, tibetanos se preparando nos Estados Unidos para uma ação de intervenção direta.***

O que contradizia o budismo em suas bases mais sólidas. O que isso tinha a ver com a tradição religiosa tibetana? Creio que é uma contradição que está se voltando a viver, ao menos parcialmente.

***Há mais de 160 organizações de apoio à causa tibetana no mundo. Às vezes parece que pretendem ter uma influência direta na tomada de decisões do governo tibetano no exílio. Elas devem ser guias ou simplesmente respaldar as políticas seguidas pelos tibetanos?***

Antes de mais nada, é preciso respeitar a vontade do povo tibetano e de seus representantes do governo no exílio, e este respeito tem de expressar-se a partir do reconhecimento e aceitação das reivindicações feitas pelo Dalai Lama e seu governo, temos de apoiá-los. Os grupos que amam o Tibete e a causa tibetana não podem pretender impor a ninguém daquele país a nossa visão de mundo. Podemos cair no desespero por não sermos eficientes, como disse no início, mas temos de nos manter em posição de apoiar, não de sobrepor, nem sequer com nossas opiniões, o que o governo do Tibete no exílio decide. Não seria apenas improcedente e ineficaz, mas também desrespeitoso e carente de consideração para com as circunstâncias que cercam o exílio tibetano.

Para mim, devemos encontrar na divulgação da questão tibetana, na busca de participação do maior número de pessoas a partir do conhecimento do que lá ocorre, a razão fundamental de nosso trabalho. Acrescento também o protesto e a denúncia sobre a violação aos direitos humanos no Tibete, que é maciça, cotidiana e cruel, e que nos dá motivo e causa suficientes para nos mantermos protestando e denunciando. Na divulgação da causa e na denúncia contra os abusos de poder cometidos contra a população tibetana temos duas razões para nos mantermos unidos atrás da autoridade tibetana – não creio que devamos fazer mais nada. Sim, podemos ter diferentes opções a respeito de como levar a cabo essas tarefas. Alguns lugares contam com meios próprios, o que é fundamental para divulgar e tornar o conhecimento universal. Em outros, a causa tibetana, o protesto e a denúncia podem ser feitos através de muitas formas elaboradas por grupos civis de várias regiões, e também algo que tem de ser fundamental: a organização de reuniões internacionais. É importantíssimo realizar encontros por regiões e mundialmente, como aconteceu em Barcelona com os grupos e organismos civis que apoiam a causa do povo saaraui. Devemos mostrar que somos muitos, que somos milhões em todo o mundo que estamos com o Tibete. São três tarefas que devemos cumprir com eficiência.

***Claude Arpi, jornalista e escritor francês que vive na Índia, disse que o Dalai Lama declarou em uma entrevista realizada 20 anos atrás que a situação do Tibete não irá mudar até que a China mude por dentro.***

É uma opinião interessantíssima porque incide não somente sobre a realidade da China como também parece profética. O que ele disse é o que está acontecendo. Há que se confiar na inteligência e no que há de generoso no regime comunista chinês, ainda que esteja escondido, e em que os ideais de uma coletividade livre e não sujeita ao poder de ninguém não tenham ficado totalmente esquecidos. Acho que o governo chinês contém em seu seio contradições básicas em relação a este e outros temas, e penso também que não morreram os ideais do comunismo chinês, os melhores ideais do comunismo chinês.

Parece-me tampouco que esteja morta, mas está muito viva a contradição entre a gerontocracia que governa a China e aqueles com menos de 60 anos que estão nas esferas de poder. Esta diferença de idade e os poucos que estão nas instâncias principais do poder chinês estão fazendo seu papel – os homens com menos de 50 ou até 60 anos que governam a China têm outra visão de mundo. Houve pronunciamentos interessantes de grupos de intelectuais e de pessoas de organizações sociais atentas ao que está acontecendo com o Tibete.

Aqui cabe um paralelo com o ocorrido na invasão norte-americana ao Vietnã. O heroísmo do povo vietnamita foi realmente incrível, chegou ao sacrifício cotidiano e a uma revelação da força da inteligência e tenacidade que o levou a encontrar mil formas de se defender, inclusive adestrando abelhas na selva que atacavam apenas os soldados dos Estados Unidos. Além de ter tocado a vida cotidiana nos subterrâneos que atravessavam todo o Vietnã para poder vencê-los sem lutas frontais. O que o povo vietnamita fez por sua independência e liberdade faz enfim parte da grande história da humanidade, porque ali se deu um basta, ainda que não em definitivo, ao poder imperial norte-americano, posto que foi derrotado pela primeira vez na história, inclusive militarmente, além de sofrer a derrota moral e política. Mas uma avaliação que Ho Chi Minh e os governantes do Vietnã nunca perderam de vista foi sobre o que acontecia no interior da sociedade norte-americana e dentro do próprio governo: as imensas marchas, formidáveis manifestações no final dos anos 1960, cuja ressonância chegou até aqui. No México, tivemos marchas geniais, multidões maravilhosas gritando "Viva o Vietnã!" O que ocorreu nos Estados Unidos foi o que finalmente transbordou o copo que estava cheio pela invasão e crueldade que se cometia no Vietnã. Essa contradição foi decisiva: Nixon foi derrotado pelo próprio povo e pela oposição gerada na classe política por conta da proximidade de uma derrota militar. Algo semelhante ao que está acontecendo agora com o Afeganistão, o Paquistão, Obama e sua chegada ao poder.

Há contradições que precisam ser consideradas, e são tão reais quanto a luta cotidiana que ocorre lá dentro entre os invadidos, entre os submetidos. Parece-me que o Dalai Lama faz bem quando considera que seu trabalho diplomático daqui para lá é parte de um ativismo pessoal para com a causa tibetana em geral, porque ajuda a abrandar a obstinação chinesa para enxergar o problema do Tibete de outra forma. Citei o artigo do *The New York Times* em que há uma opinião intransigente ao extremo da China sobre a questão tibetana quando da visita de Obama, mas isso é pura fachada; estão acontecendo muitas coisas, e é preciso pensar e estar atento a elas. Creio que nosso trabalho, o das organizações e das pessoas que creem em um Tibete livre, pode influenciar essas contradições chinesas, e isso deve ser levado às embaixadas, às representações chinesas, para que reportem ao seu governo e este que saiba que, em todas as partes do mundo, vemos com preocupação a questão tibetana.

**Novembro, 2009**

# PERU

## Juan Bustamante Solari

Lima, 1948

Professor de budismo na Pontifícia Universidade Católica do Peru. Foi professor nas Universidades Ruiz de Montoya e San Marcos, em Lima. É diretor e professor do Instituto Peruano de Estudos Budistas e presidente da Associação Cultural Peruano-Tibetana. Organizou a visita do Dalai Lama ao Peru. É licenciado em Administração de Empresas pela Universidade do Pacífico e mestre em Economia do desenvolvimento na Bélgica.

"Meu vínculo começa em 1974, devido ao interesse pela meditação e o budismo, motivado pelo meu primeiro mestre, Dr. Onorio Ferrero, professor emérito da Pontifícia Universidade Católica do Peru. Ele era italiano e, em sua juventude, esteve na Índia, onde teve contato com mestres tibetanos e depois, na Suíça, se ligou à comunidade tibetana. Foi através dele que conheci o Tibete, o budismo e a meditação. Foi assim que me interessou a forma particular dos tibetanos de verem o budismo. A partir disso, surgiu o interesse pelo Dalai Lama, o que me levou à causa tibetana. Depois estive na Índia, conheci vários monastérios e colônias tibetanas, recebi ensinamentos de mestres budistas como Tai Situ Rinpoche e Dilgo Khyentse Rinpoche em Dharamsala e outros locais, o que me levou a um grande entusiasmo por sua cultura.

Tive um mestre tibetano, Lama Wangdor, com quem pratiquei os ensinamentos do dzogchen por quase dois anos em Tsopema, Índia, local onde viveu Padmasambhava, que estabeleceu o budismo no Tibete no século VIII. Ao voltar a Lima, me convidaram para ensinar, e como meu mestre me autorizou a ministrar o básico, passei a me dedicar a isso, deixando de exercer minha profissão ligada a economia e administração. Comecei também a ensinar budismo na Universidade Católica, e junto com vários amigos fundamos a Associação Cultural Peruano-Tibetana. Depois tive a honra de organizar a visita do Dalai Lama ao Peru e ter um contato pessoal com ele, o que foi uma felicidade e um privilégio."

*Aloma Sellanes Zibechi - Como é a difusão do budismo no Peru?*

**Juan Bustamante Solari** - Os primeiros antecedentes vêm da imigração chinesa e japonesa, mas ficaram confinados a suas comunidades. Como estudo acadêmico, o budismo foi introduzido no Peru pelo Dr. Ferrero nos anos 1960. Como prática mais difundida começou bem depois de outros países da região, apenas nos anos 1990. Como havia pessoas interessadas, comecei a convidar mestres de várias escolas e linhagens de forma não excludente e, a partir disso, grupos foram formados, cada qual seguindo uma escola particular, e a Associação Cultural Peruano-Tibetana colabora com todos. Hoje há cada vez mais pessoas interessadas, e algumas delas se tornaram praticantes mais regulares.

*O Sr. tem um centro de dharma?*

Organizei o Instituto Peruano de Estudos Budistas, onde dou aulas, sem necessidade de adesão. Ali dou seminários para lidar com as emoções perturbadoras usando os ensinamentos budistas e ensino a prática da meditação. De alguma forma, também são dadas informações sobre a situação do Tibete, do Dalai Lama, há certa consciência do problema. Como a posição política e diplomática do Peru é pró-China, temos muito cuidado ao escolher nossas batalhas, tampouco somos ativistas, apesar de já termos realizado manifestações públicas pacíficas, escrito artigos e dado entrevistas pró-Tibete nos meios de comunicação, além de termos feito representações oficiais junto ao Ministério das Relações Exteriores do Peru, servindo como elo de ligação para autoridades tibetanas que vieram estabelecer contatos governamentais. Também recebemos e organizamos visitas de personalidades tibetanas sugeridas por nosso amigo Tsewang Phuntso, representante para a América Latina do escritório do Tibete em Nova York. Por outro lado tenho amigos em outros países que são pró-independência quanto à posição que acham que o Tibete deveria sustentar em relação à China, e sequer participam do enfoque do Caminho do Meio, proposto pelo Dalai Lama, o que em minha opinião é irreal. Também ensino budismo na Universidade Católica, no Centro de Estudos Orientais, e em seu Centro Cultural.

*O Sr. ensina meditação também?*

Desde 1990, mas devo acrescentar que talvez tenha aprendido mais com meus alunos do que eles comigo. Ao ensinar, se aprende muito, e como continuo praticando trato de integrar esse *continuum* de experiência em minhas aulas. Meu objetivo é traduzir a essência dos ensinamentos tradicionais para uma linguagem contemporânea, sem demasiados termos técnicos nem uso de línguas orientais. E até sem recorrer a posturas corporais que os orientais adotam com naturalidade, mas que para nós, ocidentais, são estranhas e difíceis, constituindo às vezes um obstáculo maior. Nós sentamos em cadeiras ou sofás. Há muitas pessoas necessitadas de paz mental e nem sempre estão interessadas propriamente no budismo, mas ao obter uma experiência de alívio real começam a indagar qual é a fonte desse bem-estar, e aí se encontram com os ensinamentos do Buda e com as fontes tibetanas. A partir disso, vários assumem um compromisso maior com a causa tibetana ao tomarem conhecimento das injustiças e violações aos direitos humanos. Ou seja, procuro ensinar um budismo aplicado. Não se trata de ensimesmar-se e ignorar a realidade exterior, é necessário exercer a compaixão consigo mesmo, com o outro mais próximo e com as causas justas, inclusive se essas implicarem uma posição política.

***Há mais pessoas interessadas em fazer meditação ultimamente?***

Desde a visita do Dalai Lama houve uma maior abertura, mais interesse e curiosidade, mas a maioria das pessoas vinha, e vem, por conta de problemas psicológicos e encontram algo muito mais amplo e rico: o budismo como via de liberação do sofrimento e de melhor entendimento da realidade. Vem gente de todas as classes sociais, níveis culturais e idades. Ainda que a meditação possa ser um caminho longo, o importante é que, desde o primeiro dia, sintam o alívio e o relaxamento que não encontraram antes. Creio que este é um benefício tangível e que o budismo é isso, iniciar aqui e agora um caminho para o despertar total. Ao mesmo tempo, há muitos budistas que se entusiasmam com os ensinamentos, mas não praticam a meditação ou, no mínimo, não sabem como acalmar sua mente e não conseguem aplicar os ensinamentos que conhecem na teoria. Há também os que tentam se dedicar a práticas budistas avançadas, mas carecem da base de calma e clareza na mente, e me parece que esta é a causa de não avançarem muito em suas práticas. Mas, em geral, são as pessoas necessitadas de ajuda emocional e mental que mais se beneficiam da meditação.

***E é recomendável que pessoas com problemas psicológicos acudam ao budismo, não deveriam recorrer a um psicólogo?***

São pessoas que já recorreram a um psicólogo ou que ainda fazem terapia. No mais, talvez todas as pessoas tenham problemas psicológicos e nem sequer sabem ou querem reconhecer. E ainda há os que resistem e temem fazer uma consulta psicológica, tomar remédios etc. Claro que em caso de necessidade, recomendo aos alunos uma consulta profissional com um psicólogo ou psiquiatra. O que procuro é fazer uma aproximação do budismo sem ritual, sem cânticos ou recitações.

Há 15 anos, ensinava a meditar com mantras e visualizações, mas depois me pareceu mais interessante promover o bem-estar humano do que o budismo formal, o que talvez seja ainda mais budista, no sentido de que pode ser mais útil ensinar uma maneira de a pessoa se sentir bem e chegar a ultrapassar seus próprios limites e obstáculos, ter mais clareza e calma mental. A mim interessa tornar os ensinamentos acessíveis em linguagem quase coloquial e oferecer uma experiência de plenitude na vida cotidiana. Creio que este enfoque chega mais facilmente aos ocidentais, mas naturalmente o budismo tradicional é a fonte de todos esses conhecimentos. O Dalai Lama diz: "Não estou interessado em converter ninguém ao budismo. Meu objetivo é apresentar conceitos que sejam aceitáveis e úteis a todas as pessoas".

***Existe uma tendência de incorporar a meditação nas escolas, especialmente nos Estados Unidos. O Sr. considera importante que as crianças latino-americanas aprendam meditação em nossas escolas?***

Seria muito importante, estou convencido de que o ensino da meditação deveria começar na escola, ainda criança, para solucionar problemas de déficit de atenção, de hiperatividade, com os pais, os amiguinhos, resolução de conflitos. Seria interessante realizá-la em uma escola como experiência piloto, já foi feita em outros países e temos este projeto por concretizar. Quase todos os meus alunos dizem que teria sido ótimo começar nos primeiros anos da escola, porque, agora que são adultos, é preciso um esforço maior para se conectar com eles mesmos, aceitarem-se e serem um pouco mais felizes.

***A meditação pode ser um antídoto para o estresse?***

Na realidade, o tema central do budismo é o estresse, com outro nome: a ansiedade e o desejo. Para o Buda, a causa do sofrimento é o desejo, que é a ansiedade provocada pela sensação de carência. Não haveria desejo se não houvesse sensação de falta. O estresse é uma resposta humana errônea a um estímulo ou agente demandante, e assim se desenvolve o hábito de responder com estresse, mas é possível treinar para desenvolver uma resposta de não-estresse, mais serena, centrada, contente com o que se tem, menos descontente pelo que não se tem. A sociedade é estressante. Lima, como toda capital, é uma cidade com muita poluição, violência, onde só vemos o sol brilhando durante três meses do ano e, no restante, não há um céu aberto, não há sensação de expansão e isso deprime muito. Tampouco chove, não há frescor, e custa muito manter espaços verdes, que são escassos ou inexistentes. Esta é a violência do clima, que faz com que nos queixemos e nos deprimamos muito. Não há estatísticas sobre o estresse, mas sabe-se que é uma das maiores causas de enfermidades cardiovasculares, sobre as quais há estatísticas. Desta forma, o estresse é um inimigo público, e há pesquisas que relacionam a amargura, o ressentimento, com certos tipos de câncer, e isto é estresse. E, sim, há um alívio do estresse com a meditação, vejo isto todos os dias, não somente com meus alunos, mas em mim mesmo. Há muitas pessoas gratas à meditação.

Há profissionais da neurociência e outras disciplinas, como Daniel Goleman, Matthieu Ricard e outros que estudam o estresse sob parâmetros ocidentais e também verificam os benefícios da meditação – isto é tranquilizante para os ocidentais, porque precisamos das bênçãos da ciência. Este é o interesse do Dalai Lama. É por isso que me interesso por um aspecto mais racional e não tão religioso ou monástico, que me parece sensibilizar melhor o ocidental médio, inclusive receber os ensinamentos de um laico e não de um monge tem valor para o cidadão médio, que não vê o ensinamento tão inalcançável. Assim como há um budismo tibetano, me pergunto como seria um budismo peruano, um budismo uruguaio ou chileno – será interessante ver isso, terá seu próprio valor e sabor, e isso será dado pelos próprios praticantes. O próprio Dalai Lama disse que é bom que as pessoas se interessem pelo Tibete, mas não que se tornem tibetanos.

***O Sr. medita todos os dias?***

Sim, felizmente é algo que já não penso nem questiono: quando acordo pela manhã, vou meditar. Depende do tempo que tenho disponível, mas medito pelo menos uma hora por dia, como prática pessoal e, durante o dia, mais três ou quatro horas, dependendo da quantidade de aulas que tenho, em grupos ou individuais, nas quais se faz meditação dirigida e vou sugerindo a atitude mental a se adotar. Quando medito sozinho, eu o faço sem um tema, ou seja, sem um apoio. Pessoalmente, me interessa o dzogchen – permitir que todos os pensamentos se autoliberem, deixá-los vir sem intervir, sem modificar, para que, assim como surgiram, eles cessem. Este ensinamento quer dizer "grande perfeição", no sentido de algo que já está completo, que não há carência alguma interior, como algo que já existe mas teria de ser descoberto, deixar ser – como dizia o Buda, quando alguém suprime a infelicidade, o que resta é a felicidade. A ideia é ser transparente como um cristal, para que a fonte de toda essa plenitude se manifeste, a vacuidade e sua claridade. O dzogchen é um ensinamento muito importante, levado ao Tibete por Padmasambhava e mantido na escola Nyingma, agora praticada por muitos mestres de outras escolas. Sigo os ensinamentos dados por Namkhai Norbu Rinpoche, que vem regularmente ao Peru e dá ensinamentos via webcast. Mantenho uma posição não sectária, de não excluir nenhum dos métodos de prática. Utilizo também os métodos do budismo mais antigo, o theravada, a calma do *shamatha*[106] e a atenção plena do *vipassana*[107], ao estilo dzogchen. O mais importante é procurar integrar toda a prática à vida cotidiana, caso contrário é só discurso.

***Houve mudanças desde a primeira vez que o Sr. meditou, ainda na universidade, e as práticas de hoje?***

Sim, em 40 anos houve mudanças, e não só pela idade. A raiva continua surgindo, mas não é algo que necessariamente tome conta de mim, nem que se manifeste sempre externamente – não a reprimo, mas a reconheço, relaxo e deixo que se dissolva, que se autolibere. Não se trata de escondê-la, mas realmente não chega a tomar conta, não me domina. A meditação em si sempre me conforta na relação com tudo, inclusive com perdas e fracassos. É fundamental desenvolver a habilidade da não resistência interior para não dar nossa própria energia aos kleshas, ou emoções perturbadoras que, quando esgotam a força com a qual surgiram, cessam. Assim se produz espontaneamente a extinção do fogo interior, como dizia o Buda.

***Então, o Sr. lida melhor com um dos venenos da mente. E os dois outros, o apego e a ignorância?***

Com relação à ignorância, me declaro ignorante com alguns lampejos de clareza. Já sei que tudo o que há é sabedoria, mas isso para mim ainda é teoria. Continuo trabalhando na abertura, na dimensão mais livre que, às vezes, vejo dentro de mim. E também tenho apego, claro, mesmo que não chegue a se firmar como algo sólido – às vezes, se dissolve através de um esforço especial e outras, espontaneamente. É divertido ver como os venenos mentais não envenenam, porque a mente é transparente como um cristal. Os piores venenos são os que não são reconhecidos e nos dominam, e quando nos damos conta já é tarde, já agimos e causamos danos, o que se chama no Oriente de ***karma***, ação e consequência. Esta palavra está relativamente popularizada no Peru, os estudantes universitários geralmente falam que estão "carmeados"... É aí que a meditação nos ajuda a desenvolver nossa habilidade de reconhecimento, de consciência, de percepção. Até chegar à consciência da pura consciência, ou rigpa[108].

106 Shamata, do sânscrito: *shama*, calma, serenidade, quietude; *tha*, permanecer, sustentar. Sustentar o foco, a atenção, prolongar o estado de presença que permite a emergência do verdadeiro, do genuíno, essencial de nossa natureza. [N. da T.]

107 Vipassana, do sânscrito, *vi*, ver; *passana*, clareza. Ver as coisas como realmente são. [N. da T.]

108 Rigpa, do tibetano, "uma consciência primordial, pura, original, que é ao mesmo tempo inteligente, cognitiva, radiante e sempre desperta. Poder-se-ia dizer dela que é o próprio conhecimento do conhecimento". Em Rinpoche, Sogyal. *Livro tibetano do viver e do morrer*. São Paulo: Editora Palas Athena, 2000, p. 74. [N. da T.]

***Poderia falar mais sobre o que é a ignorância do ponto de vista budista?***

Ignoramos o que somos, quem somos, como é nossa mente, como funcionam os mecanismos do ego, ignoramos as possibilidades e potencialidades de nossa própria mente e, geralmente, o ser humano se vê impelido pelo apego e pela ira, e pelas consequências de suas ações. Quando alguém se dá conta de quem é, na verdade percebe que não é. Não é alguém, mas sim uma potencialidade ilimitada que adotou uma forma limitada, um *eu* para poder expressar-se no mundo, para poder trabalhar, amar e até para odiar. É como um cristal transparente. Não há um ego proprietário ou protagonista. Se colocarmos uma pedra atrás de um cristal transparente, cria-se a ilusão de que o cristal é opaco e denso. A ignorância é esta opacidade aparente da mente, mas, se olharmos com atenção, veremos que a pedra não é o cristal e vice-versa, e que se tirarmos a pedra, o cristal se mostra transparente como sempre foi, e descobrimos que nossa mente sempre foi assim. E isso acontece com quem respira e se sente pleno de riqueza, sem muitas palavras, sem muito vocabulário, simplesmente se sente bem, e isso começa a ser um bem-estar duradouro.

Ignorância é acreditar que as coisas são reais e sólidas e, portanto, não podemos nos desfazer delas. Entretanto a ignorância pode desaparecer em um instante. Outro dia, por exemplo, estava em um café em frente ao mar lembrando uma experiência dolorosa e dura, sofrendo muito, mas quando vi o sol se pondo, recordei todos os ensinamentos de uma vez, sem palavras, tudo o que aprendi, tudo o que me ensinaram, todas as experiências e, em um instante, se desfez a autopiedade, a emotividade – se desfez a ignorância, porque não havia nada além da liberdade, da serenidade. A ignorância é enganosa, faz-nos sentir mal, deprime, entristece mas, felizmente, é algo que passa. Creio que o que pode salvar são as horas de voo, e chamo de horas de voo a familiaridade que se tem com esse estado de abertura. Meditação, em tibetano, é *gom*, que significa familiaridade. Se o estado de abertura não foi experimentado, não se tem referência de liberdade, não se tem escolha, fica-se sempre fechado em uma couraça, sentindo-se em uma prisão. Há pouco tempo li, em uma revista budista, que não é exatamente que se esteja em um cárcere, mas sim preso às coisas; não é que se está com algemas nos pulsos, mas agarrado a algo, às barras de sua cela e, daí, sobrevem o sofrimento, como se estivesse em uma prisão. Se todos os dias soltarmos o sofrimento um pouquinho, isso ajudará, quando surgem as crises, a nos liberar de toda ilusão. Isto é budismo, o despertar da ignorância. Os alunos saem da meditação com outra fisionomia, outro gestual, com um sorriso, quase com outra atitude corporal, porque parece que se livraram de um peso. A meditação tem a ver com a capacidade de abrir a própria mente, a capacidade de relaxar e descobrir a felicidade serena.

**Fevereiro, 2010**

# URUGUAI

## Ciro Jaumandreu

Montevidéu, 1977

Cursou a Escola de Belas Artes, além de vários cursos de artes plásticas, é designer gráfico e profissional da web. Realizou várias exposições de suas obras e ganhou menções honrosas e prêmios, entre os quais o Ariel de Prata, em 2008. Viajou à Índia várias vezes com objetivos puramente espirituais. Está preparando uma exposição de pinturas inspiradas no místico tibetano Milarepa. Um painel de sua autoria participou da mostra Arte do Tibete em Nova York, em setembro de 2010.

"Meu pai foi um grande defensor da liberdade de pensamento. Sempre teve grande senso de síntese espiritual e soube ver o elo invisível que une todas as religiões e movimentos espirituais. O budismo tibetano sempre esteve presente em casa como uma das tradições sagradas que leva o homem à realização, à iluminação, ao aperfeiçoamento. A questão tibetana tocou meu pai profundamente porque à falta de liberdade e aos desastres humanitários soma-se o fato de ser um povo totalmente espiritual e pacífico. Depois de sua morte, em 2005, encontrei uma carta escrita por ele e dois amigos, em 1988, dirigida ao Dalai Lama. Aparentemente não chegou a ser enviada, mas demonstra seu interesse e preocupação já naquela época, quando o Uruguai ainda não tinha muita informação a respeito do tema. Nela, pretenderam fazer chegar sua solidariedade e respeito à Sua Santidade, além de uma proposta que cito textualmente que era a instituição do "Dia Universal da Libertação do Tibete, na data de sua preferência, na qual todos nos uniremos em um grande ato espiritual com o objetivo de promover a liberdade do Tibete, seu retorno ao país e a felicidade de seu povo".

Graças à influência de meu pai e uma natural inclinação ao budismo, fui desenvolvendo um vínculo especial com a causa tibetana. Minha esposa tem grande amor pelo Tibete, o que reforçou o meu. Juntos, fomos a um encontro sobre a situação do povo tibetano em Montevidéu, o que nos estimulou a dar um passo e deixarmos de ser simples espectadores. Desde então, passamos a ajudar nossos irmãos tibetanos dentro de nossas possibilidades.

A questão tibetana transcende o tempo, as fronteiras, culturas e religiões. A liberdade e os valores que o budismo propaga e o povo tibetano são essenciais para a humanidade. Por isso esta causa deve ser defendida sempre, não importa a época ou as circunstâncias políticas. Esta causa é parte da eterna luta em defesa de tudo o que nos torna humanos.

O conflito no Tibete reflete a situação do mundo e de nós mesmos. É fácil reconhecer que a banalidade, o profano, a mentira, a ambição e o egoísmo se alastram. É fácil reconhecer que estes vícios estão também em nós, e que se não lutarmos constantemente contra eles, nos devoram rapidamente. Como lutar contra o que faz parte de nós mesmos? Com violência, depreciando-nos? Ou reconhecendo que não somos isso, que são como nuvens passageiras que escondem a luz que vem do que somos verdadeiramente? Esta é a forma que os grandes mestres da humanidade ensinaram.

O que é tão difícil para nós, incrivelmente, não o é para um povo inteiro imbuído de sabedoria milenar, que compreende que seu inimigo é como ele, e que odiá-lo não é a maneira de vencê-lo. Encontramos esse povo no Tibete, essa massa unida capaz de tirar o melhor de si: a compaixão. Desta forma podemos ver a situação atual do Tibete como se fosse um grande espelho, onde se reflete o padecimento mundial por carência de valores humanos expressa no egoísmo, na mentira, na ganância etc., mas onde também se podem ver as joias da compaixão, da verdade e da sabedoria.

Grande parte das pessoas evita o espelho, prefere não ver, porque é muito duro olhar para a realidade interior. Cegas por seu egoísmo, preferem ver o próprio rosto e, enquanto isso, ocorrem as torturas, os genocídios e o mais profundo sofrimento de milhões. É hora de todos olharmos para esse espelho com coragem, descobrirmos nossas próprias faltas e defeitos para corrigi-los, e reafirmarmos o amor e a compaixão que reflete esse nobre povo. Esses valores são o que unicamente pode nos tornar verdadeiramente livres. Quanto mais gente fizer isso entre nós, quantos mais formos os que decidem viver com os valores humanos no coração, na mente e nas mãos, mais próximos estaremos de ver o Tibete livre – livre da ignorância que os invadiu e que até o dia de hoje os oprime."

***Aloma Sellanes Zibechi - Essa inclinação espiritual prematura o tornou budista?***

**Ciro Jaumandreu** - Os temas espirituais me interessaram desde muito cedo, e o budismo tibetano sempre me atraiu, sobretudo a figura do Dalai Lama. Houve uma época em que tive a intenção de me converter ao budismo e, cada vez que algum monge vinha ao Uruguai, assistia e gostava muito das falas, mas sempre tive um impedimento, um limite e, mesmo me sentindo bastante atraído, entendi que não poderia me entregar a algo que é muito distante, ainda que paradoxalmente também me seja familiar. Posso afirmar que o budismo me encanta, mas não sou budista, não o tomo como o único caminho. Sinto que nasci aqui por alguma razão e tenho de ser o que sou. Isso tem a ver também com o ensinamento de Sai Baba, meu mestre: é preciso amar a própria cultura, o que coincide com o que diz o Dalai Lama e, por isso, comungo com os dois.

***O Sr. mencionou uma coincidência entre Sai Baba e o Dalai Lama, dois ícones da espiritualidade do Oriente, ambos com milhões de seguidores. Quais outros pontos de contato reconhece entre eles?***

Sai Baba ensina que todas as religiões são um caminho válido e todas levam ao mesmo lugar. Os que seguem Sai Baba têm uma tendência não só a respeitar as outras religiões, como também a amar seus adeptos. Nos centros Sai Baba em todo o mundo se faz cantos devocionais budistas, islâmicos, a Deus sob todos os nomes e formas. Assim, é natural que se esteja aberto a outros mestres e, no meu caso, é natural a atração pelo Dalai Lama. Durante muito tempo, estive inclinado a acreditar que a luz vinha só do Oriente, mas descobri que houve pessoas de alto nível espiritual no Ocidente, como o mestre Eckhart, monge cristão medieval com uma cabeça quase oriental, que me inspirou em uma série de pinturas que já expus. A questão não passa pelo Oriente ou Ocidente, mas, quando uma pessoa consegue elevar sua consciência a determinado ponto, tudo começa ficar parecido. Há alguns anos, foi aberto um centro Sai Baba em Nova Délhi, e o Dalai Lama foi convidado para uma visita, na qual manifestou que estava muito satisfeito por um mestre como Sai Baba defender que a pessoa mantenha sua religião, a identidade de suas crenças – este é um dos pontos de contato. Quanto aos valores, ambos cultivam a compaixão, o amor, a não-violência, acima de qualquer sutileza da linguagem, em essência, são estes os valores mais importantes, que também estão além da religião e da cultura.

***Quem foi Milarepa?***

Milarepa foi um iogue do Tibete, um dos mais importantes e conhecidos. Nasceu por volta de 1050, porém há divergências com relação às datas. Era filho de um homem rico que morreu quando tinha sete anos, e os tios que prometeram cuidar dele e de sua mãe descumpriram a palavra, tratando-os quase como escravos.

A mãe de Milarepa lhe pediu que aprendesse ocultismo, como forma de se vingar de seus parentes. Ele obedeceu e, através da magia negra, cometeu muitos atos terríveis. Quando se deu conta do mal que havia causado, buscou um mestre que o orientasse em um caminho diferente. Este mestre foi Marpa, conhecido como o grande tradutor, que lhe tratou de maneira rude. Quando Milarepa provou a seu mestre que havia purificado o próprio *karma*, ele o preparou para viver como asceta. Milarepa esteve em retiro solitário durante 12 anos nos gelados picos tibetanos, onde desenvolveu especialmente a prática do tummo, que permite gerar calor a partir da meditação, a ponto de poder sobreviver nos locais mais gélidos, em temperaturas abaixo de zero, com pouca ou nenhuma vestimenta. Depois desses 12 anos, Milarepa alcançou a iluminação. Em seguida, dedicou-se a ensinar, e dizem que respondia as perguntas de seus discípulos entoando belíssimas canções.

***Por que ele inspira sua pintura?***

Tenho um sentimento especial pelos personagens místicos, aqueles que transcendem a religião em si e se centram mais na busca interior. Certo dia, comprei um livro que chamou minha atenção pela capa, onde havia um Buda, mas não o li de imediato. Tempos depois, comecei a lê-lo e fiquei fascinado: havia conhecido os *Cantos de Milarepa*. Sua leitura gerou em mim naquele momento, e continua a gerar cada vez que volto a ele, uma espécie de devoção, uma devoção pela devoção que Milarepa sentia por seu mestre – todos os cantos começam como uma dedicatória a ele. Diz-se que Milarepa cantava espontaneamente e, por coincidência, Sai Baba fazia o mesmo, compondo cantos espontâneos nas falas que abriam seus ensinamentos. O certo é que os cantos de Milarepa calaram fundo em mim, e comecei a sentir uma afinidade muito especial com ele, a ponto de me refugiar em seu livro quando tinha algum problema. De algum modo, eu o sinto próximo. O duro ascetismo que caracterizou sua vida me seduz. A vida ascética me fascina, mesmo que sinta que não é o que me coube nesta existência. Depois dos *Cantos de Milarepa* – o meu predileto entre todos os livros sobre espiritualidade –, li outro sobre a vida dele, no qual fica bem exposta a relação mestre-discípulo, o que pessoalmente me parece muito interessante, já que sempre precisei de um mestre e, de certa forma, Sai Baba o é, mas a distância geográfica não contribui para satisfazer a necessidade de um mestre próximo. Mesmo que também tenha aprendido a não criar esse apego que torna necessária a presença.

***Como surgiu o projeto dessa série de pinturas sobre Milarepa?***

Meu pai está inevitavelmente ligado a todas as coisas que me acontecem. Tinha deixado de pintar e estava me dedicando ao design, sem espaço para a pintura. Sempre pintei espontaneamente – o abstrato ao ponto de os quadros nem terem nome. Certo dia, me veio a ideia de pintar inspirado em personagens místicos, espirituais. Achei que seria interessante fazer uma série de obras sobre cada um desses personagens. Comecei a pensar e veio à minha mente quatro ou cinco místicos que, mesmo nascendo em lugares diferentes, pertencem à mesma época: são todos medievais, e um deles é Milarepa. Fiquei entusiasmado com a ideia, mas ainda não podia começar a pintar porque estava organizando um ***workshop***, fazendo reformas, porém senti que havia encontrado meu caminho de criação. Não comentei com ninguém, mas ao conversar com minha irmã que vive em Porto Alegre (Rio Grande do Sul, Brasil), ela disse que seu marido havia sonhado com meu pai e que ele estava feliz porque eu estava pintando santos.

Comecei a série com o mestre Eckhart, e agora me dedico a Milarepa. Enquanto estou pintando, procuro entrar em comunhão plena com o personagem, sua mensagem, sua história. Dentro da série de Milarepa há uma subdivisão: tummo, que como disse é a prática do calor psíquico à qual se dedicou quando vivia nas montanhas; e a outra está relacionada ao dharmakaya, o corpo absoluto, a essência vazia da mente. A série ainda não está terminada, mas enviei um painel sobre tummo para a exposição *Art for Tibet*[109], realizada em Nova York, em setembro.

**Outubro, 2010**

109 Art for Tibet 2: http://bit.ly/amAUue.

## Luis Vidal Giorgi

Montevidéu, 1955

Licenciado em Ciências Antropológicas, com especialização em Antropologia Cultural. Pós-graduação em Sociologia. Docente universitário na Universidade de La República, onde leciona teoria antropológica. Atualmente é docente na Universidade Católica do Uruguai. Desenvolve ampla atividade no campo da arte cênica como diretor, dramaturgo e docente. É colaborador de diversos órgãos de imprensa como jornalista cultural.

"Minhas primeiras referências sobre o Tibete chegaram na adolescência casualmente, como não poderia deixar de ser, ao encontrar livros de Lobsang Rampa[110] na biblioteca de meu pai. A biblioteca ficava em um quarto da casa de meus avós, daquelas antigas, com mais de vinte portas, corredores e cheia de cantinhos. Na biblioteca, havia um grande armário com portas de madeira e vidro, e sempre apareciam novidades e curiosidades nas prateleiras. Os livros de Rampa chamaram minha atenção com seus desenhos coloridos, mas a primeira leitura não me estimulou a continuar. Em que pese o mistério ao qual o livro se referia, minha adolescência buscava mais a afirmação do corpo que do espírito. E, assim, comecei a ler uma história sobre a escalada de sir Edward Hillary aos Himalaias, quase toda em quadrinhos, e esta atraente aventura mostrou que aquelas montanhas ocultam um outro Tibete, que também permaneceu como uma incógnita.

Até que, aos 22 anos, iniciando a carreira de professor de antropologia, ao estudar um livro sobre a relação cultura/personalidade, cheguei ao mesmo tempo a outra menção sobre o Tibete. Entre os fatores que o livro apontava como determinantes da personalidade grupal estava o meio geográfico, e havia comparações entre os aimarás da cidade de La Paz, na Bolívia, e a cultura tibetana, por estarem na

110 Tuesday Lobsang Rampa (Inglatera, 1920 – Canadá, 1981): controvertido escritor, autor de vários livros dedicados ao Tibete e ao budismo tibetano. Afirmava ter migrado voluntariamente ao seu corpo inglês a partir do corpo enfermo de um lama tibetano. Ainda hoje é considerado por muitos como um grande impostor, porém seus livros contribuíram em grande medida para que muitos ocidentais se aproximassem da espiritualidade oriental e, especificamente, da cultura e religião tibetanas. Seu nome verdadeiro é Cyril Henry Hoskin.

mesma altitude, acima do nível do mar. A sensata conclusão: o determinismo geográfico não era relevante, pois a cultura tibetana tinha se desenvolvido com outras expressões bem distintas das dos aimarás, sustentando que essa personalidade grupal qualificada como passiva era produto da influência histórica, pois, antes ainda da chegada dos conquistadores espanhóis, esse povo havia estado sob o domínio inca.

O ponto é que, naquele momento, o Tibete era referência de uma cultura de grande riqueza e singularidade, sua vocação autônoma foi ressaltada como um fator histórico, o que justamente lhe havia permitido desenvolver riqueza e complexidade cultural que outros povos tinham visto limitadas pela dominação externa. A ocupação chinesa não era muito falada, além da própria China ser um mistério. E a época da Guerra Fria era marcada por calúnias e desinformação permanentes. Em todo caso, a revolução chinesa poderia ser vista como algo positivo pela transformação que havia conseguido em um país de estruturas quase feudais. Na atualidade, o fator da autonomia histórica adquire relevância e força no caso do Tibete, pois aquela cultura – que foi exemplo de crescimento – hoje tem a sobrevivência ameaçada pelo nacionalismo chinês extremo que se impôs aos princípios revolucionários. Mais tarde, o espírito voltou a cobrar seu quinhão sobre o sentido da vida, e pousou minha atenção sobre o Tibete, reconhecendo no budismo princípios em defesa da vida. Como aquele conceito de "democracia do ser", em que a convivência entre humanos, animais e plantas adquire outro significado de harmonia cósmica e se insere em um possível plano de natureza divina. Também como um artista que se apega às suas obras como sinal de identidade, o descobrimento da impermanência e o esquecimento do eu, nessas maravilhas da arte sacra que são as mandalas (lembrando que maravilha vem de olhar algo com afinco), que depois de vistas ritualmente são desfeitas, é um gesto que me atrai e questiona como ocidental ligado à razão e ao eu.

Por último, os livros do Dalai Lama, aos quais cheguei através da antropologia, por suas conversações sobre o cérebro e as experiências místicas com o cientista chileno Francisco Varela. Essa abertura de um líder espiritual ao mundo da ciência capturou minha atenção como uma nova atitude digna de nossos tempos, nos quais os dilemas da humanidade necessitam e merecem contribuições de todos os ramos do conhecimento e de todas as culturas. Esta aproximação me levou aos livros do Dalai Lama, onde encontrei alguns princípios que podem ser uma diretriz, desde o ecumenismo religioso, com seu respeito pelas diferentes tradições, até o elemento central da compaixão, como fundamento para uma nova ética para o século XXI – a partir da afirmação da diferença, ele cria pontes entre a diversidade para compartilhar espaços comuns. Privados de seu território e com sua singularidade, os tibetanos no exílio encontraram e nos mostram um território sem limites para uma nova humanidade."

***Aloma Sellanes Zibechi** - O que significa para a humanidade a perda de uma cultura?*

**Luis Vidal** - Se há algo que mostra toda a potencialidade do ser humano, uma expressão que se situa acima dos moldes do comportamento biológico, é justamente a diversidade cultural, em que as crenças ou a linguagem – como bens imateriais que são – ocupam um lugar relevante. Cada vez que uma língua é silenciada, na medida em que constitui um veículo da cultura, uma cosmovisão do mundo e da experiência existencial, sentimos e comprovamos que a humanidade empobreceu, que vestígios do caminho do homem sobre a terra foram apagados, e nosso futuro se torna mais incerto sem as referências perdidas.

A antropologia nasceu em pecado original ao acompanhar a arrasadora expansão colonizadora, da qual sofreram duramente os povos asiáticos para, em seguida, a partir da convivência com e do conhecimento de outras culturas, passar a compreender e defender a diversidade cultural como um valor que a identifica como ciência. Passou do etnocentrismo que contagiava sua crítica, para o relativismo cultural, o qual levou a todas as ciências sociais o conceito antropológico de cultura, que implica não haver hierarquias entre as formas de vida de cada sociedade nem manifestações do afazer humano que estejam fora da cultura. Portanto, no mundo globalizado de hoje, a tensão entre o próprio e o alheio continua a ser uma fonte de conflitos que, como indica a trágica experiência colonizadora, só pode se resolver com harmonia, partindo do direito de cada povo de expressar sua cultura.

O povo chinês sofreu na própria carne o domínio colonizador. Sempre lembro, porque me impactou, que no parque Imperial foi conservado um cartaz afixado pelas potências colonizadoras – que repartiram entre si os melhores bairros de Pequim no século XIX – que dizia: "Proibida a entrada de cachorros e chineses". Este cartaz infame guardado como lembrança da opressão colonizadora no próprio coração da China deveria servir também agora, que é uma potência mundial, como advertência para não cair em arrogância semelhante na sua relação com a cultura tibetana.

***Quando se comemorou o 50º aniversário do levante nacional tibetano de 1959, o Sr. participou das atividades realizadas em Montevidéu, fazendo leituras de passagens da obra do Dalai Lama. O que o motivou para fazer parte daquela comemoração?***

Ampliar o conhecimento sobre a situação do Tibete me levou a querer compartilhar uma homenagem a esta cultura milenar e, por causa do meu próprio processo de progressiva aproximação com ela a partir da falta de informação, quis contribuir para que a carência geral de informação se reduzisse. Por outro lado, encontrei alguns artistas que, no teatro e na música, haviam tido uma relação com a cultura tibetana e aderiram à proposta com entusiasmo.

Os textos escolhidos do Dalai Lama são parte de sua proposta para uma ética para o século XXI, destacando o elemento relacional da compaixão, tão em sintonia com a formação original cristã; mas também me pareceram atraentes os textos que falam da aprendizagem que está presente no outro, mesmo no inimigo. Em uma época em que, em nome da religião, se estabelecem categorias de amigos e inimigos, o Dalai Lama, com a firmeza de suas convicções, procura encontrar pontos de contato, mesmo com seus opostos. Esta atitude em situações adversas como é o exílio, e em um mundo sempre dividido, traz à luz, pelo exemplo, uma nova ética.

Vale a pena recordar as palavras do Dalai Lama que escolhemos para ler ao final daquela celebração, pois atestam o que assinalamos:

> Escolhi alguns versos que creio ser aceitáveis para pessoas de qualquer culto, inclusive para aquelas que não professam nenhuma religião. Se é praticante, ao ler estes versos, poderá refletir sobre a forma divina que adora. Um cristão poderá pensar em Jesus ou em Deus, um muçulmano pensará em Alá. Assim, enquanto recita estes versos, comprometa-se a aumentar os valores espirituais. Se não é religioso, pode refletir sobre o fato de que, fundamentalmente, todos os seres humanos compartilham conosco seus desejos de felicidade e de superar o sofrimento. Ao reconhecer isto, expresse o desejo de ter um bom coração. Isto é o mais importante: a calidez do nosso coração. Como somos parte do gênero humano, é importante ser uma pessoa amável e boa.
>
> Que o pobre consiga riqueza,
>
> que os aflitos encontrem a alegria.
>
> Que o abandonado encontre uma nova esperança,
>
> prosperidade e uma felicidade estável.
>
> Que o assustado pare de temer,
>
> e que os escravos sejam livres.
>
> Que os fracos encontrem a força,
>
> e que a amizade una seus corações.

Acrescentaria ainda, deste distante Sul sem montanhas, o desejo de que assim seja neste século XXI que deixamos aos que virão, que seja uma ética de encontro e respeito à diferença, sem que ninguém imponha nem perca a identidade.

**Outubro, 2010**

# TIBETE

## Tsewang Phuntso

Tigrit, Oeste do Tibete, 1958

Desde 2002 é representante para a América Latina da administração central tibetana, posto que ocupa no escritório do Tibete em Nova York. Na Índia, foi secretário adjunto do Departamento de Informação e Relações Internacionais da administração central tibetana entre 1995 e 2001. Foi presidente do Congresso da Juventude Tibetana durante o período 1990-1995. É mestre em Desenvolvimento Internacional Sustentável pela Universidade Brandeis de Waltham, Massachussets, Estados Unidos.

***Aloma Sellanes Zibechi* - Neste livro 34 pessoas responderam, entre outras, a uma pergunta comum sobre a origem de sua relação com o Tibete. Agora é a sua vez de nos explicar, como tibetano, qual é a origem de sua relação com a América Latina.**

**Tsewang Phuntso** - Meu primeiro contato ou conhecimento sobre a América Latina foi ao conhecer a iniciativa de El Salvador de levar a questão do Tibete à primeira reunião do Comitê da Assembleia Geral das Nações Unidas, em 1950. Mais tarde, tive a oportunidade de reunir-me com o Dr. Alfredo Martínez Moreno, que esteve ligado a esta importante iniciativa, durante a Terceira Convenção Mundial de Parlamentares sobre o Tibete, realizada em Washington, DC, em abril de 1997. Naquela época, estava fazendo pós-graduação na Universidade Brandies, em Waltham, Massachussets, e trabalhei na convenção como voluntário. Desde então, passei a ter uma contínua interação com pessoas da América Latina, particularmente com aqueles que têm especial interesse pelo Tibete e apoiam constantemente a causa do povo tibetano.

***Há semelhanças entre sua ideia inicial sobre a América Latina e o que experimentou depois de assumir seu cargo?***

Nos anos 1950 e 1960, quando a questão tibetana foi levada e debatida na Assembleia Geral das Nações Unidas, vários países latino-americanos apoiaram as moções. Do mesmo modo, até o final da década de 1990, quando o tema foi levado às reuniões anuais da Comissão de Direitos Humanos das Nações Unidas, a maioria dos países latino-americanos votou a favor das moções. A julgar por estes fatos, antes de assumir o cargo, parecia-me que as pessoas da América Latina estavam bem informadas sobre o tema. Quando passei alguns meses no México, no inverno de 2001, depois de ser designado para este cargo, percebi que estava equivocado. Fiquei surpreso ao saber que a maioria das pessoas, incluindo os praticantes do budismo tibetano, não tinha conhecimento da questão tibetana. Considerando esse fato, optei por focar a etapa inicial de meu trabalho na divulgação de informação aos meus amigos latino-americanos sobre o tema.

***Há aspectos comuns entre tibetanos e latino-americanos?***

Latino-americanos e tibetanos compartilham coisas comuns. Como os tibetanos, os latino-americanos são voltados à família e à comunidade, e são muito religiosos. Do mesmo modo, como os tibetanos, os latino-americanos gostam das reuniões sociais. Graças a esta mente orientada para a comunidade, os latino-americanos podem compartilhar a dor de outros, como a que os tibetanos padecem. Eles também são mais relaxados. Diferentemente dos tibetanos, por outro lado, os latino-americanos são geralmente muito sensíveis e emotivos.

***Permita-me entrar por um momento em sua história pessoal. O Sr. fugiu do Tibete cruzando os Himalaias como muitos tibetanos fazem há décadas para encontrar seus compatriotas que já estavam no exílio na Índia. Qual a influência deste fato no resto de sua vida?***

Como era muito pequeno, não tenho lembrança da experiência de cruzar os Himalaias, fugindo para o exílio. Mas, ao longo dos anos, pude ouvir muitas histórias, em primeira mão, de tibetanos que escaparam para o exílio. Ao refletir sobre elas, cheguei a compreender plenamente a verdadeira importância da oportunidade de levar uma vida digna, e o quanto a liberdade é importante na vida. Com esta compreensão, aprendi a valorizar a pequena liberdade que tenho, e a apreciá-la mais que minha própria vida.

***O Sr. viveu sua vida inteira como refugiado. O que significa ser um refugiado?***

Sim, vivi como refugiado toda a minha vida. Isto certamente tem um profundo impacto em mim, tanto em meu pensamento quanto no meu enfoque da vida. Desde meus primeiros anos, fui testemunha da pobreza, do sofrimento físico e do sentimento de insegurança que rodearam a vida da geração de meus pais. Testemunhei o árduo trabalho que tiveram de realizar para reconstruir sua vida no exílio. Em certa medida, minha geração também foi privada de sua infância. Refletindo sobre estas experiências e observando as dificuldades que muita gente desfavorecida vive cotidianamente no mundo desenvolvido e subdesenvolvido, sempre tenho um senso de satisfação pelo que conseguimos no campo social e econômico no exílio. Sei também o difícil caminho que temos diante de nós, como tibetanos, ao buscar conseguir algum tipo de liberdade para nosso povo, que nos permita conduzir nossa própria forma de viver e preservar nossa identidade e herança cultural. Entendendo a situação, estou determinado a dar minha pequena contribuição nesse sentido. Confio que a mudança virá, não importa quanto tempo leve. Viver como refugiado me tornou mais maduro e realista, me fez mais aberto, sempre disposto a aprender com os outros.

***O Congresso da Juventude Tibetana é um movimento composto por jovens tibetanos de todo o mundo, a maior organização não governamental do exílio tibetano, e tem entre seus maiores compromissos a reivindicação da independência do Tibete. Como foi a experiência de presidir este movimento nos anos 1990?***

Tive uma experiência maravilhosa no Congresso da Juventude Tibetana. Proporcionou-me uma boa oportunidade para interagir com a gente tibetana, jovens e adultos. Pessoalmente, a relação com o Congresso da Juventude Tibetana acentuou minhas capacidades organizacionais, qualidades de liderança, assim como as habilidades para as relações públicas. Além disso, tive a chance de monitorar de perto a situação dentro do Tibete, um hábito que mantenho até hoje.

***Se, no futuro próximo, houvesse algum tipo de acordo com as autoridades chinesas que permitisse voltar ao Tibete, como imagina o momento de reencontrar seus compatriotas? Haveria problemas de adaptação dos tibetanos que vivem há vários anos no exílio, ou até mesmo daqueles que nasceram no exílio, ao estilo de vida dos tibetanos que nunca saíram do Tibete?***

Se estivermos bem informados sobre o que está acontecendo no Tibete, com monitoramento a pequena distância, não creio que seja difícil a adaptação à nova vida, se conseguirmos algum tipo de acordo com as autoridades chinesas. Isso favorece a plena consciência da realidade e a preparação psicológica e mental para enfrentar a situação. Se não há boa informação e conexão, e se o monitoramento da situação interna do Tibete fracassar – e ainda, se houver somente o apego emocional – então, será difícil a adaptação à nova realidade. Em tais circunstâncias, é possível que aconteça o que vocês chamam de choque cultural.

***Depois de oito anos como representante de Sua Santidade o Dalai Lama para a América Latina, está satisfeito com seu trabalho? Poderia fazer uma breve avaliação do que fez nestes oito anos e, finalmente, o que ainda há por fazer?***

Já se vão quase oito anos e meio desde que assumi este cargo. Se olhar para trás e avaliar o que consegui até agora, minha reação imediata seria dizer que não consegui o que desejava e desperdicei muitas oportunidades. Por outro lado, dados os recursos limitados dos quais dispus, estou satisfeito com o que consegui até agora. Meu maior êxito seria ter conseguido aproximar os latino-americanos de Sua Santidade o Dalai Lama e da questão tibetana. Estou satisfeito por ter conseguido informar os latino-americanos sobre a situação limite do povo tibetano, e por haver instalado o interesse por um maior conhecimento da cultura e do povo tibetanos. Estou satisfeito por ter cultivado muitos amigos latino-americanos que levam a sério a situação do Tibete e se comprometem em apoiar a causa. Não considero estes amigos como pró-tibetanos, mas como amigos a favor da justiça.

**Julho, 2010**

# BIBLIOGRAFIA, NOTAS E FONTES

**O budismo**

1. Matthieu Ricard nasceu na França, em 1946, e é filho do renomado filósofo francês Jean-François Revel. Depois de finalizar seus estudos em genética molecular, retirou-se para os Himalaias e se converteu em monge budista tibetano. Interveio em inúmeros projetos que vinculam o budismo à ciência, e sua mente em estado meditativo foi estudada por neurocientistas ocidentais. Estudos de seu cérebro, realizados pelo Dr. Richard Davidson, da Universidade de Wisconsin, Estados Unidos, levaram a declará-lo como "o homem mais feliz da Terra". O artigo, em espanhol, *Declarado el hombre más feliz del planeta* está disponível em http://mun.do/1egZ9D.
2. Página de Matthieu Ricard no *Facebook*: http://on.fb.me/o3yUGL.
3. Marín, José Morales. *Teologia de las religiones*. Madri: Ediciones Rialp, 2001. José Morales Marín é professor de Teologia Dogmática da Universidade de Navarra, Espanha.
4. Borges, Jorge Luis. *El budismo, una conferencia*. Disponível apenas em formato digital gratuito, em espanhol: http://bit.ly/nVaaM. O áudio da conferência, na voz de Jorge Luis Borges, está disponível em http://bit.ly/nFL1CP. Jorge Luis Borges, Buenos Aires, 1899 – Genebra, 1986, é um dos escritores de fala hispânica mais importantes do século XX.
5. Ao chegar à morte, o Buda alcançou o paranirvana, a completa extinção, o nirvana "sem resíduo" porque já não há corpo físico.
6. Dharma, do sânscrito, lei universal, sustentabilidade universal. Substantivo que deriva da raiz sânscrita verbal *dhr*, que significa tecer, entrelaçar, entretecer. No budismo, o termo é sinônimo dos ensinamentos do Buda. Ela se aplica no sentido de sustentar e proteger o ser humano do sofrimento.
7. Benares: atual Varanasi, no noroeste da Índia.
8. O termo aportuguesado com 'c' perdeu conceitualmente a fidelidade em relação ao sânscrito, razão pela qual mantemos a transliteração em sânscrito: karma.
9. Lama, The Dalai. *Freedom in exile. The autobiography of the Dalai Lama*. New York: HarperCollins Publishers, 1990.
10. Bardo, do tibetano, estado intermediário. ["Bardo é uma palavra tibetana que quer dizer simplesmente "transição", ou um intervalo entre o encerramento de uma situação e o início de outra. *Bar* significa "entre duas coisas", e *do* é "suspenso", ou lançado. Podemos dividir o conjunto de nossa existência em quatro realidades: vida, o morrer e a morte, o pós-morte e o renascimento. São estes os Quatro Bardos: o bardo "natural" desta vida; o bardo "doloroso" da morte; o bardo "luminoso" do dharma; e o bardo "cármico" do vir-a-ser." Em Rinpoche, Sogyal. *Livro Tibetano do Viver e do Morrer*. São Paulo: Editora Palas Athena, 2000. Pp 141-143. N. da T.]
11. Lama, el Dalai, e Howard C. Cutler. *El arte de la felicidad*. Barcelona: Random House Mondadori, 2004. Edição brasileira: A arte da felicidade. São Paulo: Martins Editora, 2003.
12. Sangye Dorje, Lama. *La maravillosa vida de Lama Karmapa de Tíbet*. Buenos Aires: Ediciones Dungkar, 2009.
13. Pitaka, do sânscrito, cesta. Os cilindros com as escrituras eram guardados em cestas, ou corbelhas. [Tripitaka: Três corbelhas. N. da T.]
14. Clasing, Ana-María. *Tíbet, país y cultura*. Santiago: Ediciones Samadhi Ltda., 2005.
15. Thurman, Robert A. F. *El budismo tibetano esencial*. Barcelona: Ediciones Robin Book SL, 1995.

**Origens do Tibete**

16. Shakabpa, Tsepon. *Tibet, a political history*. New York: Potala Publications, 4th printing, 1988.
17. Laird, Thomas. *The story of Tibet. Conversations with the Dalai Lama*. New York: Grove Press, 2006.

**A relação com os mongóis**

18. Shakabpa, Tsepon. *Tibet, a political history*. New York: Potala Publications, 4th printing, 1988.

**Os dalai lamas**

19. A dinastia manchu conhecida como Qing governou a China de 1644 a 1911. Povos dos Montes Altai que habitaram a Manchúria, ao noroeste da China, milhares de anos atrás, os manchus foram zelosos defensores de sua etnia e sempre se sentiram superiores à etnia han, a mais importante em número da China.
20. Laird, Thomas. *The story of Tibet. Conversations with the Dalai Lama*. New York: Grove Press, 2006.
21. A íntegra, em inglês, do artigo *Tibet not always part of China: Chinese Historian* está disponível em http://bit.ly/p0sIpW.

**O XIII Dalai Lama, a invasão britânica e a invasão manchu**

22. Suserania: relação na qual um Estado ou soberano exerce certo grau de domínio sobre um Estado dependente, frequentemente controlando suas relações exteriores. Embora o referido tratado havia usado tal termo pela primeira vez em um documento, a palavra suserania já fora utilizada para definir algumas relações entre Estados na Europa medieval.
23. A íntegra do testamento do XIII Dalai Lama está disponível, em francês, em http://bit.ly/n1A3pV.
24. Heinrich, Harrer. *Siete años en el Tíbet*. Barcelona: Ediciones B, 1998. Edição brasileira: *Sete anos no Tibete*. Porto Alegre: L&PM Editores, 1999.

**A invasão chinesa**

25. A íntegra, em inglês, do apelo de Sua Santidade o Dalai Lama às Nações Unidas está disponível em http://bit.ly/pGLs99.
26. A íntegra do acordo, em inglês, está disponível em http://bit.ly/kQlKax.

**A fuga do Dalai Lama para a Índia – o exílio**

27. A íntegra, em inglês, do relatório da Comissão Internacional de Juristas, de 1960, está disponível em http://bit.ly/Bl6jj.
28. Mimang: grupo de resistência não-violenta formado espontaneamente por cidadãos tibetanos.
29. Íntegra da Resolução 1723 da 16ª Assembleia Geral das Nações Unidas, realizada 20/12/1961, em inglês, disponível em: http://bit.ly/jzNUs8.
30. BBC: British Broadcasting Corporation, emissora pública de radiodifusão do Reino Unido.
31. A íntegra do discurso de aceitação, em inglês, está disponível em http://bit.ly/cjMzXo.
32. A íntegra, em inglês, do Plano de Paz de Cinco Pontos está disponível em http://bit.ly/n1z8Ly.
33. A íntegra do relatório, em inglês, encontra-se em: http://bit.ly/mD0sfv.
34. A íntegra do artigo *China's disturbing dam plan*, por Kevin Rafferty, publicado em 14/07/2010, está em: http://bit.ly/9wDQoj.
35. O *download* da íntegra do relatório, em inglês, pode ser obtido em http://bit.ly/iuAQve.

36. A íntegra em espanhol da Ordem Nº 5 está disponível em http://bit.ly/jEAJ4k.
37. A íntegra da reportagem, em espanhol, está disponível em http://bit.ly/jsp0SU.
38. O vídeo do cinegrafista romeno Sergiu Matei está disponível em http://bit.ly/kuDzSW.
39. A íntegra da nota *China should allow reporter access to tibetan areas* está disponível em http://bit.ly/pCzJel.
40. A íntegra da notícia *La llama olímpica se enciende con voces de boicot de fondo*, publicada pelo portal *elmundo.es* está disponível em http://bit.ly/mFVOw0.
41. A íntegra da notícia *San Francisco altera el recorrido de la antorcha olímpica para sortear las protestas*, publicada pelo jornal *El País*, está disponível em http://bit.ly/jCdXTY.
42. A íntegra da notícia *El presidente del COI pide uns solución "rápida y pacífica" para el Tibet*, publicada pelo portal da *RTVE* disponível em http://bit.ly/iA9ZhV.
43. A íntegra, em espanhol, do *Memorando sobre a Autonomia Genuína do Povo Tibetano* está disponível em http://bit.ly/jfg4LD. Para conhecer a íntegra em inglês, traduzido do original em tibetano: http://bit.ly/p445P5.
44. A íntegra, em inglês, das declarações está disponível na matéria *What does the Dalai Lama want?*, publicada pelo site *Tony in China*, está disponível em http://bit.ly/pkeR4x.
45. As três adesões: à liderança do Partido Comunista Chinês; ao caminho socialista com características chinesas; ao sistema de autonomia regional para as minorias étnicas, estipulado na Constituição chinesa.
46. As *Recomendações da Primeira Reunião Geral Especial*, em espanhol, publicadas no boletim do Escritório Oficial representante de Sua Santidade o Dalai Lama e do Governo Tibetano no Exílio para a América Latina *Noticias de Tibet*, está disponível em http://bit.ly/pQaIuW.
47. A íntegra da matéria *China rechaza reclamación del Dalai Lama como "representante legal" de los tibetanos*, publicada pelo portal *Hacer Pueblo* em espanhol, está disponível em http://bit.ly/kdBed8.
48. O *Informe Gongmeng: Las verdaderas causas del levatamiento tibetano de marzo 2008 según um grupo de abogados chinos*, em espanhol, publicadas no boletim do Escritório Oficial representante de Sua Santidade o Dalai Lama e do Governo Tibetano no Exílio para a América Latina *Noticias de Tibet*, está disponível em http://bit.ly/mOFayh.
49. A íntegra, em espanhol, das declarações de Sua Santidade o Dalai Lama está disponível em http://bit.ly/eSDNCw.
50. A íntegra, em inglês, do artigo *Tibet's Quiet Revolution* está disponível em http://bit.ly/gXu2Ab. Em espanhol, *La tranquila revolución del Tibet* pode ser lido em http://bit.ly/ijwslb.
51. A íntegra do artigo *How does the Dalai Lama change the Tibet question* está disponível em http://bit.ly/paO0Js.
52. A íntegra de *Su Santidad el Dalai Lama sobre su retiro de sus reponsabilidades políticas* está disponível, em español, em http://bit.ly/nEjyrQ. Em inglês, *His Holiness the Dalai Lama's remarks on retirement* está disponível em http://bit.ly/mmbjef.
53. A íntegra, em inglês, do discurso de agradecimento do *Kalon Tripa* Lobsang Sangay está disponível em http://bit.ly/iEulLY.
54. A íntegra das declarações está na matéria *China desconoce al reemplazante de Dalai Lama*, publicada em http://bit.ly/lrK1gb.

**Entrevista com Alejandro Chaoul, Argentina**

55. Kalachakra, do tibetano *dus kyi 'khor ló/Dükyikhorlo*, ou Roda do Tempo em sânscrito. É o nome de uma das principais divindades do budismo Vajrayana tibetano. Fonte: http://bit.ly/pjxTso.
56. Dzogchen, do tibetano, a grande perfeição. Prática do budismo Mahayana para alcançar a iluminação. ["Dzogchen é um estado, *o* estado primordial, aquela estado totalmente

desperado que é o coração e a essência de todos os budas e de todos os caminhos espirituais e o ápice da evolução espiritual de um indivíduo." Em Rinpoche, Sogyal. *Livro tibetano do viver e do morrer*. São Paulo: Editora Palas Athena, 2000. N. da T.]

57. Thangka, do tibetano, pintura plana. Tapeçaria pintada ou bordada que pode ser enrolada. As thangkas servem como guia da experiência contemplativa e meditativa.
58. Chaoul, Alejandro. *Chöd practice in the bön tradition*. New York: Snow Lion Publications, 2010.
59. A íntegra de *Psychological adjustment and sleep quality in a randomized trial of the effects of a Tibetan yoga intervention in patients with lymphoma* está disponível em http://bit.ly/pKidvD.

**Entrevista com Gerardo Aboudd, Argentina**

60. Mantra, do sânscrito, pensamento. No hinduísmo e no budismo, sílabas, palavras ou frases sagradas, geralmente em sânscrito, que são recitadas durante o culto para invocar a divindade ou como apoio à meditação.

**Entrevista com Lama Sangye Dorje, Argentina**

61. Abelardo Castillo, escritor argentino, nascido na província de Buenos Aires, em 1935.
62. Tibetan Institute of Performing Arts: http://bit.ly/kGqU9c.
63. A íntegra da matéria publicada pela *Time Asian Magazine* está disponível em http://ti.me/ljZzDx.

**Entrevista com Marisa Escasany, Argentina**

64. Lama, Dali. *Um buen corazón es la mejor religión*. Buenos Aires: Troquel, 1995.
65. Lama, Dalai. *Stages of meditation*. New York: Snow Lion Publication, 2003. Ed. Brasileira: *Os estágios da meditação*. São Paulo: Rocco, 2001.

**Entrevista com Tommy Heinrich, Argentina**

66. Sherpa, do sânscrito, povo do Leste. Habitantes dos Himalaias, famosos por servir como guias aos expedicionários.
67. Bodhgaya: cidade da Índia onde, segundo a tradição budista, Siddharta Gautama atingiu a iluminação.
68. Puja, do sânscrito, cerimônia de oferenda.
69. Om Mani Padme Hum, em sânscrito, mantra sagrado dos tibetanos. Encarna a compaixão e a benção de todos os budas e bodhisattvas, e invoca especialmente a benção de Avalokiteshvara, o Buda da Compaixão. [N. da T.]
70. Monte Aconcágua, a maior montanha das Américas, a 6.962 metros acima do nível médio do mar, localiza-se em Mendoza, Argentina.
71. Losar, em tibetano, ano novo tibetano.
72. The Green Tara Foundation: http://bit.ly/jcZ9FO.

**Entrevista com Haroldo Castro, Brasil**

73. A íntegra da reportagem *As arcas sagradas da Mongólia* está disponível em http://glo.bo/lX7k3S.
74. A íntegra da reportagem *Tibete, paraíso e inferno* está disponível em http://glo.bo/l2dohn.
75. Felicidade Nacional Bruta: índice estabelecido pelo rei butanês Jigme Singye Wangchuk, na década de 1960. É considerada mais importante que o Produto Interno Bruto, e se baseia no acompanhamento estrito das normas budistas.
76. A íntegra da matéria *A segunda geração do ativismo tibetano* está disponível em http://glo.bo/myz9jx.
77. Fait accompli, do francês, fato consumado.

78. Uigur é uma das 55 etnias minoritárias da China. A dinastia Qing (manchu) os incorporou a seu império no século XVIII. Entre 1933 e 1949, os uigures declararam a independência da República do Turquistão do Leste, independência esta que perderam nas mãos da República Popular da China (RPC), em 1949. Atualmente, vivem na Região Autônoma de Xinjiang, pertencente à RPC.

**Entrevista com Lama Padma Samten, Brasil**

79. Prajanaparamita: escrituras do budismo Mahayana conhecidas como a "Perfeição da Sabedoria".

**Entrevista com Léo Matos, Brasil**

80. Matos, Leo. *Corpo e mente: práticas para atingir o equilíbrio psicológico perfeito*. Petrópolis: Vozes, 1994.
81. Ashram: comunidade espiritual dentro do hinduísmo, onde os discípulos convivem com seus mestres e realizam práticas espirituais, orações e meditação.
82. Swami Muktananda é considerado um dos principais gurus contemporâneos e propulsor da meditação na América do Norte.
83. Ram Dass (Dr. Richard Albert): controvertido psicólogo norte-americano que se converteu em mestre espiritual depois de viajar à Índia.

**Entrevista com Lia Diskin, Brasil**

84. Geshe: máximo título acadêmico em estudos budistas.
85. Lama, Sua Santidade o Dalai. *Minha terra e meu povo. A autobiografia de Sua Santidade o Dalai Lama*. São Paulo: Palas Atena Editora, 1998.
86. Lama, Dalai. *Bondade, amor e compaixão*. São Paulo: Pensamento, 2006.
87. Mandala, do sânscrito, círculo. Ferramenta para a meditação. Sua construção leva vários dias e é de singular beleza, mas, pouco antes de ser concluída, é destruída, como símbolo da impermanência.
88. A íntegra do documento em português está disponível em http://bit.ly/rpS3qc e, em inglês, em http://bit.ly/n6ARLM.
89. Site da Tibetan Children's Village: http://bit.ly/sWmgE.
90. A íntegra, em português, do documento da OMS encontra-se disponível em http://bit.ly/qfnNXp.

**Entrevista com Ronaldo Fraga, Brasil**

91. Samsara, do sânscrito, ciclo de nascimento e reencarnação que só se interrompe quando as emoções negativas são vencidas e se chega à iluminação.

**Entrevista com Ana-María Clasing, Chile**

92. Chuba: vestimenta tradicional tibetana.
93. Escolas Montessori: escolas que seguem o método de educação Montessori, criado pela Dra. Maria Montessori no início do século XX, que rompeu com as regras estritas da época, privilegiando o respeito pela criança como ser sensível e estimulando a educação para o amor.
94. Monte Kailash: monte do Tibete, sagrado para budistas e hinduístas.

**Entrevista com Pablo Rosenblatt, Chile**

95. Maturana e Varela definiram o conceito de autopoiese: "os seres vivos se caracterizam por – literalmente – produzirem de modo contínuo a si próprios, o que indicamos quando chamamos a organização que os define de organização autopoiética". Em Maturana, Humberto R. e Varela, Francisco J. *A árvore do conhecimento. As bases biológicas da compreensão humana*. São Paulo: Palas Athena Editora, 2004.

**Entrevista com Paz García Fernández, Chile**

96. Ioguini (sânscrito): mulher praticante do tantra, com o objetivo de alcançar a visão superior ou realidade última. Ioga (sânscrito): união. Sistema de treinamento do corpo e do espírito que utiliza exercícios de respiração e meditação.
97. A organização Aldeias Infantis SOS foi fundada em 1949, na Áustria, e está presente em 132 países e territórios atualmente.

**Entrevista com Maritza Pacheco, Costa Rica**

98. Peace Jam International: fundação criada com o objetivo de reunir jovens com Prêmios Nobel da Paz, para inspirar futuros líderes comprometidos com a paz.
99. Os doze elos da originação dependente: ignorância, ação volitiva, consciência, nome e forma, sensos dos sentidos, contato, sensações, desejo, apego, via-a-ser, nascimento, envelhecimento e morte. Em Lama, Sua Santidade o Dalai. A Essência do Sutra do Coração. São Paulo: Gaia, 2006. [N. da T]

**Entrevista com Alfredo Martínez Moreno, El Salvador**

100. Ad hoc, do latim, para isto. Disposto especialmente para um fim.
101. Casus belli, do latim, caso ou motivo de guerra.

**Entrevista com Isabel Resano, México**

102. Insight: entendimento, compreensão.
103. Shunryu Suzuki (1904-1971) Mestre zen japonês que chegou aos Estados Unidos em 1959 para cuidar de um templo em São Francisco, em um momento em que o budismo zen se firmava junto a grupos de intelectuais norte-americanos.
104. Referência à Nossa Senhora de Guadalupe, ou Virgem de Guadalupe, considerada pelos católicos como a padroeira da Cidade do México.

**Entrevista com Virgilio Caballero, México**

105. O encontro entre o Dalai Lama e o presidente Barack Obama aconteceu dia 18 de fevereiro de 2010, três meses depois de realizada esta entrevista.

**Entrevista com Juan Bustamante, Peru**

106. Shamata, do sânscrito: *shama*, calma, serenidade, quietude; *tha*, permanecer, sustentar. Sustentar o foco, a atenção, prolongar o estado de presença que permite a emergência do verdadeiro, do genuíno, essencial de nossa natureza. [N. da T.]
107. Vipassana, do sânscrito, *vi*, ver; *passana*, clareza. Ver as coisas como realmente são. [N. da T.]
108. Rigpa, do tibetano: consciência primordial, pura, original, que é ao mesmo tempo inteligente, cognitiva, radiante e sempre desperta. Poder-se-ia dizer dela que é o próprio conhecimento do conhecimento. Em Rinpoche, Sogyal. *Livro tibetano do viver e do morrer*. São Paulo: Editora Palas Athena, 2000. [N. da T.]

**Entrevista com Ciro Jaumandreu, Uruguai**

109. Art for Tibet 2: http://bit.ly/amAUue.

**Entrevista com Luis Vidal Giorgi, Uruguai**

110. Tuesday Lobsang Rampa (Inglatera, 1920 – Canadá, 1981): controvertido escritor, autor de vários livros dedicados ao Tibete e ao Budismo Tibetano. Afirmava ter migrado voluntariamente ao seu corpo inglês a partir do corpo enfermo de um lama tibetano. Ainda hoje é considerado por muitos como um grande impostor, porém seus livros contribuíram em grande medida para que muitos ocidentais se aproximassem da

espiritualidade oriental e, especificamente, da cultura e religião tibetanas. Seu nome verdadeiro é Cyril Henry Hoskin.

**Outras fontes**

Chhaya, Mayank. *El Dalai Lama, hombre, monje, místico. Una biografía autorizada.* Buenos Aires: Editorial Grijalbo, 2009.

Cusack, Dennis. *Tibet's War of Peace: A Nation's Nonviolent Struggle for Freedom.* Berkeley: Brown Door Publishing, 2008.

Lama, Dalai. *El arte de vivir en el nuevo milenio.* Barcelona: Random House Mondadori Grijalbo, 2000.

Gibb, Christopher. *The Land of Snows. A History of Tibet – Book I.* Dharamsala: Tibetan Children´s Villages, 2004.

Gyatso, Palden. *Fuego bajo la nieve.* Barcelona: Ediciones B, 2001.

Lama Sangye Dorye. *La maravillosa vida de Lama Karmapa de Tíbet.* Buenos Aires: Ediciones Dungkar, 2009.

Salinas Manfredini, Fernando. *El fluir de la conciencia.* Santiago do Chile: Editorial Neosur, 2002.

Shakabpa, Tsepon. *Tibet, a Political History.* New York: Potala Publications, 4ª edição, 1988.

Thurman, Robert A. F. *El Budismo Tibetano Esencial.* Barcelona: Ediciones Robin Book SL, 1995.

Trungpa, Chögyam. *Nacido en Tíbet.* Alicante: Ediciones Dharma, 2003.

________ *Meditación en la acción.* Madri: Edad/Nueva Era, 1993.

Varela, Francisco. *Dormir, soñar, morir: Una exploración de la consciencia con el Dalai Lama.* Madri: Gaia Ediciones, 2ª edição, 2009.

________ y Hayward, Jeremy. *Un puente para dos miradas. Conversaciones con el Dalai Lama sobre las ciencias de la mente.* Santiago do Chile: Editorial Dolmen, 1997.

**Palas Athena**

www.palasathena.org.br

Esta obra foi composta nas fontes Berkeley Old Style Book e Nueva Std,
com impressão em papel pólen soft 75 gramas na HR Gráfica,
com tiragem de 2000 exemplares, em agosto de 2011.